동학
편지

동학 편지

다시, 동경대전과 용담유사를 노래하다

김재형 역해

도서 모시는사람들

2022년 2월 22일 오후 2시 22분.

2가 아홉 번 들어간 이 시간에 산하대운(山河大運) 순례를 시작했습니다. 지구적 전환, 즉 다시개벽의 의미를 깊이 담은 동경대전의 용어 중 하나가 '산하대운'입니다.

매년 2월 22일 시작해서 3월 1일 마치는 순례를 동아시아 전역을 대상으로 앞으로 200년 동안 해 보자는 소원을 세웠습니다. 마치는 시간은 2222년 2월 22일 2시 22분입니다. 2가 열 번 들어가는 우주적 시간입니다.

2022년 산하대운 순례를 경주 용담정에서 시작했습니다. 용담에서 흘러내린 물이 온 세상으로 퍼져간다는 수운 선생님의 시에 담긴 상징을 실현하고 싶었습니다.

용담 계곡의 물이 흘러 큰 바다를 이룹니다.
구미산에 봄이 와 온 세상이 꽃핍니다.
龍潭水流四海源 龜岳春回一世花

200년 후 순례를 마치는 날 다시 돌아올 곳도 용담정입니다. 200년을 이어갈 원대한 기획입니다.

이 걸음을 시작하기 위해 동경대전 〈歎道儒心急(탄도유심급)〉의 시문을 읽었습니다. 이 시의 첫 구절에서 산하대운 순례의 이름을 가지고 왔습니다. 동경대전 전체를 관통하는 핵심 개념을 담고 있어서 원문을 같이 읽어 봅니다.

온 세상, 지구의 변화가 동학의 진리로 돌아옵니다. 깊고 넓은 변화입니다.

우리 함께 마음을 기둥처럼 굳게 세웁시다. 진리의 참 맛을 즐깁시다. 마음을 모으면 만사여의(萬事如意), 뜻하는 일이 마음먹은 대로 될 겁니다,

지금은 탁기를 쓸어내고, 맑은 기운을 길러냅시다. 분주하게 애쓰는 것이 아니라 정심(正心)합시다.

귀가 열리고 밝음에 눈뜨는 것은 자연스럽게 됩니다.

수많은 일과 변화가 생기더라도 모두 동학의 한 이치로 수렴됩니다.

도반들의 작은 허물은 크게 마음 쓰지 맙시다. 작은 지혜라도 나눕시다.

동학의 공력을 자기 소원 정도 이루는 일에 쓰지 맙시다. 중요한 일이 닥쳤을 때 온 정성을 다하면 의미 있는 성과를 얻게 됩니다.

변화의 큰 기운인 풍운대수(風雲大手)는 시대적 조건인 기국(器局)을 따르기에 급하게 마음먹는다고 되는 게 아닙니다. 언젠가는 이루게 됩니다.

우리는 이 땅에 지상선경(地上仙境)을 이룰 신선의 인연을 가지고 있

습니다.

마음은 텅 비어 있는 것. 마음은 써도 흔적도 남지 않는 것. 오직 마음공부를 해야 마음의 의미를 알 수 있고, 마음이 밝은 것이 우리 동학입니다. 동학은 마음의 밝음과 바르게 이해한 믿음이지 사람의 노력이 아닙니다.

지금 여기의 삶으로 정성들이는 것이지 먼 하늘에서 구원해 주기를 바라는 것이 아닙니다.

그게 그럴까 싶은 불연(不然)이면서 너무나 당연한 기연(其然)이고 멀 것 같은데 멀지 않습니다.

山河大運 盡歸此道 其源極深 其理甚遠 固我心柱 乃知道味 一念在
玆 萬事如意 消除濁氣 兒養淑氣 非徒心至 惟在正心 隱隱聰明 仙(化)
出自然 來頭百事 同歸一理
他人細過 勿論我心 我心小慧 以施於人 如斯大道 勿誠小事 臨勳盡料
自然有助 風雲大手 隨其器局 玄機不露 勿爲心急 功成他日 好作仙緣
心兮本虛 應物無迹 心修來而知德 德惟明而是道 在德不在於人 在信
不在於工 在近不在於遠 在誠不在於求 不然而其然 似遠而非(不)遠

동학을 공부하는 분마다 동학의 정수를 여러 가지로 설명하는데, 저는 산하대운의 시가 짧은 글 속에 동학의 정수를 담고 있다고 생각합니다. 우주와 지구의 관점으로 내놓는 미래 전망, 일상을 살아가는 삶의 자세와 마음공부의 의미를 말해주는 이 글에서 간결

하면서도 아름답게 정의된 동학의 깊은 뜻과 큰 꿈을 읽을 수 있었습니다.

이번에 읽는 동경대전과 용담유사는 편지 형식을 사용합니다. 사랑하는 당신이 눈앞에 있는 것처럼, 이야기하는 것처럼 쓰고 싶었습니다. 논리적인 글이면서 동시에 감성적인 글이기도 합니다.

저는 오랫동안 동학을 공부해 왔습니다.

동아시아인들은 세 가지 방법(길)으로 공부합니다. 학(學), 도(道), 교(敎)라는 길입니다.

하나의 공부에 담긴 세 얼굴이고, 세 갈래 길이기도 합니다. 학의 길은 책을 읽고 성찰하는 방법입니다.

도의 길은 몸과 마음을 관조하는 명상과 수련입니다.

교의 길은 가르치고 실천하며 진리를 공유해 가는 과정에서 자기를 헌신하는 삶을 통해 배우는 일입니다.

이 셋은 분리되어 있지만 하나입니다. 때와 조건, 상황에 따라 그중 한 길을 걸을 수 있습니다. 그래서 유교(儒敎)는 성학(聖學)이자 공맹지도(孔孟之道)이고, 도교(道敎)는 노장학(老莊學)이자 무위지도(無爲之道)입니다. 동학(東學)은 무극대도(無極大道)이자 천도교(天道敎)입니다. 서로 다른 길을 걷지만 근본은 하나라는 인식은 동아시아 사상을 이해하는 중요한 기반입니다.

저는 혼자 있는 걸 좋아하고 책을 읽는 사람이어서 주로 학(學)의 방법으로 동학을 공부했습니다. 처음 동학을 여셨던 수운 선생님도 주로 학(學)과 도(道)의 방법으로 공부하셨습니다.

해월 선생님은 수운 선생님의 슬하에서 학과 도의 방법으로 공부하고, 그 이후 30여 년 동안 주로 교(敎)의 길을 걸었다고 봐야 합니다. 진리를 실천하고 세상에 알리기 위해 온 몸과 마음을 다 바친 삶입니다. 그런 포덕의 과정을 통해 성인이 되셨습니다.

그래서 누구나 어느 한 부분은 다 부족하게 됩니다. 공부를 주로 하는 사람은 수련과 포덕에 미흡하게 되기 쉽고, 실천을 주로 하는 사람은 공부가 부족해집니다. 그런 부족함은 어느 한계를 넘으면 서로 채워지고 통합됩니다. 교·학·도(敎·學·道)의 세 길이 잘 어울리게 되면 그 사람의 삶 자체가 경전이 됩니다. 수운과 해월 선생님의 삶이 경전이 될 수 있는 이유입니다.

제가 동학 공부를 처음 할 때는 무위당 장일순 선생님, 지하 김노겸 선생님의 책을 읽으면서 시작했습니다. 1980년대는 민주주의의 열망도 높았지만 동시에 우리 생각의 원형을 찾기 위한 노력도 중요한 흐름을 형성하고 있었습니다. 그런 와중에 제게는 장일순 선생님이 크게 다가오셨고, 지금까지도 선생님의 공부를 따르고 있습니다.

해월 선생님의 말씀(법설)을 늘 가까이 두고 읽은 뒤에 『동학의 천지마음』이라는 해설서를 썼습니다.

그러는 동안에도 수운 선생님의 『동경대전』과 『용담유사』 공부는 제게는 늘 숙제처럼 남아 있었습니다.

그러다 하늘이 길을 여서서 곡성교육지원청에서 제게 지역 주민과 함께하는 1년 동안의 동아시아 고전 강의를 요청해 왔습니다. 제가 동경대전과 용담유사를 하겠다고 했습니다. 오랜 숙제를 정리하는 마음으로 동경대전과 용담유사를 함께 읽어 나갔습니다.

동경대전은 워낙 탁월한 해설서들이 많습니다. 용담유사는 상대적으로 동경대전보다는 적다고 봐야 합니다. 한글가사 형식에 담은 노래인데, 3(4), 4 조의 동일한 운율 속에 수운 선생님의 마음을 담았습니다. 노래에 담긴 경전입니다.

동경대전의 글들은 출판이 되기 전까지 대부분의 사람들이 읽을 수 없었던, 한문으로 된 글인데 용담유사의 글들은 한글가사의 노래 형식이어서 입에서 입으로 전해진 경전입니다. 한문은 물론 한글을 모르더라도 그 내용을 사람들은 더 음미하고 알 수 있었습니다. 어떤 점에서는 책에 담겨 글로 전해진 것보다 더 강력하게 마음의 울림을 불러일으킬 수 있었습니다. 동학혁명의 많은 구호들이 용담유사에서 가져온 것입니다.

용담유사에 쓰인 단어들은 어려운 한자어가 많아서, 오늘날 사람들이 그대로 이해하기에 어려운 점이 많습니다. 용담유사를 쉬운 말로 번역하면서도 한글가사의 틀을 그대로 가져와서 3(4)*4 조의 운율을 살렸습니다. 국한문 혼용체인 수운 선생님의 노래 가사를 우리 시대의 한글에 담고 동시에 운율을 살려 소리 내어 읽거나 노래하는 경전이 되도록 노력했습니다.

이 글을 쓰는 데는 1년 동안 곡성교육지원청에서 기획한 인문학 강좌의 지원을 받았습니다. 강의가 진행되는 동안 이화서원 카페와 페이스북에 원고를 공개했기 때문에, 책이 나오기 전에 이미 동학을 공부하는 여러분들이 읽기 시작했습니다. 여러분들에게서 깊은 애정이 담긴 회신을 받았습니다. 이제 책이 되어 손에 들고 볼 수 있게 되었습니다.

저로서는 동경대전, 용담유사, 해월법설 세 경전에 대한 해설을 마무리 짓는 일입니다.

『동학의 천지마음』의 부제는 '동아시아인의 눈으로 읽은 해월 최시형'이었습니다. 그때는 동학을 어떻게 하면 세계적인 철학 의제로 성장하게 할 수 있을까를 생각하고 있었습니다.

그러나 지금은 시간이 많이 지났고 이미 동학은 여러 연구자들에 의해서 한국 철학의 중요한 독창성으로 해석되어 세계적인 의미를 가지기 시작했습니다. 제가 군이 그렇게 애쓰지 않아도 되는 상황이어서 한결 마음이 가볍습니다.

여러 권의 책을 썼습니다. 그중에 모시는사람들 출판사에 『동학의 천지마음』, 『아름다운 세 언어 동아시아 도덕경』에 이어 세 번째 도움을 받습니다.

늘 지지해 주셔서 고맙습니다.

2022년 11월

차 례

동경대전

東經大全

편지

布德文(포덕문)

옛날부터 계절의 질서가 변하지 않는 것은 하늘님의 조화 기운이 세상에 드러난 흔적입니다.

盖自上古以來 春秋迭代四時盛衰 不遷不易 是亦天主造化之迹 昭然于天下也 ①

어리석은 옛 사람들은 비와 이슬이 베풀어지는 덕의 근원을 모르고 그냥 주어지는 줄로 알았습니다.

愚夫愚民 未知雨露之澤 知其無爲而化矣 ②

신화적인 다섯 명의 임금 오제(五帝)가 나라를 다스린 때부터 천문을 읽는 성인들이 오시어 해와 달, 별들의 운행 경로를 살피고 밝혀 천문 역서(曆書)로 지어 하늘 길의 변함없음을 보여주셨습니다.

움직임과 고요함, 이루고 무너짐을 천명(天命)과 함께하며, 하늘을 공경하는 것이 우주의 변함없는 질서를 따르는 것입니다.

하늘을 공경하고 따르는 사람들은 군자가 되고, 그들이 공부하는 것은 도와 덕이 되었습니다. 그들이 공부한 것은 천도(天道)였고 그들의 마음은 천덕(天德)이었습니다.

천도로 밝아지고 천덕으로 맑아져서 군자가 되고 성인이 되었으니, 그들의 아름다움이 감탄할 만합니다.

自五帝之後 聖人以生 日月星辰 天地度數 成出文卷而以定天道之常然 一動一靜一盛 一敗 付之於天命 是敬天命而順天理者也 故 人成君子 學成道德 道則天道 德則天德 明其道而修其德 故 乃成君子 至於至聖 豈不欽歎哉 ③

그런데 최근에는 사람들이 제각기 자기만 위할 줄 알고 하늘의 이치를 따르지 않고 하늘의 뜻을 헤아리지 아니하니, 늘 불안하고 우울해서 마음을 어디에 두어야 할지를 알지 못합니다.

又此挽近以來 一世之人 各自爲心 不順天理 不顧天命 心常悚然 莫知所向矣 ④

1860년 경신(庚申)년에 이런 이야기를 전해 들었습니다; "서양인들은 하늘님의 뜻을 따라 부귀를 멀리 한다고 하면서 중국을 공격하여 화려한 교회당을 세우고 전도를 한다."

나도 그것을 어떻게 이해해야 할지 쉽지 않았습니다.

至於庚申 傳聞西洋之人 以爲天主之意 不取富貴 功取天下 立其堂行其道故 吾亦有其然豈其然之疑 ⑤

그해 4월에 마음이 오싹하고 몸이 떨리는데 그 증세를 뭐라고 말로 표현할 수 없었습니다.

그때 신비한 소리가 갑자기 귀에 들려와서 깜짝 놀라 일어나서 물었습니다.

"누구신가요?"

"두려워하지 않아도 됩니다. 사람들은 나를 상제(上帝)라고 부릅니다. 당신은 상제 하늘님을 모릅니까?"

"어떻게 이 자리에 오셨습니까?"

"당신처럼 나도 이 세상에서 이룬 것이 없습니다. 당신을 세상에 보내 나의 진리로 사람들을 가르치고 싶습니다. 하늘을 의심하지 말고 믿으십시오."

"그럼 서도(西道)인 천주교로 가르치는 겁니까?"

"아닙니다. 나는 영부(靈符) 그림을 가졌습니다. 영부의 이름은 선약(仙藥)이고, 태극(太極)과 궁궁(弓弓)이 통합된 모습입니다. 당신은 이 영부를 받아 사람들을 병에서 구할 수 있습니다. 나의 기도문(呪文)으로는 하늘을 위하도록 가르치세요. 이렇게 하면 당신도 영원한 생명을 얻고 이 진리가 세상에 펼쳐질 것입니다."

不意四月 心寒身戰 疾不得執症 言不得難狀之際 有何仙語 忽入耳中 驚起探問則 曰勿懼勿恐 世人謂我上帝 汝不知上帝耶 問其所然 曰余亦無功故 生汝世間 敎人此法 勿疑勿疑 曰然則 西道以敎人乎 曰不然 吾有靈符 其名仙藥 其形太極 又形弓弓 受我此符 濟人疾病 受我呪文 敎人爲我則 汝亦長生 布德天下矣 ⑥

그 말씀에 감동해서 받은 영부를 한지에 써서 불에 태워 그 재를 물에 타서 마셨습니다. 몸에 광채가 돌고 병이 나아서 그것이 선약(仙藥)인 것을 알 수 있었습니다.

이런 경험을 한 이후에 다른 사람들의 병에 사용해 보았는데, 어떤 사람은 병이 낫고, 어떤 사람은 차도가 없었습니다.

왜 그런지 알 수 없어 자세히 살펴보니 정성을 다하고 다해 하늘님을 지극히 모시는 사람은 매번 들어맞았지만, 하늘님을 모시지 않고 하늘님의 가르침과 뜻을 따르지 않는 사람은 효험이 없었습니다. 이것은 영부의 효험이 받는 사람의 정성과 공경 여부에 달려 있다는 뜻이 아니겠습니까?

吾亦感其言 受其符 書以吞服則 潤身差病 方乃知仙藥矣 到此用病則 或有差不差故 莫知其端 察其所然則 誠之又誠 至爲天主者 每每有中 不順道德者 一一無驗 此非受人之誠敬耶 ⑦

우리나라는 지독한 병이 가득히 퍼져서 나라 사람들이 언제나 편안할 때가 없습니다. 지금은 상처받고 고통 겪는 우주적 시간입니다.(傷害之數)

서양은 싸우면 이기고 뜻한 일이 이루어지지 않는 것이 없습니다. 서양의 공격으로 중국이 무너지면 우리나라 또한 순망지탄(脣亡之歎)의 고통이 없지 않을 겁니다.

상처받은 사람들을 편안케 하고 위기에 처한 국가를 안정케 할 보국안민(輔國安民)의 대책과 전망을 누가 세울 수 있겠습니까?

是故 我國惡疾滿世 民無四時之安 是亦傷害之數也 西洋戰勝功取
無事不成而 天下盡滅 亦不無脣亡之歎 輔國安民 計將安出 ⑧

안타깝게도 지금 사람들은 우주적 변화의 시운(時運)을 몰라 내가
말하는 것을 듣고 나면 속으로는 틀리다고 생각하고, 거리에 모여
수군거리며 하늘님의 마음을 따르지 않으니 저는 두려울 뿐입니다.

현명한 사람들 중에서도 내가 하는 이야기를 듣고 나서 불편해
하고 반대하는 이들이 있습니다. 세상 사람의 여론은 내가 어떻게
할 수 없습니다.

짧게라도 글로 써내어서 도를 만들어 펴는 뜻을 보이니 이 글이
도움이 되길 바랍니다.

惜哉 於今世人 未知時運 聞我斯言則 入則心非 出則巷議 不順道德
甚可畏也 賢者聞之 其或不然而 吾將慨歎 世則無奈 忘略記出 諭以示
之 敬受此書 欽哉訓辭 ⑨

첫 번째 편지

— 나의 공부를 처음으로 알립니다

사랑하는 당신께.
당신과 함께 동학을 읽고 싶습니다.

저의 별명 중 하나는 '보따리 선생님'입니다. 제가 10여 년 동안 어린이, 청소년과 함께하는 생태주의 캠프 활동인 보따리학교를 해 왔고, '최보따리' 해월 선생님을 존경하며 살았기 때문입니다.

제가 30대와 40대 나이이던 그때는 그랬습니다. 저는 앉으나 서나 마음속에 좋은 농민이 되겠다는 생각으로 가득 차 있었고, 하루하루 농민의 삶을 살며 기도하고 성찰하는 자세를 지켜 가고 있었습니다.

그런 저에게 해월 선생님은 우러르고 존경하며 삶의 모범으로 따라야 할 농민 스승이셨습니다. 해월 선생님의 설교는 당신께서 농민으로 살아오면서 얻었던 깨달음을 통해 한 사람 한 사람이 오롯이 성장하도록 이끌어 주셨고, 동시에 공동체와 세계가 앞으로 나아갈 길도 보여주셨습니다.

천지부모(天地父母), 삼경(三敬), 대인접물(待人接物) 등 수많은 설교 속에는 농민으로서 살며 느끼셨던 아름다운 비유가 넘쳐 났습니다.

그러나 그 사이에 저의 상황이 바뀌었습니다. 저는 이제 농민의 정체성을 대부분 내려놓았습니다. 실제로 농사짓는 시간보다 글 쓰는 시간이 더 중요해졌고, 써야 할 글과 해야 할 공부가 쌓여 있어서 시간을 쪼개가며 쓰고 공부해야 할 상황입니다.

거기다 최근에는 동학 공부에 대한 사회적 지지도 생겨났습니다. 저로서는 조금 미뤄 두고 있었던 수운 선생님의 글을 깊이 읽어야 할 시간이 돌아온 겁니다.

저는 중요한 한문 경전을 읽을 때는 번역을 다시 합니다. 동경대전은 여러 번역이 있는데 조금 더 부드럽게 현대적 감각을 사용하고, 수운 선생님의 마음과 감정을 느끼며 번역하겠습니다.

첫 편지는 포덕문 이야기를 담았습니다. 수운 최제우 선생님께서 1860년 4월부터 한동안 하늘님과 만나고 그 이후 1년 동안 그 만남을 통해 이해하게 된 수련을 꾸준히 해 나갑니다. 그 결과로 다시개벽의 세계관을 충분히 숙지하여 자신의 내적인 변화를 살펴보고, 가까운 분들에게 먼저 이야기해서 그 반응을 들어본 다음에 이 포덕문을 씁니다.

새로운 깨달음의 창조자로서 첫 번째 세상에 발표하는 글이고, 내가 왜 이런 공부를 하게 되었는지 이해를 부탁하는 글입니다.

이야기는 '상고(上古)' 아주 오랜 옛날부터 시작합니다. 우주-지구가 생성되고 나서 지구에 질서가 잡히자, 그 질서를 관찰해서 그 의미를 이해하는 성인(聖人)들이 나타납니다.

그들의 삶과 생각이 천도(天道)와 천덕(天德)입니다.

우리 모두는 천도와 천덕을 따르는 존재입니다.

우주가 창조되는 그 시점부터 나-우리도 시작됩니다.

그리고 수천수만 년의 삶을 통해 나-우리는 우주적 존재로서의 삶과 생각을 이어왔습니다. 그런데 우주적 존재로서 서로 이어진 우리 안에 어떤 변화가 일어납니다.

수운은 그 변화를 이렇게 표현합니다.

> "사람들이 자기만 알고 하늘의 이치와 천명(天命)을 따르지 않아 마음이 늘 불안하고 우울해서 마음을 어디에 둬야 할지를 알지 못합니다."

수운이 읽었던 인간의 마음에 대한 이야기는 지금 이 시대에 그대로 읽어도 크게 차이 나지 않습니다.

오히려 150년 전의 수운에게는 이런 인간은 이해할 수 없을 정도로 낯선 모습인데, 우리 시대에는 보편적인 모습입니다. 시대적 모순과 질병이 마음에서 시작한다는 것을 읽는 장면입니다.

그전까지 세상을 떠돌며 진리를 찾던 수운 선생님은 서른한 살 때(1854)부터 하늘에 기도하며 진리를 찾는 수련을 시작합니다. 다른 것 다 포기하고 수련만 한 것이 아니라 가족을 돌보면서 공부하는 일이라 쉽지 않았습니다.

그렇게 공부하다 하던 일이 다 망하고, 절망적인 상태에서 고향으로 돌아옵니다. 삶의 절박함 앞에서 이번에는 죽기를 각오하고 세상의 고통을 해결할 길을 찾고자 합니다.

절박한 그의 기도에 답하여 경신년, 1860년 4월 5일(음), 하늘님이 찾아옵니다.

그날 조카의 생일 잔치에 초대받아 가서 밥을 먹는데, 몸이 떨리고 열이 나서 급하게 집으로 돌아옵니다. 몸과 마음이 불안하고 헛것이 보이는 듯하고 이상한 소리가 귀에 맴돕니다.

이게 무슨 소리인가? 그는 용기를 내어 질문합니다.

"누구신가요?"

그리고 하늘님과의 첫 만남이 시작됩니다.

그가 만난 하늘님은 오만 년 동안 애를 쓰고도 아무것도 이루어 보지 못한 하늘님입니다.(余亦無功)

이 하늘님이 누구일까요?

수운 자신입니다. 세상의 슬픔과 고통을 느끼고 공감했지만 아무것도 해결할 수 없었던 자신입니다. 그리고 그 아무것도 이루어보지 못한 하늘님-타자화된 자신이 수운에게 말합니다.

"네가 이 세상에 이 진리를 가르쳐 주면 좋겠다."(生汝世間 教人此法)

수운은 오랫동안 기도라는 공부법을 연습해 봤습니다. 그는 마테오 리치의 천주실의를 읽었고, 조선 전체에 들불처럼 퍼져나가는 서학(西學)에 주목하고 있었습니다. 그래서 그가 만난 하늘님이 천주교의 '하느님'이라고 생각했습니다. 그러나 하늘님은 그렇지 않다고 답합니다.(西道以教人乎 曰不然)

그리고 이어지는 이야기가 수운과 하늘님이 나눈 위대하고 창조적인 이야기입니다. 동학이라는 인류사적인 사건이 탄생하는 순간입니다.

나는 영부(靈符) 그림을 가졌습니다. 영부의 이름은 선약(仙藥)이고, 태극(太極)과 궁궁(弓弓)이 통합된 모습입니다. 당신은 이 영부를 받아 사람들을 병에서 구할 수 있습니다. 나의 기도문(呪文)으로는 하늘을 위하도록 가르치세요. 이렇게 하면 당신도 영원한 생명을 얻고 이 진리가 세상에 펼쳐질 것입니다.

수운은 태극(太極)과 궁궁(弓弓)이 통합된 형상의 한 상징 그림을 받게 됩니다. 궁을부(弓乙符) 또는 영부(靈符)라고 불리는 동학의 상징입니다.

위대한 종교나 깨달음에는 그 깨달음의 의미를 담은 상징이 있습니다. 그리고 그 상징을 통해 몸과 마음의 질병이 치유받고 하늘님과의 관계를 다시 회복할 수 있는 길이 열립니다. 우리는 삶과 죽음의 두려움과 고통을 넘어서고, 우주적 존재로서 살아가는 천도와 천덕의 삶이 실현되는 세상이 실현됩니다.(汝亦長生 布德天下)

아주 오랜 옛날부터 우주적 질서 속에서 살았던 성인들의 삶이 이 땅 수많은 인물(사람과 만물)들을 통해 다시 회복되는 겁니다.

수운 선생님의 이 첫 번째 만남은 대단히 충격적인 사건입니다. 너무 강렬해서 첫 번째 글인 〈포덕문(布德文)〉에는 차마 그 이야기를 다 담지 않았습니다. 나중에 『용담유사』라는 책으로 엮어지는 여러 편의 가사(노래)를 쓰면서는, 그 강렬한 느낌을 자세히 담습니다. 이 글은 첫 번째 글이고 오해를 줄이기 위해 상당히 정제된 상태에서 조심조심 쓴 글입니다.

그리고 자신부터 이 만남의 의미를 자신의 몸과 마음에 새겨 넣는 작업을 시작합니다. 여러 가지 경험을 하는데, 영부를 그리고 기도하고 그것을 태워서 물에 타서 먹어보기도 합니다. 이 과정을 거치면서 점점 몸이 변화하고 마음에 힘이 자라나는 걸 느끼게 됩니다.

주문, 영부, 영부의 음복 같은 내용은 주술적인 느낌을 주고 수운이 혹세무민한다는 의심을 받게 합니다. 그러나 인간 내면의 깊은 무의식 층에는 그 원인을 알 수 없는 깊은 상처가 남아 있는데, 주문과 영부는 그 깊은 영역에 들어가는 길을 열어주는 문이기도 합니다.

일단 가까운 이들에게 여러 방법을 가르치고 임상 사례를 지켜봤는데, 그 효험이 매번 나타나지 않았습니다. 왜 이럴까 생각하고 또 생각하면서, 결국 그 마음의 문제를 이해하게 됩니다.

정성과 공경입니다.(誠之又誠 至爲天主者 每每有中, 受人之誠敬耶) 몸에 온 질병을 고치는 것도 정성과 공경이 있어야 하고, 사회적 모순을 해결하는데도 정성과 공경이 필요합니다.

수운은 그동안 해 보지 않았던 주술적인 수련을 통해, 주술의 의미를 정성과 공경이라는 유학의 개념에 통합해서 새롭게 다시 사용하는 '재주술화'의 가능성을 탐색합니다.

기본적으로 동학은 동아시아 정신세계의 계보를 이어갑니다. 원시 유학에서 공자님의 인(仁), 신유학인 성리학의 성(性, 誠), 양명학의 심(心)을 이어받으면서 그만큼 오래된 동아시아 불가, 선도의 전통을 통합하고, 새로이 유입되어 성장하는 서학까지 이해한 뒤에 수운은 시(侍)의 정신세계로 나아갑니다. 이렇게 창안한 동학 세계관을 가까운 분들에게 먼저 이야기하기 시작합니다.

여러 가지 반응이 있었을 겁니다. 우선 대부분은 관심이 없었을 겁니다. 그리고 어떤 사람은 '서학쟁이'라는 의심을 하고, 또 어떤 사람은 말이 허황되다(其或不然)고 생각하고, 불편하게(入則心非) 느끼고, 수군거리기도(出則巷議) 합니다.

그런 반응에 대해 수운 선생님은 사람들이 시대를 읽는 눈이 없기 때문에 알아듣지 못한다고 애석해 합니다.(惜哉 於今世人 未知時運)

수운이 살아가던 시대의 운수는 그의 표현으로는 '상해지수(傷害之數)' - 상처받고 고통받는 시대입니다. 개인과 사회 전체의 상처를 치유하고 위기의 국가를 보호하고 사람들의 마음을 안정케 할 지혜가 필요한 시간입니다.

그는 그 필요를 '보국안민(輔國安民)'이라고 단언했습니다. 첫 번째 이야기 〈포덕문〉에서 동학의 위대한 정신인 보국안민(輔國安民)이 나옵니다. 시대의 위기를 읽고, 그것을 헤쳐 나아갈 길을 찾고자 한 수운의 마음이 담겨 있습니다. 그러나 아쉽게도 이 마음을 읽을 수 있는 사람을 만나기 쉽지 않습니다.

1월 28일 창밖에는 눈보라가 불어오고 있습니다.

論學文(논학문)

천도(天道)는 형상이 없는 파동이면서 동시에 흔적을 남기는 입자입니다.

지리(地理)는 끝없이 넓어 무한하지만 방향을 알면 찾을 수 있습니다.

하늘의 모든 별들(九星), 우주 변화의 질서(八卦)는 이 땅의 마을과 마을, 산과 들(九州), 사방팔방(八方)의 만물과 서로 이어져 있습니다.

하늘과 땅이 만나 차기도 하고 비기도 하지만 움직임과 고요함 속에서 일어나는 음양변화의 질서는 바뀌지 않습니다.(變易之理) 음과 양의 상호작용(陰陽相均) 속에서 만물이 생겨납니다. 그중에서 사람은 정말 신령스러운 존재입니다.

夫天道者 如無形而有迹 地理者如廣大而有方者也 故 天有九星 以應九州 地有八方 以應八卦而 有盈虛迭代之數 無動靜變易之理 陰陽相均 雖百千萬物 化出於其中 獨惟人最靈者也 ①

천지인삼재(天地人三才)의 우주적 근본 힘과 수화목금토 오행의 수리적 관계(水一火二木三金四土五)를 통해 세상은 생겨나고 자리 잡습니다.

　하늘은 오행을 일으켜 세웁니다. 땅은 오행의 바탕을 이룹니다. 사람이 있어 오행은 살아 움직입니다. 천지인과 오행의 상생과 상극 관계 속에서 바람 불고, 비 내리고, 이슬과 서리가 맺히고, 눈 날리는 사계절의 변화가 일어납니다. 이 변화는 때를 놓치지도 않고 차례가 바뀌지도 않는 것을 우리가 볼 수 있지 않습니까?

　故定三才之理 出五行之數 五行者何也 天爲五行之綱 地爲五行之質 人爲五行之氣 天地人三才之數 於斯可見矣 ② 四時盛衰 風露霜雪 不失其時 不變其序

　풀잎에 맺힌 이슬처럼 허망한 우리는 우주 변화의 원리를 다 알 수 없어 '하늘님의 은혜구나, 조화가 만든 자취이구나.' 이렇게 말합니다.

　그러나 하늘님의 은혜라고 해도 하늘님을 볼 수 없고, 조화가 만들었다고 말하더라도 조화의 과정을 설명하기 어렵습니다. 왜냐하면 오랜 옛날부터 지금까지 그 이치의 핵심이 확실하게 밝혀지지 않았기 때문입니다.

　如露蒼生 莫知其端 或云天主之恩 或云化工之迹 然而以恩言之 惟爲不見之事 以工言之 亦爲難狀之言 何者 於古及今 其中未必者也 ③

　1864년 경신년 4월, 세상이 혼란하고 사람들 마음은 옳고 그른 것에 대한 구분 없이 야박하고, 무슨 일이 생길지 알 수 없는 상황이었습니다.

거기다 세상에는 이상한 말들이 떠돌아다니고 있었습니다: "서양인들은 진리를 알고 삶으로 살아내기에(道成立德) 조화를 부리듯이 무슨 일이든 이루지 못하는 것이 없고 그들이 공격하면 아무도 당할 수가 없다. 중국이 망할 것 같은데 그렇게 되면 우리는 아무런 보호도 받지 못하는 순망지환(脣亡之患)의 어려움에 빠지지 않을까? 이런 일이 일어나는 이유는 다른 것이 아니라 그들이 말하는 '서도(書道), 천주학(天主學), 성교(聖敎)'라는 생각과 믿음이 천시(天時)를 알고 천명(天命)을 받았기 때문이 아닌가?"

夫庚申之年 建巳之月 天下紛亂 民心淆薄 莫知所向之地 又有怪違之說 崩騰又世間 西洋之人 道成立德 及其造化 無事不成 攻鬪干戈 無人在前 中國燒滅 豈可無脣亡之患耶 都緣無他 斯人 道稱西道 學稱天主 敎則聖敎 此非知天時而 受天命耶 ④

이런 이야기는 하나하나 들어 말하기도 힘들 정도였습니다. 나도 이런 이야기를 들으면 불안했고, 이런 시대에 태어난 것이 원망스러웠습니다. 그런 불안 속에서 문득 몸이 심하게 떨리고 오싹하면서 하늘로부터 오는 기운을 느낄 수 있고, 내 안에서는 하늘의 말이 들려왔습니다.

그 기운과 말은 분명히 존재하는데 보려고 해도 볼 수 없었고, 들으려고 해도 들을 수 없었습니다.

마음에 의심이 가득차고 불안해서 수심정기(修心正氣)하고 물었습니다.

"이게 무슨 일입니까?"

擧此一一不已故 吾亦悚然 只有恨生晚之際 身多戰寒 外有接靈之 氣 內有降話之敎 視之不見 聽之不聞 心尙怪訝 修心正氣而問曰 何爲 若然也 ⑤

"오심즉여심, 내 마음과 당신의 마음은 하나입니다. 보통 사람들이 이런 마음의 작용을 어떻게 알겠습니까? 눈에 보이는 하늘과 땅은 알지만 하늘과 땅을 움직이는 음양의 작용인 귀신(鬼神)은 알 수 없습니다. 나는 확장(伸)하고 수축(歸)하는 귀(鬼)와 신(神)의 작용입니다.

당신에게 영원무궁한 진리, 무궁무궁한 도(無窮無窮之道)를 드립니다. 이 진리를 닦고 연마해서 글을 쓰고 사람들을 가르치세요. 이 진리를 바르게 세우고 세상에 알리면 당신은 영원한 생명을 얻고 세상에서 빛나는 존재가 됩니다."

曰吾心卽汝心也 人何知之 知天地而無知鬼神 鬼神者吾也 及汝無 窮無窮之道 修而煉之 制其文敎人 正其法布德則 令汝長生 昭然于天 下矣 ⑥

그렇게 하늘님과 만남 이후 한 해 동안 수련하고 생각하면서 '내 마음이 네 마음'이라는 한마음의 뜻과 천지귀신의 음양 운동이 우주 자연의 원리라는 이치를 알게 되었습니다.

하늘과 만나는 방법과 잊지 말아야 할 이치를 담아 진리를 위한 기도문(呪文)을 지었습니다.

이런 진리의 길이 단지 스물한 글자 안에 다 담겼습니다.

吾亦幾至一歲 修而度之則 亦不無自然之理 故 一以作呪文 一以作降靈之法 一以作不忘之詞 次第道法 猶爲二十一字而已 ⑦

다음 해 1861년 신유년이 되니 사방에서 어진 사람들이 나를 찾아와서 물었습니다.

"우리 시대의 천명이 선생님께 내려왔다는데 이게 무슨 말입니까?"

"작용과 반작용, 음양(陰陽)이 하나여서 갔던 것은 반드시 돌아온다는 것을 알게 되었습니다.(無往不復之理)"

"그런 무왕불복의 진리(無往不復之理)는 이름이 무엇입니까?"

"천도(天道)입니다."

"서양에서 전래된 천주교와 큰 차이가 없지 않습니까?"

"천주교와 비슷하지만 차이가 있습니다. 천주교에서도 하늘에 기도하지만 그 내용은 빈약합니다. 천주교와 무왕불복의 진리는 이 시대의 문제를 풀어갈 같은 기운을 가지고 같은 길을 걷지만, 그 논리는 같지 않습니다."

轉至辛酉 四方賢士 進我而問曰 今天靈降臨先生 何爲其然也 曰受其無往不復之理 曰然則何道以名之 曰天道也 曰與洋道無異者乎 曰洋學如斯而有異 如呪而無實 然而運則一也 道則同也 理則非也 ⑧

"왜 그런지 알고 싶습니다."

"제가 찾은 길은 음양의 자연스러운 순환에 따라 변화하는 무위이화(無爲而化)의 길입니다.

우리는 단지 마음을 지키고 기운을 바르게 합니다.(守心正氣) 우리에게 주어진 길을 따르고 하늘의 가르침을 각자가 받아들입니다.(率性受敎) 모든 일은 수심정기(守心正氣)와 솔성수교(率性受敎)하는 가운데 자연스럽게 드러납니다.

서양인들이 하는 말은 앞뒤가 없고, 글을 보면 옳고 그름을 분간하지 못하고 하늘님을 위하는 마음의 단초도 없습니다. 단지 내 몸하나 만을 위해 빌 뿐입니다.

그들의 몸에서는 신령스러운 자태와 기운을 느낄 수 없고, 하늘님의 가르침을 진심으로 공부하지도 않습니다. 외형은 갖추고 있으나 삶의 행적으로 보이지 않고, 생각만 하는 것이지 기도하는 것이 아닙니다. 그들의 도(道)와 학(學)은 허무하고 하늘님과 만나는 길이 아닙니다."

曰何爲其然也 曰吾道無爲而化矣 守其心正其氣 率其性受其敎 化出於自然之中也 西人 言無次第 書無皁白而 頓無爲天主之端 只祝自爲身之謀 身無氣化之神 學無天主之敎 有形無迹 如思無呪 道近虛無 學非天主 豈可謂無異者乎 ⑨

"천주교와 같은 길을 걷는다고 하셨는데, 그러면 이것도 서학이라고 부르는 그것입니까?"

"아닙니다. 나는 동쪽 나라 조선에서 태어났고, 조선에서 이 도를 받았습니다. 천주교와 나의 도는 같은 하늘 진리, 천도(天道)이지만 학(學)으로서 말할 때는 동학(東學)이라고 하고 싶습니다. 땅은 동과 서로 나뉘어 있는데, 서를 동이라고, 동을 서라고 말할 수 없지 않습니까?

공자님이 노나라에서 태어나시고, 맹자는 공자의 학풍을 추나라에서 일으켜서 추로의 학풍(鄒魯之風)이 지금까지 전해져 왔습니다.

우리의 진리는 이 땅에서 생겨나서 이 땅에서부터 퍼져갈 것인데 어떻게 서학이라는 이름을 쓸 수 있겠습니까?"

曰同道言之則 名其西學也 曰不然 吾亦生於東 受於東 道雖天道 學則東學 況地分東西 西何謂東 東何謂西 孔子生於魯 風於鄒 鄒魯之風 傳遺於斯世 吾道受於斯布於斯 豈可謂以西名之者乎 ⑩

"선생님이 지으신 21자의 기도문(呪文)에 대해 말씀해 주십시오."

"하늘님을 지극하게 모시는 글(至爲天主之字)입니다. 이런 기도문은 고대의 오래된 글에도 있습니다."

曰呪文之意何也 曰 至爲天主之字故 以呪言之 今文有古文有 ⑪

"하늘님과 만나는 방법인 '지기금지원위대강(至氣今至願爲大降) 시천주조화정영세불망만사지(侍天主造化定永世不忘萬事知)'라는 글에 대해 알고 싶습니다."

"지(至)는 궁극, 더 이상 갈 수 없는 끝에 이른 것입니다.

기(氣)는 허령창창(虛靈蒼蒼)합니다. 텅 비어 있음(虛)과 가득 차 있음(蒼蒼)이 서로 이어져(靈) 있어서 간섭하지 않는 일이 없고 사명을 부여하지 않는 일이 없어서, 모든 것과 연결되어 있고 모든 일이 이루어지게 합니다. 이런 기의 모습은 보려 해도 보기 어렵고 들으려 해도 듣기 어렵습니다. 그래서 이런 기를 혼원지일기(渾元之一氣)라고 합니다.

금지(今至)는 도(道)에 들어와 혼원지일기(渾元之一氣)와 처음으로 만나는 것입니다.

원위(願爲)는 그렇게 되기를, 즉 기화하기를 기도하는 것입니다. 기화(氣化)는 혼원지일기(渾元之一氣)와 나 자신이 서로 연결되고 나를 잃지 않으면서 융합되는 것입니다.

대강(大降)은 기화(氣化)의 열망입니다.

曰降靈之文 何爲其然也 曰至者 極焉之爲至 氣者虛靈蒼蒼 無事不涉 無事不命 然而如形而難狀 如聞而難見 是亦渾元之一氣也 今至者 於斯入道 知其氣接者也 願爲者 請祝之意也 大降者 氣化之願也 ⑫

시(侍), 모심은 내 안의 하늘님과 만물의 기(氣)가 서로 이어지고 융합합니다.(氣化神靈) 이런 연결성을 사람들이 자기의 관점에서 제 나름으로 스스로 깨달아 그 깨달음에서 떠나지 않고 실천하는 것입니다.(內有神靈 外有氣化 一世之人 各知不移)

주(主), 님은 존칭입니다. 부모님을 섬기는 것과 같이 존경하고 위한다는 의지의 표현입니다.

조화(造化)는 무위이화(無爲而化)여서 자연스럽게 이루어진다는 것입니다.

정(定)은 의식(德)과 무의식(心)이 통합되어 안정된 모습입니다.

영세(永世)는 우리의 평생입니다.

불망(不忘)은 잊지 않는 것입니다.

만사(萬事)는 많은 것입니다.

지(知)는 진리를 알고 받아들이는 것입니다.

우리의 마음을 밝게 하고 이 기도문을 잊지 않으면 지기(至氣)와 통하여 통합되고 결국 성인의 경지에 이르며 성인의 마음을 쓸 수 있습니다. (明德不忘 至氣至聖)

侍者 內有神靈 外有氣化 一世之人 各知不移者也 主者 稱其尊而與 父母同事者也 造化者 無爲而化也 定者 合其德定其心也 永世者 人之 平生也 不忘者 存想之意也 萬事者 數之多也 知者 知其道而受其知也 故 明明其德 念念不忘則 至化至氣 至於至聖 ⑬

"하늘마음, 천심(天心)이 바로 인심(人心)인데 왜 사람 안에는 선악이 있습니까?"

"사람의 운명은 귀함과 천함 즉 귀천과, 고통과 즐거움 즉 고락(苦樂)이 어느 정도 정해져 있습니다. 군자(君子)는 이런 운명 속에서도 자신의 마음을 허령창창(虛靈蒼蒼)한 기운에 맞추고 고통 속에서도 마음이 흔들리지 않고 천지의 마음과 함께 합니다.

소인(小人)은 기운이 바르지 않고 고락(苦樂)에 흔들려서 천지의 마음과 어긋나게 삽니다. 이것이 사람이 뜻을 이루기도 하고 오랜 정성을 한순간에 무너뜨리기도 하는 성쇠(盛衰)의 이치이고 선악의 원리입니다.

曰天心卽人心則 何有善惡也 曰命其人 貴賤之殊 定其人 苦樂之理 然而君子之德 氣有正而心有定故 與天地合其德 小人之德 氣不正而 心有移故 與天地違其命 此非盛衰之理耶 ⑭

"사람들은 왜 하늘님을 공경하지 않습니까?"

"누구나 죽을 때가 되면 하늘을 부릅니다. 이것은 인지상정(人之常情)입니다.

사람의 목숨이 하늘에 달려 있는 것(命乃在天), 하늘이 사람을 세상에 내었다는 것은 오래전 성인들부터 말씀하셨는데 사람들은 이 말이 그런 것 같기도 하고 그렇지 않은 것 같기도 하다고 생각해서 확신하지 못하고 있습니다. 그 때문에 하늘을 공경하지 않는 겁니다."

曰一世之人 何不敬天主也 曰臨死號天 人之常情而命乃在天 天生萬民 古之聖人之所謂而 尙今彌留 然而 似然非然之間 未知詳然之故也 ⑮

"우리 도(道)를 방해하는 사람들은 왜 그렇게 합니까?"

"있을 수 있는 일입니다."

"왜 그런 일을 있을 수 있다고 말씀하십니까?"

"우리 도(道)는 옛날이나 지금이나 들어볼 수도 없었고 비교할 만한 것도 없습니다.

제대로 수련하는 사람들은 텅 비어 있는 것처럼 보여도 내실이 있지만, 듣기만 하고 제대로 수련하지 않는 사람들은 뭔가 아는 것 같아도 속은 비었습니다.

속이 빈 사람들은 우리 도를 제대로 알지 못해 방해하는 겁니다."

曰毁道者何也 曰猶或可也 曰何以可也 曰吾道今不聞古不聞之事 今不比古不比之法也 修者如虛而有實 聞者如實而有虛也 ⑯

"도를 배반하고 옛날 모습으로 돌아가는 사람들은 어째서입니까?"

"이런 사람들에 대해서는 말하지 맙시다."

"왜 말하면 안 됩니까?"

"공경하면서 멀리 하는 방법입니다."

"도에 들어올 때의 마음은 무엇이고 그만두고 돌아가는 마음은 무엇입니까?"

"바람이 불면 쓰러졌다가 일어나는 풀과 같은 겁니다."

"그런데 왜 그들에게도 하늘님이 강령(降靈)하십니까?"

"하늘님은 좋고 나쁜 것을 가리지 않습니다."

"하늘님이 하시는 일은 해롭게 하지도 않고 은덕을 베풀지도 않는 겁니까?"

"요임금과 순임금님의 시대에 사람들은 요순(堯舜)처럼 성인으로 살았다고 합니다. 모든 시대에는 시대의 운이 있어 그 운과 함께 합니다. 누군가의 행동이 해로운지 도움이 되는지는 하늘님이 판단할 일이지 우리가 관여할 일이 아닙니다.

하나하나 탐구해 보면 그들의 몸에 어떤 것이 해로운지 복인지 자세히 알 수 없습니다. 그러나 다른 사람들이 이 사람들이 복을 받았다고 알게 해서는 안 될 겁니다.

그러니, 서로 묻지도 답하지도 맙시다."

曰反道而歸者何也 曰斯人者不足擧論也 曰胡不擧論也 曰敬而遠之 曰前何心而後何心也 曰草上之風也 曰然則 何以降靈也 曰不擇善惡 也 曰無害無德耶 曰堯舜之世 民皆爲堯舜 斯世之運 與世同歸 有害有 德 在於天主 不在於我也 ――究心則 害及其身 未詳知之 然而斯人享 福 不可使聞於他人 非君之所問也 非我之所關也 ⑰

아! 여러분의 질문이 참으로 밝습니다. 비록 졸문(拙文)이고 높은 뜻을 바르고 정밀하게 다 풀어내지 못했더라도, 우리를 바로 세우고 몸을 닦고 재능을 키우고 마음을 바르게 하는 데 이와 다른 길이 있 겠습니까?

이 길만 따라 걸으면 하늘과 땅의 영원한 질서, 무극대도의 이치 에 이를 수 있도록 모든 것을 담았습니다. 여러분은 이 글을 받아서 성인의 마음에 이르는 데 도움을 받길 바랍니다.

비유를 해서 말하면 단 음식에 꿀을 더하듯이, 흰 바탕에 색칠을 더하듯이 여러분은 더 잘 할 수 있습니다.

나는 지금 여러분과 함께 한 길을 걷는 기쁨을 금할 수 없습니다.

충분히 토론논구하고 비유하여 설명했습니다. 밝게 살펴서 좋은 기회를 잃어버리지 마시기 바랍니다.

　嗚呼噫噫 諸君之問道 何若是明明也 雖我拙文 未及於精義正宗 然而矯其人 修其身養其才 正其心 豈可有岐貳之端乎 凡天地無窮之數 道之無極之理 皆載此書 惟我諸君 敬受此書 以助聖德 於我比之則 悅若 甘受和白受采 吾今樂道 不勝欽歎故 論而言之 諭而示之 明而察之 不失玄機 ⑱

두 번째 편지
― 내 마음과 당신의 마음은 하나입니다

사랑하는 당신께.

이번 편지는 논학문(論學文)에 대한 이야기입니다.

원문의 양도 많고 동학 이론의 중요한 내용을 대부분 담고 있습니다. 논학문의 처음 이름은 동학론(東學論)입니다. 수운 선생님과 제자들이 동학에 대해 질문하고 토론하며 공부한 내용입니다. 그 속에 동학이 왜 동학인지, 그 이유가 나옵니다.

한 제자가 이런 질문을 합니다.

"하늘님을 천주(天主)라고 말하시는데, 선생님이 깨달은 바를 서학의 한 부류라고 볼 수 있습니까?"

이 질문에 수운 선생님은 이렇게 대답합니다.

"도는 천도(天道)이지만 학(學)의 이름은 동학입니다."

자기 이름을 가지지 않고 '천도(天道), 무극대도(無極大道), 무왕불복지리(無往不復之理)' 이렇게 불리던 수운의 사상이 '동학(東學)'이라는 자기 이름을 가지는 순간입니다.

이 글은 동학'론'이기 때문에 기본적으로 논리적 성격을 띠고 있는 글입니다.

동학의 중요한 개념도 자세히 설명합니다. 수운은 성리학에 기반한 우주론과 인식론에 익숙한 사람이기에 그가 이해한 주역의 우주론을 먼저 설명합니다. 주역은 수운이 활동하던 시대 지식인들에게는 세상을 이해하는 과학적 사고 중 하나였습니다.

수운 선생님의 글은 기본적으로 자신의 이야기입니다. 제자들의 질문에 대해 답하는 것처럼 썼지만 제 생각으로는, 이건 자기 생각을 자기가 묻고 자기가 답하는 겁니다. 질문하는 수운은 세상에 대해 비판적이고 불만이 많습니다. 그 질문에 답하는 수운은 삶의 양면성을 통합하고 다양한 세계관이 융합되어 있습니다.

네 번째 글의 불연기연(不然其然)에서 보게 될 내용인데, 수운의 깨달음의 근원적 정체성은 질문하는 사람입니다. 동학론은 그가 이해하고 받아들였던 우주관에 대한 질문에서 시작합니다.

그가 내린 질문의 답은 '옛날부터 지금까지 무수한 우주론이 있지만 그 어느 것도 핵심을 명확하게 말해 준 것은 없다(於古及今 其中未必)'입니다.

그래서 그는 공부를 시작하게 됩니다. 유교 지식인으로 성리학의 세계관을 확신할 수 있었으면 그는 평범한 유학자로서의 삶을 살았을 겁니다. 알고 싶은데 명확한 것을 알 수 없는 답답함이 그를 공부의 길로 이끌어 갑니다.

그러나 일상과 공부를 함께 성취하려고 했던 삶의 고통을 겪게 됩니다. 결국 둘 다 실패하게 됩니다. 생활도 꾸릴 수 없었고, 공부의 벽을 넘을 수도 없었습니다. 여러 가지 방법을 다 사용해 봤지만 어디를 봐도 전체를 다 볼 수 없었습니다. 수운의 글 곳곳에는 그런 갈급함을 겪은 사람이 지나온 길이 보입니다.

그렇게 목마른 사람에게 어느 날 하늘님이 찾아옵니다. 하늘님과 인간의 관계를 해석한 위대한 언어 중 하나인 '내 마음이 네 마음이다.(吾心卽汝心)'라고 말씀하시는 하늘님을 만납니다.

주역의 우주론에는 우리 개개인이 이 땅에서 느끼는 희로애락(喜怒哀樂)의 감정을 하늘도 똑같이 느끼고 감응한다는 천인감응(天人感應) 이론이 있습니다. 그래서 내가 살아가면서 느끼는 감정을 개인적 감정이 아니라 우주적 감정으로 이해하고 의미를 찾아가는 것이 주역 공부입니다.

수운이 이해하고 있던 주역의 천인감응 우주론이 인격적 존재인 하늘님의 음성으로서 다가옵니다. 이 순간의 만남에서 수운의 공부는 이제부터는 천인감응 이론이 아니라 인격적 대화가 됩니다.

우주 천지 이론을 아는 것(知天地)이 아니라 그 안에서 살아 생동하는 귀신(鬼神)을 만나게 됩니다. 하늘님은 그 귀신(鬼神)의 의미를 읽어 줍니다. 하늘님은 무궁무궁한 음과 양의 작용, 확장(伸)하고 수축(歸)하는 힘입니다. 확장하는 힘이 신(神, 伸)이고 수축하는 힘이 귀(鬼, 歸)입니다. 심리학적인 의미를 더하면 의식과 무의식이라고 읽어도 됩니다. 수운이 만난 하늘님과의 대화는 의식(神)과 무의식(鬼)의 이해와 통합이기도 합니다.(吾心卽汝心也 人何知之 知天地而無知鬼神 鬼神者吾也)

그리고 수운은 그가 공부해 왔던 우주론과 그가 만난 하늘님, 귀신(鬼神)을 통합하는 내적 작업에 들어가게 됩니다. 이 둘을 통합하면 그가 그렇게 알고 싶었던 우주의 핵심에 도달할 것 같았고 세계의 고통을 풀어가는 실마리를 잡을 수 있을 것 같았습니다.

공부하고 실천하고 수련해서 그는 스물한 자의 글자 안에 그가 공부한 모든 내용을 다 담아 내는 데 성공합니다. 스물한 자의 기도문 속에 '다시개벽의 주체가 되는 마음'을 담습니다.

동아시아에서는 평범한 사람들의 신앙을 이끌어주는 다양한 주문(呪文) 독송법이 있는데 수운은 주문 독송이라는 단순한 방법을 이용하지만 내용은 마음의 힘을 키우고 하늘님을 위하는 심학(心學)과 기도문이 통합된 스물한 자 기도문을 만듭니다. 단순하지만 정교하고 그 의미는 깊고 넓은 기도문입니다. 그리고 나자 그를 찾아오는 사람들을 맞아들일 준비가 되었다고 판단합니다.

1861년 신유년 6월입니다. 얼마나 많이 찾아왔는지 사람들이 가르침을 청하는 예물로 곶감을 가지고 왔는데, 그 곶감 꽂이를 모아서 땔감을 했다는 증언이 있을 정도입니다.

이때 해월 선생님도 수운 선생님을 찾아와서 입도합니다. 경주 인근에서 생각을 가진 사람들은 다 찾아 왔다고 보면 됩니다. 뭔가 엄청난 일이 일어났습니다. 이 일은 두 가지 작용을 일으킵니다. 진리에 목마른 사람들의 갈증을 해소해 주는 힘이 되었고, 또 동시에 어떤 사람들에게는 불안과 위기감을 불러옵니다.

논학문에는 이 두 이야기가 동시에 있습니다.

진리를 갈망하는 사람들은 이렇게 질문합니다.

"선생님께 천명(天命)이 내려오셨나요(天靈降臨)?"

처음에는 이렇게 답합니다.

"하늘과 땅이 서로 만나고 헤어지는 것이 무왕불복(無往不復)한다는 원리를 안 정도입니다."

질문이 집요하게 이어집니다.

"그럼 그 원리에 이름을 한번 붙여 보십시오."

"천도(天道)라고 하고 싶습니다."

"그건 서학의 천주교와 거의 비슷하지 않습니까?"

"아닙니다. 천주교와는 비슷한 면이 있지만 다릅니다. 그들이 전하는 책을 읽어보고 그것을 가르치는 사람들을 만나 이야기해 보니, 이 사람들은 기도를 할 때 왜 이렇게 중언부언하는지 모르겠다는 생각을 하게 되었습니다. 그런 걸 기도라고 할 수 없습니다. 그러나 그들의 세력이 상승하는 운세인 것을 부정할 수는 없습니다. 천도라는 관점에서는 같은 점도 많습니다. 그러나 인간과 세상을 해석하는 논리는 다릅니다."(運則一也 道則同也 理則非也.)

"그러면 선생님의 논리는 무엇입니까?"

"우리가 중용에서 공부한 길 그대로입니다. 마음을 지키고 기운을 바르게 합니다.(守心正氣) 우리에게 주어진 길을 따르고 하늘의 가르침을 각자가 받아들입니다.(率性受教) 모든 일은 수심정기하고 솔성수교하는 가운데 자연스럽게 드러나고 이루어집니다. 저는 우리 모두가 우리 안에 하늘님을 모시고 있어서 수심정기하고 솔성수교하면 하늘의 마음이 자연스럽게 발현된다고 생각합니다."

"선생님의 논리는 서학과 너무 비슷합니다. 서학의 한 부류라고 봐야 합니다."

"그렇지 않습니다. 동과 서가 다른데 어떻게 동에서 시작해서 세상에 퍼져나갈 이 가르침을 서학이라고 할 수 있겠습니까? 굳이 말해야 한다면 '동학(東學)'이라고 하는 것이 맞습니다."

"선생님은 스물한 자의 기도문이 하늘님을 마음에 모시는 글이라고 하셨는데 이 부분은 한 글자 한 글자 설명해 주시면 좋겠습니다."

"지기금지원위대강(至氣今至願爲大降) 시천주조화정영세불망만사지(侍天主造化定永世不忘萬事知) 21자입니다.

지기(至氣)는 우주 기운의 원형입니다. 여기에서부터 우주가 시작했습니다. 그런데 지기는 텅 비었으면서도, 또한 가득 차 있습니다.(虛靈蒼蒼) 지기(至氣)는 우리 삶에 개입하지 않지만 지기(至氣) 없이 이루어지는 것도 없습니다. 이런 지기를 설명하는 데는 혼원지일기(渾元之一氣), '혼돈 속의 질서(chaosmos)' 이런 정도가 적절할 겁니다.

그런데, 이런 지기(至氣)는 이해하거나 눈으로 볼 수 있거나 귀로 들을 수 있는 이성과 감각의 세계가 아닙니다. 지기(至氣)는 기도하는(願爲) 사람들에게 오십니다.(今至) 그 만남이 일어난 상태(大降)를 기화(氣化)라고 합니다. 제가 경신년 4월에 만난 하늘님도 이렇게 저에게 오셔서 저를 만나주셨습니다.

이 기화(氣化) 상태에서 일어나는 마음이 모심(侍)입니다. 그 모심의 대상이 님(主)입니다. 님을 모시면 내 마음 안의 하늘님과 만물이

서로 이어지고 모든 만물을 공경하게 됩니다.(內有神靈 外有氣化)

그런데 이게 고정된 원칙이 있거나 무언가를 믿는 것이 아닙니다. 우리는 내유신령 외유기화하지만 각자 각자의 기준을 가지고 이어집니다. 나를 잃지 않으면서 지기(至氣)와 융합(神靈氣化)되어 조금도 진리에서 어긋남 없으며 나와 지기(至氣)가 혼재된 융합적 공생의 삶을 살게 됩니다.(一世之人 各知不移)

이런 일이 자연스럽게 일어나고 통합되고 안정적입니다.(造化定) 누구나 이렇게 살고 이해하고 실천할 수 있습니다.(永世不忘萬事知) 이 스물한 자의 의미를 알고 기도하면 누구나 지기(至氣)와 연결된 성인(聖人)이 될 수 있습니다."

수운과 제자들은 진리에 대한 갈망이 넘쳐났고 제자들은 스물한 자 기도문을 늘 마음에 담아두고 아침저녁으로 소리 내어 기도했습니다. 동학 수련을 하는 사람들이 점점 더 늘어나고 그들은 지기와 기화하고 서로를 하늘님을 모신 존재로 공경하기 시작합니다.

시천주(侍天主)라는 거대한 의식 변화, 새 하늘을 창조하는 다시개벽의 역사적 주체 의식이 꿈틀거리며 일어섭니다.

동학이 어느 정도 세력을 형성하자 지역의 유교 지식인들 사이에서는 수운과 동학에 대한 논쟁이 벌어집니다. 대단히 위험한 생각을 하는 사람이고 동학은 서학의 한 부류라는 비판이 뚜렷한 기조를 이룹니다.

천주교 박해가 일어나던 당시에 '서학'이라는 지목은 1950~60년대에 '빨갱이'라고 말하는 것과 비슷한 적대감을 가진 말입니다. 수운은 한때 경주 관아에 수감되었다가 제자들의 집단 항의로 풀려나기도 합니다. 수운은 이 상태가 계속되면 위험하다고 판단합니다.

어느 날 그는 행선지를 정하지 않고 제자 최중희와 함께 경주를 떠납니다. 그가 떠나지 않고는 문제를 풀 수 없는 상황이었습니다.

처음에는 친인척과 제자들이 있는 울산, 부산, 웅천 등을 돌다가 더 멀리 가기로 하고 여수, 구례를 거쳐 남원에 도착하게 됩니다. 그가 떠날 때 제자 최자원이 값이 비싼 한약재를 주며 필요할 때 돈으로 바꿔 쓰라고 합니다.

남원에서 한 한약방에 들러서 약재를 팔게 됩니다. 한약방의 주인은 서형칠입니다. 서형칠은 수운 선생님과 대화를 하는 동안 수운이 비범한 분이라는 걸 직감합니다. 서형칠의 배려로 수운은 그 한약방에서 10여 일을 지내며, 두 사람은 스승과 제자가 되기로 합니다. 남원 처음으로 동학이 뿌리내리는 순간입니다. 알음알음 동학에 입도하는 사람이 하나둘 씩 늘어갔습니다.

남원 지역의 제자들은 스승이 은거할 장소를 찾아냅니다. 남원시 외곽 교룡산성 안에 있는 선국사 뒤편에 있는 덕밀암으로 선생님을 모십니다. 수운 선생님은 이 덕밀암, 뒤에 스스로 이름을 은적암(隱蹟庵)으로 고쳐 부른 곳에서 6개월 동안 지내게 됩니다. 그 전해 11월에 시작된 여행이 두 달 만에 안전하게 머물 곳을 찾았습니다.

수운 선생님의 최초 깨달음 이후의 공생애는 실제로 2년 반 정도입니다. 1860년 4월에서 1861년 5월까지는 스스로 깨달음을 내면화하는 데 집중했고, 1861년 6월부터 시작한 포덕(布德)은 1863년 12월

체포되면서 사실상 끝납니다. 체포된 이후 3개월 뒤인 1864년 3월 10일 대구에서 사형이 집행됩니다.

1861년 6월부터 1863년 12월까지 2년 반 동안의 실제 활동 기간 중 은적암에서 지낸 6개월은 정말 중요한 시간이었습니다. 이곳에서 수운 선생님은 지금 우리가 읽는 〈논학문(동학론)〉을 비롯해서 나중에 동경대전과 용담유사에 수록되는 여러 편의 산문과 시를 남깁니다. 아마 이 시간이 없었다면 동학은 자기 논리를 만들 수 없었을 겁니다.

그러나 한참 떠오르는 새 시대를 여는 유망한 지식 운동가이자 대각한 지혜로운 자로서 도망자처럼 은둔하며 지내야 했던 이 시기 수운의 마음은 들끓었습니다. 〈논학문〉 뒤편에 있는 마지막 질문들은 제자들의 질문이라고 볼 수 없습니다.

"하늘 마음 천심(天心)이 인심(人心)인데 왜 사람 안에는 선악이 있습니까?"

"사람들은 왜 하늘님을 공경하지 않습니까?"

"우리 도(道)를 방해하는 사람들은 왜 그렇게 합니까?"

"도를 배반하고 옛날 모습으로 돌아가는 사람들은 어째서입니까?"

"도에 참여하는 마음은 무엇이고 돌아가는 마음은 무엇입니까?"

"그런데 왜 그들에게도 하늘님이 강령(降靈)하십니까?"

"하늘님이 하시는 일은 해롭게 하지도 않고 은덕을 베풀지도 않는 겁니까?"

이런 건 제자들과 수운 선생이 묻고 답하는 것이 아니라 사실은 하늘님과 수운의 문답입니다. 깊은 분노와 울분이 담긴 질문입니다. 수운의 힘은 안정감에서 나오는 것이 아닙니다. 자기 안에 있는 질문을 거침없이 뱉어내고 그 질문을 집요하게 성찰하는 데서 비롯하는 힘입니다.

그런 수운에게 그가 모신 하늘님이 답합니다. "사람은 운명처럼 가지고 온 것이 있어서 어쩔 수 없는 것이 있습니다. 누구나 자기 믿음을 확신할 수 없습니다. 인간은 그런 존재입니다. 배반한 것이 아닙니다. 사람들은 당신의 이야기를 다 이해할 수 없습니다. 사람들의 마음은 바람에 부는 대로 드러눕고 일어서는 풀과 같은 것입니다. 이런 질문 더 하지 않아도 됩니다."

외로움을 곱씹고 새로운 세상을 염원하고 예감하며 날마다 칼노래와 칼춤을 추던 수운에게도 어느 날 평화가 찾아옵니다. 마음의 분노가 교정되고 몸이 맑아지고 실력이 자라나고 마음이 바르게 되었습니다.(矯其人 修其身 養其才 正其心)

입에서 단맛이 감돌고 불명확하던 것들이 색깔을 입힌 것처럼 선명해졌습니다. 수운과 하늘님 사이에서 10년을 오고가던 오랜 질문과 답이 끝났습니다.

따뜻한 곳은 매화가 다 피었는데 우리 집은 깊은 산 속이라 아직 매화가 몽우리만 뭉쳐 있습니다. 다음 편지에는 당신께 매화 향기를 담아 보낼 수 있을 겁니다.

2021.2.16. 매화 몽우리를 만져보며…

修德文(수덕문)

하늘 마음의 길(天道)은 싹터나고 자라고 거두고 갈무리하는 원형이정(元亨利貞)의 순환 질서를 따릅니다.

사람 일의 길(人事)은 원형이정의 순환질서 속에서 치우침 없는 중용의 마음을 잡기(惟一執中) 위해 노력하는 것입니다.

공자님은 성인의 자질이 있으셔서 하늘의 순환질서와 중용의 마음을 나면서부터 알고 있었습니다.(生而知之) 옛 스승들은 중용의 마음을 성찰해서 아셨고(學而知之) 서로 가르치고 전했습니다. 저는 간신히 공부해낸(困而知之) 얕은 지식이지만 제가 알게 된 것은 모두 공자님의 은덕이고, 여러 스승들(先王)의 오랜 가르침(古禮) 덕분입니다.

元亨利貞 天道之常 惟一執中 人事之察 故 生而知之 夫子之聖質 學而知之 先儒之相傳 雖有困而得之 淺見薄識 皆由於吾師之盛德 不失於先王之古禮 ①

저는 동방의 조선에서 태어나 이룬 것 하나 없이 세월을 보냈습니다. 가문의 명성이나 지키려고 하는 보잘 것 없는 선비에 불과합니다.

선조이신 최진립 장군의 충의(忠義) 정신은 경주 용산서원(龍山書院)에 여전히 남아 있습니다. 이런 충신들의 노력으로 임진년과 병자년의 외침을 극복하고 우리 순조 임금님의 성덕이 다시 회복되었습니다.

조상님들의 음덕이 끊이지 않고 이어져서 아버님이 세상에 태어나셨습니다. 아버님의 글과 삶은 경상도의 선비들 사이에서는 모르는 사람이 없었습니다.

최진립 장군에서부터 아버님까지 여섯 대를 이어온 적선적덕의 가풍은 자손인 저에게도 좋은 일이 아니겠습니까?

余出自東方 無了度日 僅保家聲 未免寒士 先祖之義 節有餘於龍山 吾王之盛德 歲復回於壬丙 若是餘蔭 不絶如流 家君出世 名盖一道 無不士林之共知 德承六世 豈非子孫之餘慶 ②

아! 슬프게도 공부만 해 왔던 선비의 평생은 봄날의 꿈처럼 흘러 사십 세에 이르렀습니다. 공들여 쌓아온 공부는 울타리 옆에 버린 물건처럼 여기고 벼슬을 하려는 마음도 내려놓았습니다.

도연명의 귀거래사(歸去來辭)에 대구를 지으며 지난 미련을 씻어버리고 새 삶을 살겠다는 시를 지으셨습니다. 아버님은 속세를 버린 처사(處士)처럼 대지팡이를 들고 짚신을 끌며 걸었습니다. 당신은 높은 산 같고 흐르는 강물 같은 스승의 품격을 갖춘 분입니다.

가파른 구미산 언저리, 경주 금오산의 북향, 맑은 물이 흐르는 용추 계곡, 오래된 마룡성의 서편, 정원의 도화(桃花)가 계곡 따라 흘러

가서 어부들이 무릉도원인 줄 알고 찾아올까 조심스러운 곳에 자리
잡은 용담정!

집 앞으로 흐르는 푸른 물결을 보며 당신은 강태공처럼 누군가를
기다렸고, 연꽃을 사랑한 주렴계(濂溪)처럼 연못가의 정자 난간에 기
대 계셨습니다. 그리고 그곳을 용담정이라고 이름 지으신 이유도 제
갈량을 그리워하셨기 때문일 겁니다.

噫 學士之平生 光陰之春夢 年至四十 工知芭籬之邊物 心無靑雲之
大道 一以作歸去來之辭 一以詠覺非是之句 携筇理履 悅若處士之行
山高水長 莫非先生之風 龜尾之奇峯怪石 月城金鰲之北 龍湫之淸潭
寶溪 古都馬龍之西 園中桃花 恐知漁子之舟 屋前滄波 意在太公之釣
檻臨池塘 無違濂溪之志 亭號龍潭 豈非慕葛之心 ③

세월이 흐르는 것을 막기 어려워 어느 날 아버님은 속세를 떠나
신선이 되셨습니다.(化仙)

고아처럼 홀로 남은 나는 그때 겨우 열여섯 살이었습니다. 어린
아이나 다름없는 내가 무엇을 알았겠습니까?

아버님이 평생 쌓아 오신 오래된 학문의 성과는 화재로 불길 속
에 흔적도 없이 사라졌고, 부모님의 덕을 잇지 못한 불초(不肖)한 자
식의 한이 남아 마음은 무너졌습니다. 아버님의 죽음은 정말 아프고
슬펐습니다.

難禁歲月之如流 哀臨一日之化仙 孤我一命 年至二八 何以知之 無
異童子 先考平生之事業 無痕於火中 子孫不肖之餘恨 落心於世間 豈

不痛哉 豈不惜哉 ④

　저는 가정을 돌보는 일을 하고 싶었지만 심고 거두는 농사일을 몰랐고, 공부를 열심히 하지 못해 벼슬을 하고자 하는 꿈도 잃었고, 살림이 점점 더 어려워져서 나중에 어떻게 될지도 알 수 없었습니다. 나이는 점점 더 들어가는데 형편없는 신세가 될 것을 생각하니 한심하고, 팔자를 풀어 봐도 춥고 배고픈 운명이었습니다.

　이제 곧 나이 사십이 될 건데 이룬 것이 아무것도 없었습니다. 누군가는 하늘과 땅이 넓고 크다고 하지만 나는 머물 집도 없고, 하는 일마다 어긋나서 몸 하나 숨길 데가 없었습니다.

　이런 나를 돌이켜본 다음, 저는 세상의 얽히고설킨 일들을 털어 버리고, 가슴에 맺히고 쌓인 것도 하나하나 던져 버렸습니다.

　心有家庭之業 安知稼穡之役 書無工課之篤 意墜靑雲之地 家産漸衰 未知末稍之如何 年光漸益 可歎身勢之將拙 料難八字 又有寒飢之慮 念來四十 豈無不成之歎 巢穴未定 誰云天地之廣大 所業交違 自憐一身之難藏 自是由來 擺脫世間之紛撓 責去胸海之彌結 ⑤

　용담의 옛집은 아버님이 머물며 제자들을 가르친 곳이고, 경주는 나의 고향 마을입니다. 울산에서 아내와 아이들과 함께 고향으로 돌아온 날이 1859년 기미년 음력 10월이었고, 운명적인 만남을 통해 도(道)를 받은 것은 1860년 경신년 음력 4월이었습니다.

　이 일은 꿈꾸는 것 같았고 말로 설명하기 어렵습니다. 이런 변화를 성찰하기 위해 주역괘를 읽어보고, 고대의 하늘과 관계 맺는 경천(敬天) 방법을 찾아보면서 옛 스승들은 하늘의 선물을 받아들일 줄 알았는데 후학들이 하늘과 만나는 법을 잊었다는 것을 알게 되었습니다.

하늘님과의 문답대로 수련해 보니 너무나 자연스러웠습니다. 이런 깨달음의 눈으로 보면 공자님의 도(道)도 경천(敬天)하고 우주 변화의 순리에 따르는 것입니다. 제가 받은 진리를 공자님과 비교해 보면 크게는 같고 작은 차이가 있습니다.(大同小異)

의심하지 않고 보면 서로 안에는 변하지 않는 사물의 원리가 보이고, 과거와 현재를 통찰해서 이해하면 사람 삶의 원리가 크게 다르지 않다는 것을 알 수 있습니다.

龍潭古舍 家嚴之丈席 東都新府 惟我之故鄉 率妻子還棲之日 己未之十月 乘其運道受之節 庚申之四月 是亦夢寐之事 難狀之言 察其易卦大定之數 審誦三代敬天之理 於是乎 惟知先儒之從命 自歎後學之忘却 修而煉之 莫非自然 覺來夫子之道則 一理之所定也 論其惟我之道則 大同而小異也 去其疑訝則 事理之常然 察其古今則 人事之所爲 ⑥

포덕(布德)한다는 생각은 하지 않고 오직 지극 정성으로 수련했습니다. 그렇게 미루어지다 다음 해 1861년 신유년 6월 한여름이 되었습니다. 좋은 벗들이 많이 모였습니다. 우리는 동학의 원칙을 같이 정하고 서로 묻고 답하며 진리를 실천하고 알리도록 권면했습니다.

不意布德之心 極念致誠之端 然而彌留 更逢辛酉 時維六月 序屬三

夏 良朋滿座 先定其法 賢士問我 又勸布德 ⑦

　우리들 가슴에는 궁을태극의 불사약이 있었고, 입으로는 21자 시천주 기도문을 소리 높여 외쳤습니다.

　문을 활짝 열어 사람들을 맞이하니 수없이 오셨고, 자리를 펴고 하늘님의 말씀을 전하니 그 말씀이 입에 달았습니다.

　어른들이 예법을 지켜 들어오고 물러나가니 마치 공자님의 삼천 제자의 거동처럼 아름답고, 아이들이 절하고 인사하는 것을 보면 공자의 제자 증석이 기수 냇가에서 아이들 예닐곱과 함께 춤추고 노래하겠다는 이야기를 떠올리게 합니다.

　제자 중에는 나이가 저보다 많은 분들이 있었지만 그들 또한 자공이 공자님을 모신 것과 같이 극진한 태도로 공부하였습니다.

　우리는 함께 춤추고 노래하며 뛰어 오르는 영가무도(詠歌舞蹈)를 즐겼습니다. 이것 또한 공자님이 제자들과 함께 춤추며 즐거워한 것과 다르지 않습니다.

胸藏不死之藥 弓乙其形 口誦長生之呪 三七其字 開門納客 其數其然 肆筵說法 其味其如 冠子進退 悅若有三千之班 童子拜拱 倚然有六七之詠 年高於我 是亦子貢之禮 歌詠而舞 豈非仲尼之蹈 ⑧

　인의예지(仁義禮智)는 예전의 성인께서 가르치셨고, 수심정기(修心正氣)는 제가 새롭게 정한 것입니다.

　입도할 때 제사를 드리는 것은 하늘님을 영원히 모시겠다는 맹세입니다. 의심이 사라지는 것은 정성스러워야 가능합니다.

'의관(衣冠)을 바르게 하고 군자의 삶을 삽시다. 길거리에서 음식을 먹으며 뒷짐을 지고 거드름 피는 것은 천박한 일입니다. 동학도인은 절도에 맞게 기르지 않은 가축의 고기(惡肉)를 먹지 않습니다. 찬물에 들어가 앉는 것은 몸에 해롭습니다. 유부녀와 거리를 두는 것은 경국대전의 금기 사항입니다. 누워서 주문을 외는 것은 도(道)에 대한 태만이고 정성들리는 자세가 아닙니다.'

우리는 이렇게 배우고 가르쳤는데 그것은 우리가 지켜야 할 규칙이 되었습니다.

仁義禮智 先聖之所教 修心正氣 惟我之更定 一番致祭 永侍之重盟 萬惑罷去 守誠之故也 衣冠正齊 君子之行 路食手後 賤夫之事 道家不食 一四足之惡肉 陽身所害 又寒泉之急坐 有夫女之防塞 國大典之所禁 臥高聲之誦呪 我誠道之太慢 然而肆之 是爲之則 ⑨

이런 우리의 삶이 얼마나 아름다운가요!

붓을 들어 글을 쓰면 왕희지의 모습이 보이고, 시조를 운율에 따라 창하면(唱韻) 그가 나무꾼이라고 할지라도 누가 머리를 숙이지 않겠습니까?

잘못을 참회한 사람은 전설적인 부자인 석숭의 돈 앞에서도 욕심을 내지 않고, 하늘님을 마음에 모시고 정성드릴 줄 아는 어린이는 사광과 같은 천재 소년의 총명함도 부러워하지 않습니다.

용모가 환해지고, 신선의 기품이 서려 있고, 오랜 병이 저절로 나으니 편작과 같은 명의의 이름도 잊어버리게 됩니다.

美哉 吾道之行 投筆成字 人亦疑王羲之迹 開口唱韻 孰不服樵夫之
前 懺咎斯人 慾不及石氏之貲 極誠其兒 更不羨師曠之聰 容貌之幻態
意仙風之吹臨 宿病之自效 忘盧醫之良名 ⑩

그러나 깨달음에 이르고 덕을 베푸는 도성덕립(道成德立)의 길을
가는 데는 정성과 함께 안내자가 필요합니다.(在誠在人) 이끌어 주는
안내자 없이 어떤 사람은 흘러 다니는 소문을 듣고, 또 어떤 사람은
주워들은 주문을 따라 하는데 이렇게 해서는 안 됩니다.

민망하고 동동거리는 안타까운 마음이 끊어지는 날이 없습니다.
빛나는 성인의 마음이 잘못 이해될까 늘 두렵습니다. 이것은 우리가
서로 얼굴을 보며 만나지 못한 사람들이 많아진 까닭입니다.

우리가 멀리 떨어져 있어도 마음과 마음은 서로 비추고 교감하지
만 그리운 마음은 참기 어렵습니다. 서로 손잡고 만나 정을 나누고
싶지만 감시하는 눈길을 걱정하지 않을 수 없습니다.

그래서 이 편지를 써서 보냅니다.

지혜로운 여러분은 제 말을 귀담아 들어 주십시오.

雖然 道成德立 在誠在人 或聞流言而修之 或聞流呪而誦焉 豈不非
哉 敢不憫然 憧憧我思 靡日不切 彬彬聖德 或恐有誤 是亦不面之致也
多數之故也 遠方照應而 亦不堪相思之懷 近欲敍情而必不無指目之嫌
故 作此章 布以示之 賢我諸君 愼聽吾言 ⑪

우리 동학은 마음으로 믿고 정성들이는 것입니다.

신(信)이라는 글자를 풀어쓰면 '사람(人)과 말(言)'입니다. 말에는 옳은 말과 그른 말이 있습니다. 옳은 것을 택하고 그른 것은 물려야 합니다. 다시 생각하고 또 생각해서 정한 뒤에는 다른 말은 받아들이지 않는 것이 믿음입니다. 이렇게 말에 대해 깊이 생각하고 믿음이 생긴 다음에 수련해야 우리의 정성이 이루어집니다.

정성과 믿음! 이 둘은 서로 이어져 있으니 사람의 말을 듣고 생각한 뒤에 먼저 믿고 그 다음에 정성을 드리십시오.

제가 지금 알아듣게 말했으니 이 말을 받아들이고 공경과 정성하여 어긋나지 마시기 바랍니다.

大抵此道 心信爲誠 以信爲幻 人而言之 言之其中 曰可曰否 取可退否 再思心定 定之後言 不信曰信 如斯修之 乃成其誠 誠與信兮 其則不遠 人言以成 先信後誠 吾今明諭 豈非信言 敬以誠之 無違訓辭 ⑫

1862년 6월 남원 은적암에서

수운 모심

세 번째 편지
— 춤추고 노래하는 기쁨의 공동체

사랑하는 당신께.

이번 편지에서는 동경대전의 세 번째 이야기인 〈수덕문(修德文)〉을 읽읍시다.

이 글은 수운 선생님께서 은적암에 피해 있으면서, 이제 다시 경주로 돌아가야겠다고 생각하고 쓰신 글입니다.

경주로 다시 돌아가면 이번에도 다시 이단이라는 비난을 받을 게 뻔한 상황에서 유학 지식인들에게 자신의 생각이 공자님의 생각과 크게 다르지 않고 단지 현재의 상황에 맞게 유학을 재해석한 것이라는 점을 이야기합니다.

무엇보다 〈수덕문〉 속에는 수운이 경험한 지상천국의 모습이 그려져 있습니다. 한편으로는 성리학의 정통을 이어온 자신의 오랜 공부와 훌륭한 선조들의 가계를 이어온 자부심의 이야기이면서 동시에 새로운 세계의 가능성, 지상에 이루어진 천국, 지상선경(地上仙景)을 보여줍니다.

수운 선생은 글에서 직접 언급하지 않지만 고운 최치원과 가계로

도 이어집니다. 최치원이 해석한 포함삼교 접화군생(包含三敎, 接化群生)의 풍류의 이상과 행복을 수운은 동학 공동체에서 경험하게 됩니다. 수덕문에는 그 경험의 한 부분이 보입니다.

어쩌면 동학을 이해하는 중요한 핵심어 중의 하나는 '풍류의 기쁨'입니다. 이 기쁨은 동아시아의 오랜 전통 속에서 면면히 흘러옵니다. 이상 세계를 피안의 저 너머에서 이루는 것이 아니라 지금 여기 이곳에서 이루고 눈으로 보고 손으로 만지며 그 기쁨 속에 사는 삶입니다.

내용을 하나하나 읽어 봅시다.

> 하늘의 질서는 원형이정(元-亨-利-貞)의 순환 질서이지만, 우리의 삶은 변화하는 우주 질서 속에서 내가 서야 할 자리를 찾아야 하는 균형감 찾아서 지키는 것(惟一執中)이 과제입니다.
> 이런 변화와 중용에 대한 감각을 태어날 때부터 가진 사람은 성인이고 배워서 아는 사람은 선비(儒)입니다.

우리들 대부분은 몸으로 하나하나 겪으며 힘들게 고생하며 깨달아 갑니다.(困而得之) 단지 시행착오를 조금이라도 줄이기 위해 공부하는 겁니다.

수운은 스스로를 곤이지지(困而知之)의 사람이라고 말합니다. 이건 겸손이 아니라 사실일 겁니다. 수운 선생님은 오랜 수련 시간을 거쳤고 시도하는 일 대부분이 잘 안 됐습니다. 그가 이해하고 안 것

중에 고생하지 않고 안 것이 없었을 겁니다.

그나마 여기까지 올 수 있었던 것은 조일 전쟁(임진왜란)과 조청 전쟁(병자호란)의 영웅이었던 6대조 할아버지 최진립 장군, 아버지 근암공 최옥 선생과 같은 조상들의 은덕이 미친 영향이 컸습니다.

최진립 장군은 조일 전쟁의 의병 지도자였고, 전쟁이 끝난 뒤 무과에 합격해서 군인이 되어 중요한 부대의 지휘를 했습니다. 은퇴한 뒤에 조청 전쟁이 일어나자 전쟁터에 나가지 않아도 되었지만 죽음을 예견하고 전쟁터에 자원해서 나갑니다. 전투에 져서 후퇴하는 중에 제일 뒤에 남아 적의 공격을 막아내다 온몸에 화살을 맞고 돌아가십니다. 조선 정부는 최진립 장군에게 정무공 시호를 내리고 경주에 용산서원을 지어 제사 지내게 합니다.

아버지 최옥 선생은 퇴계 선생 문하의 계보를 잇는 영남의 중요한 성리학자 중의 한 사람입니다. 인간과 자연의 아름다움을 노래한 훌륭한 시인이었습니다.

수운 선생님은 이 두 분의 감성을 동시에 몸에 간직합니다. 한편으로는 무인의 기상이 흘렀고, 또 한편으로는 시인의 감수성을 가졌습니다. 수운의 힘은 대부분 이런 양면성에서 나옵니다.

혁명의 열망을 불러일으킬 정도의 남성적 힘이 있으면서도 많은 여성들의 마음을 위로할 수 있는 시적 정서와 섬세함을 가졌습니다.

아버지 최옥 선생이 수운 선생님이 열여섯 이제 막 소년티를 벗어날 즈음에 돌아가십니다. 어머니는 열 살에 돌아가셔서 소년은 홀로 남게 됩니다. 거기다 화재로 집까지 불타게 됩니다.

생전에 최옥 선생은 수운의 재질을 알아보고 그에게 공부를 시킵니다. 최옥 선생은 벼슬을 하고 싶어 공부를 했지만 성공하지 못한 자신의 회한을 아들을 통해서 풀려고 한 것은 아닙니다. 선생은 아들이 과거에 나갈 수 없다는 것을 알고 있었지만 공부해야 한다고 생각했습니다. 수운은 아버님에게 체계적인 경전 공부와 시 수업을 받습니다. 나이 들어 얻은 아들과 나누는 대화가 최옥 선생의 가장 큰 기쁨 중 하나였을 겁니다.

그러나 그 공부는 수운의 삶을 고통으로 몰고 갑니다. 생활의 기술은 없는데 생각은 높은 사람들이 겪는 고통을 수운도 똑같이 겪습니다. 춥고 배고픈데 가슴에는 놓을 수 없는 열망이 떠나가질 않습니다. 생활을 꾸리면서도 공부를 하는 꿈을 놓지 않고 싶었지만 어느 순간 더 이상 안 된다는 것을 알게 됩니다.

어느 하나를 놓을 수밖에 없습니다. 이런 경우 당신은 무엇을 놓겠습니까? 대부분 꿈을 접고 생활을 선택할 수밖에 없는데, 수운은 생활을 놓고 공부하기로 합니다.

1859년 기미년 음력 10월 그는 가족을 데리고 다시 고향으로 돌아옵니다. 사실 돌아오고 싶지 않은 곳이었습니다. 아버님이 없는 용담 고향집은 수운에게 마음 편한 곳이 아니었습니다.

그러나 어쩔 수 없는 현실을 받아들여야 했습니다. 가슴에는 꺼지지 않는 불길이 타오르는데 가족을 위한 최소한의 안전과 보호를 위해서는 돌아오지 않을 수 없었습니다.

그리고 아버님이 제자들과 공부하기 위해 지으신 용담정의 산속에서 가슴의 불길을 잠재우는 길을 찾지 못하면 산 밖으로 나가지 않겠다는 각오를 하고 공부를 시작합니다.

그 정성 속에서 그는 하늘님을 만나고 대화하게 됩니다. 그리고 자신이 만난 하늘님의 의미를 주역을 통해 짚어보고 고대의 스승들의 방법론과 비교해 보면서, 이 방법은 오래전부터 있었는데 어느 시간이 지나면서 우리가 잊어버리고 틀에 박힌 화석처럼 변해 버렸다는 것을 알게 됩니다.

무엇보다 깊이깊이 읽으면서 공자님과 자신은 대부분은 같고 시대 현실에 따른 약간의 차이 밖에 없다는 것도 알게 됩니다.(大同而小異)

자신이 깨달은 바를 사람들에게 가르치다가, 지역의 여러 유학 지도자들의 비판과 모함 속에서 고향을 떠나 남원으로 피할 수밖에 없었는데, 그곳에서 6개월 동안 머무르며 논리를 가다듬어서, 의심하고 괴롭히는 사람들에게 자신의 진정성을 이해시킬 수 있는 용기가 생겼습니다. 다시 고향으로 돌아갈 수 있겠다고 생각하게 됩니다. 수운은 〈수덕문〉을 쓴 다음 고향으로 비밀리에 다시 돌아옵니다.

그러나 그가 돌아온 진정한 이유는 이제 자신을 비판하는 사람들을 설득할 수 있겠다고 생각했기 때문만은 아닙니다. 수운은 짧은 시간이었지만 지상 천국, 지상 선경을 맛보았습니다. 그 기쁨이 그를 다시 경주로 돌아오게 합니다. 어쩌면 이번에는 더 큰 어려움에 부딪칠지도 모른다는 것을 알았지만 그의 기억 속에서 떠나지 않는 장면이 그를 끌어당깁니다.

'내 마음이 네 마음(吾心卽汝心)'이라고 말해 주신 하늘님은 가슴속에서 궁을태극의 역동적인 움직임을 일으켰고, 소리 높여 외치듯이 부르짖었던 시천주(侍天主) 기도는 심장을 울리고 단전 깊은 곳에서부터 온몸을 흔들었습니다.

경전 말씀을 읽을 때는 글자가 아니라 입안에 든 꿀처럼 달았습니다. 수많은 사람들이 모여들었고, 아이들은 춤추고 노래하며 천국을 즐겼습니다. 나이가 많고 적은 것도 중요하지 않고, 돈이 있고 없는 것도 크게 느껴지지 않고, 신분과 계급도 자유롭게 넘나들었고, 여성들도 당당하게 조직의 지도자로 성장하고 있었습니다. 모든 사람들이 각자 각자가 하늘님을 모시고 있는 시천주(侍天主)의 삶을 살기 시작했습니다. 수운이 경험한 지상 천국이었습니다.

동학 안에 내재된 혁명 정신은 혁명을 지향한 것이 아니라 동학 도인들이 경험한 유토피아를 회복하고 싶어 한 것에 가깝습니다.

그들의 유토피아, 지상 천국은 기쁨이 넘쳐났습니다.

歌詠而舞 豈非仲尼之蹈
"노래하고 춤추는 즐거움이 공자님이 즐거워하던 것과 같아라."

가(歌)는 운율이 있는 소리입니다. 우리가 부르는 노래는 대부분 운율을 가지고 있습니다. 영(詠)은 운율이 없습니다. 이 우주가 만들어질 때 다섯 개의 소리가 있었는데, 그것이 궁상각치우(宮商角齒羽)

입니다. 이 다섯 소리가 서로 어울려 우주와 생명이 만들어집니다.

궁상각치우의 다섯 소리는 '음 아 어 이 우'입니다. 운율과 가락이 없는 이 다섯 소리를 단전에서부터 끌어 올려 소리를 길게길게 냅니다. 영(詠)의 소리를 단전 깊은 곳에서부터 시작해서 울려내면 몸에서 가락이 꿈틀거리게 됩니다.

가장 쉽게 느껴지는 가락은 진도 아리랑 같은 가락입니다. 진도 아리랑을 불러보면 누구나 알지만 손이 자연스럽게 올라가고 어깨춤이 일어납니다. 가락은 점점 더 빨라지고 결국 나중에는 소리 지르며 뛰어다니게 됩니다.

온 힘을 다해 뛰고 춤추고 노래하다 보면 결국 어느 순간 도약이 일어납니다. 그때 환희가 몰려옵니다.(詠歌舞蹈) 몸의 세포 하나하나가 살아나고 기쁨이 몸과 마음을 감싸며 흐르고 환희에 휩싸여 눈물이 흘러내리기도 합니다.

수운은 많이 울었을 것 같습니다. 16살에 고아 되어 가족을 이루어 살아가면서 그가 몸과 마음으로 겪었던 고통과 슬픔이 그 눈물과 함께 흘러내려 마음이 정화되고 심성이 더욱 맑아졌을 겁니다. 어쩌면 이런 기쁨 속에서 수운은 공자님을 다시 만났는지도 모릅니다.

아! 공자님도 이걸 느끼셨겠구나…. 공자님의 공동체도 이런 기쁨의 공동체였겠구나….(仲尼之蹈) 내가 공부한 길이 잘못된 길이 아니었구나…. 공자님이 하신 공부를 내가 다시 회복했구나…. 공자님으로부터 면면히 이어져 온, 고조선의 풍류 정신을 담고 있는 이 수련이 영가무도(詠歌舞蹈)입니다.

동학 공동체는 인간 내면을 치유하고 하늘님을 모신 다시개벽의 사람으로 변화하는데 성공하면서 새로운 생각과 실천이 일어납니다.

돈에 대한 집착이 줄어들고, 아이들도 출세하는 것을 삶의 목표로 하지 않게 됩니다. 인의예지를 익히는 규범이 아니라 마음 하나를 바르게 하는 수심정기(修心正氣)의 바른 자세를 가집니다.

실제 동학도인들은 얼굴이 바뀌고 몸이 건강해지고 병이 나았습니다. 개인과 사회가 함께 누리는 평화를 그들은 맛보았습니다. 이렇게 지상 천국을 실제 경험하고 맛보고 손으로 만져본 다음에 믿음을 가지게 되었고 이후 정말 정성스러운 삶을 각자 각자가 살아갑니다.

대표적인 사례 하나만 들어보면 동학의 여성들은 밥을 지을 때마다 매번 한줌씩 모아서 그 쌀을 기반으로 하여 수많은 사회 변화를 위한 운동을 일으켜 냅니다. 삼일혁명도 이런 한 줌 한 줌의 쌀이 모여서 조직되었습니다. 밥할 때마다 쌀 한 줌을 덜어내어 모으는 그 마음은 믿음이 없으면 안 되는 일입니다. 이 믿음은 머리와 가슴에서 나온 것이 아니라 지상 천국을 경험한 손끝에서 나온 믿음입니다.

수덕문은 당시 유학 지도자들과 토론하기 위해 쓴 글입니다. 한 해 전(경신년) 10월에는 피해갈 수밖에 없었지만 수운은 이제 정말 자신이 생겼습니다. 은적암에서 보낸 6개월 동안 시간을 아끼고 집중해서 동경대전과 용담유사의 절반을 지었고, 칼노래와 칼춤을 추며 거친 마음을 다스렸습니다.

무엇보다 공자님의 진면목을 만난 기쁨은 유학자들을 다시 만나더라도 밀려나지 않을 자신감을 불러왔습니다. 이제는 사랑하는 제자들을 만나고 싶습니다.

너무나 오랜 시간 만나지 못한 그리움이 가슴에 차올랐습니다.

은적암을 떠날 시간입니다.

2021.3.16. 섬진강 강가의 새들을 바라보며

不然其然(불연기연)

- '천고(千古)의 만물들이여! 모두 다 각각의 자기 형상을 가지고 있구나!'

이 노래처럼 보이는 것으로만 말하면 '이건 이래서 이렇게 됐구나' 하고 말할 수 있지만, 그것이 시작된 처음을 생각해 보면 멀고도 먼, 아득한 일이어서 말로 쉽게 설명할 수 없습니다.

'나는 어떻게 나가 되었고, 나 이후는 어떻게 될까?' 이것을 생각해 봤습니다. 부모님이 여기 계시고, 자손들은 저기에 있습니다.

앞으로 올 세상을 비교해 보면 내가 생각한 것과 큰 차이가 없을 것입니다. 그러나 지나간 세상을 생각해 보면 사람이 사람인 것을 분별하고 그 이치를 따지는 것이 그렇게 간단하지 않습니다.

歌曰 而千古之萬物兮 各有成各有形 所見以論之則 其然而似然 所自以度之則 其遠而甚遠 是亦杳然之事 難測之言 我思我則 父母在玆 後思後則 子孫存彼 來世而比之則 理無異於我思我 去世而尋之則惑 難分於人爲人 ①

아! 이렇게 생각을 이어가고 이어가니, 기연, 그 그러함을 헤아리면서 헤아려 보면 '그렇구나, 그렇구나' 하게 됩니다. 그러나 불연,

그 근본을 깊이 생각해 가다보면 '그렇지 않은데… 그럴 수가 없잖아?' 하게 됩니다.

왜 그럴까? 첫 사람인 태고의 천황씨! 그는 어떻게 사람이 되었을까? 또 어떻게 왕이 되었을까? 그가 첫 사람인 만큼 그를 낳은 부모가 없는 것이고, 그에게 왕위를 물려준 사람도 없지 않겠는가? 그렇다면 그는 뿌리가 없지 않은가? 이건 불연, 있을 수 없으며, 이해할 수 없는 일이 아닌가? 세상에 누가 부모 없는 사람이 있을 수 있는가? 사람이 태어난 이치를 헤아려 보면 누구나 부모가 있고 그 부모의 부모가 있는 것 아닌가…? 이처럼 의문은 끝이 없이 거슬러 올라갑니다.

噫 如斯之忖度兮 由其然而看之則 其然如其然 探不然而思之則 不然于不然 何者 太古兮 天皇氏 豈爲人 豈爲王 斯人之無根兮 胡不曰不然也 世間 孰能無父母之人 考其先則 其然其然又其然之故也 ②

천황씨 이후로 세상에는 임금과 스승이 나왔는데, 임금은 사람들이 함께 살아갈 법질서를 세우고, 스승은 예의를 가르쳤습니다. 그런데, 누구에게서도 자리를 물려받지 않았던 첫 번째 임금은 어디서 법을 받았을까? 마찬가지로 누구에게서도 가르침을 받지 않았던 첫 번째 스승은 어디서 예의를 배웠을까?

알 수 없습니다. 알 수 없습니다. 누군가는 생이지지(生以知之)해서 태어날 때 알았다고 하고, 누군가는 무위이화(無爲而化)해서 저절로 되었다고도 하는데 이런 설명으로는 오히려 더 캄캄해지고 생이

지지와 무위이화의 논리가 이해할 수 없어 누구나 이해하고 감응할 수 있는 이치로부터 더 멀어지는 것 같습니다.

然而爲世 作之君作之師 君者以法造之 師者以禮敎之 君無傳位之君而法綱何受 師無受訓之師而禮義安效 不知也不知也 生以知之而然耶 無爲化也而然耶 以知而言之 心在於暗暗之中 以化而言之 理遠於茫茫之間 ③

그래서 불연을 이해할 수 없으니 불연에 대해 말하기도 쉽지 않습니다. 기연은 쉽게 알 수 있어서 기연을 믿고 받아들입니다.

이렇게 처음부터 시작해서 그 끝까지 공부해 보니 사물의 구조와 논리를 적합하게 설명하는 것이 까마득히 먼 곳에서부터 시작되는 크나큰 일이라는 것을 알게 되었습니다.

그렇지만 사람들은 이런 이치의 근본을 제대로 끝까지 추구해 알려고 하지 않습니다. 알려고 하지 않아요.

夫如是則 不知不然故 不曰不然 乃知其然故 乃恃其然者也 於是而揣其末 究其本則 物爲物理爲理之大業 幾遠矣哉 況又斯世之人兮 胡無知胡無知 ④

'우주의 운행 질서가 자리 잡은 지 얼마나 오래된 일인가! 시운이 다시 돌아오는구나!'

이렇게 노래하지만 우주의 운행 질서는 예전이나 지금이나 변하지 않는 것입니다. 그런데, 시운은 무엇이고, 돌아옴은 또 무엇입니까? 세상 만물과 현상에는 이런 변하지 않음과 변함이 함께 있어 그 현상을 쉽게 설명할 수 없지만 하나로 이어진 불연기연의 역설(逆說)이 들어 있습니다. 이런 역설을 잘 헤아리고 밝혀서 글로 쓰고 명확하게 하겠습니다.

사계절에는 차례가 있습니다. 어떻게 이렇게 되었나요?

산 위에 연못이 있습니다. 이게 어떻게 가능한가요?

갓난아이들은 말해주지 않아도 부모를 알아봅니다.

그런데, 어른인 우리는 왜 이렇게 모르는 것 투성이일까요?

성인이 세상에 오시면 황하의 물이 맑아진다고 합니다. 이걸 시운이 돌아와서 맑아진다고 해야 하나요, 물이 변할 때를 알아서 자연스럽게 변하는 거라고 해야 하나요?

밭을 가는 소는 사람 말을 알아듣습니다. 소는 마음이 있는 것 같고, 지혜가 있는 것 같습니다. 거기다 힘도 충분한데도 살아 있는 동안 고생하다 죽습니다. 이건 왜 이런가요?

까마귀는 부모가 나이 들면 보살핍니다. 까마귀에게도 효심이 있어 효를 알고 실행한다고 봐야 하나요?

제비도 집 주인을 안다고 합니다. 주인이 가난해도 그 집으로 다시 오고 또 돌아옵니다.

數定之幾年兮 運自來而復之 古今之不變兮 豈謂運豈謂復 於萬物
之不然兮 數之而明之 記之而鑑之 四時之有序兮 胡爲然胡爲然 山上
之有水兮 其可然其可然 赤子之穉穉兮 不言知夫父母 胡無知胡無知
斯世人兮 胡無知 聖人之以生兮 河一淸千年 運自來而復歟 水自知而

變歟 耕牛之聞言兮 如有心如有知 以力之足爲兮 何以苦何以死 烏子
之反哺兮 彼亦知夫孝悌 玄鳥之知主兮 貧亦歸貧亦歸 ⑤

　수많은 사례가 있는데 명확하지 않은 것은 불연이고, 쉽게 이해
되는 것은 기연입니다.

　시간을 거슬러 올라가 멀고 먼 데를 따라가서 보면 그 근본을 명
확하게 말할 수 있는 건 없습니다. 그래서 불연이고 불연입니다. 알
수 없습니다. 그러나 하늘님을 마음으로 모시고 그 눈으로 보면 우
주 만물의 생성과 변화가 기연이고 기연입니다. 그것이 그렇게 되는
이치를 감지하고 감응하게 됩니다.

　是故 難必者不然 易斷者其然 比之於究其遠則 不然不然 又不然之
事 付之於造物者則其然其然 又其然之理哉 ⑥

네 번째 편지
— 끝나지 않는 질문, 아니다 그렇다의 통합

사랑하는 당신께.

이번에 읽게 되는 불연기연(不然其然)은 사실상 수운 선생님이 생전에 마지막으로 우리 모두를 위해서 쓴 글입니다.

이 글을 쓰고 나서 얼마 지나지 않아 체포당하고 고문받다 사형당합니다. 감옥 안에서 짧은 시 한 편을 더 남겼지만, 그것은 해월 선생에게 보내는 당부의 글입니다.

우리는 지난 세 번째의 〈수덕문〉 이야기에서 수운이 은적암에서 경주로 돌아오기로 결심하고 돌아오는 순간까지를 읽었습니다.

결국 수운은 다시 돌아옵니다. 여전히 수운은 위험한 인물이었고 자기를 함부로 드러낼 수는 없습니다. 용담의 집으로 바로 갈 수 없어서 비밀리에 경주 부내의 박대여라는 도인의 집으로 갑니다.

어느 날 그곳으로 해월 선생님이 찾아옵니다. 수운 선생님은 누가 말해 준 것이 아니냐고 묻습니다. 해월은 꿈에 선생님이 여기에 계신 것을 보았다고 말합니다. 그리고 두 사람의 오랜 회포를 푸는 대화가 이어집니다.

해월은 그동안 공부하면서 경험한 사례를 말하며 그것의 의미를 묻습니다: "기도를 하면서 21일 동안 호롱불을 켰는데, 기름 반 종지만으로 불을 밝혔습니다. 21일 기도를 마친 뒤에 호롱불 뚜껑을 열어 보니 기름이 하나도 없었습니다. 또 하늘님에 대한 정성의 마음이 극진해지면서 매일 새벽 기도하기에 앞서 계곡물에 들어가서 목욕재계를 하는데 어느 날 하늘에서 '갑자기 찬물에 들어가면 몸에 해롭다'는 음성이 들려왔습니다."

수운 선생님은 이런 해월의 이야기를 들으며 그의 능력을 이해하게 됩니다. 해월이 하늘에서 들려오는 소리를 들었을 때 수운은 은적암에서 수덕문에 나오는 그 부분을 읽고 있었다고 합니다. 시간과 공간을 넘어 두 사람은 이어져 있었습니다.

이런 이야기는 해월법설이나 동학 사서(史書)에 나오는 이야기입니다. 수운에서 해월로 도통이 이어지는 과정이 준비되는 이야기입니다. 두 사람은 이런 신비적인 경험을 공유하며 마치 한 사람의 양면인 것처럼 이어집니다.

수운은 남성적이고 논리적이고 자기의 길을 곧게 가며 수많은 제자들을 앞에 두고 가르칩니다. 해월은 여성적이고 감성적이며 늘 움직여야 했기에 가까운 이들과 둥글게 둘러 앉아 이야기합니다. 음과 양처럼 서로의 역할이 다르면서도 서로가 서로를 연결합니다.

수운이 다시 돌아와서 지내는 과정은 사실상 자기 역할을 마무리하는 일입니다. 그는 자신이 일할 수 있는 시간이 많지 않다는 것을 직감적으로 알고 있었습니다.

접과 포를 조직하고 접주를 임명하고, 해월에게 북도중주인이라는 역할을 맡겨 경주 북쪽을 직접 관리하게 하고, 제자들이 수운 선생을 만나러 올 때는 해월을 먼저 만난 이후에 오도록 합니다. 조직을 만들고 후계를 정하고 권한을 이양하고 있습니다.

수운은 지금 이런 상태입니다. 그는 아직도 나이가 마흔 살입니다. 물리적으로는 얼마든지 더 활동할 수 있습니다. 후계자인 해월은 서른일곱 살입니다.

마음만 먹으면 최소한 10년이나 20년 정도의 시간이 남았다고 생각할 수 있는데 수운은 자기의 시간이 다 되었다고 생각합니다. 수운은 이 마음을 아는 사람입니다. 한 자리에서 두 가지를 다 품을 수 있습니다.

주역에서는 미제(未濟)괘의 마음이 이렇습니다. 완성했지만 내가 있을 자리는 없습니다. '나는 지금 이 자리에서 제자들을 가르치지만 동시에 이미 내가 있을 자리는 없다.'

어쩌면 세상을 이해하는 중요한 관점 중 하나일지도 모릅니다. 그는 시간을 과거와 미래로 거슬러 올라가 봤습니다. 지금 내가 있고 나의 자녀들이 있고 그렇게 이어져 갈 겁니다. 이 사실은 변하지 않을 겁니다.

그러나 과거로 가보면 나의 부모가 있고 그 부모의 부모가 있어서 지금 내가 있는데 그 첫 시작은 언제였을까를 생각해 보면 그렇게 쉽게 말할 수 없습니다.

그 첫 시작을 알 수 없지만 지금 내가 여기에 있다는 것은 사실입니다. 알 수 없는 것과 알 수 있는 것이 혼재되어 지금 여기가 이루어졌습니다.

알 수 없지만 어쨌든 첫 시작이 있었습니다. 그 사람을 '천황씨'라고 일단 이름을 정해 둡시다. 아담이기도 하고, 우리 전통에서는 마고이기도 하고, 복희이기도 하고, 길가메시이기도 하고 여러 이름이 있을 겁니다.

그 첫 사람이 세상 사람을 가르치고 다스리기 시작했습니다. 세상 사람을 가르치고 다스리기 위해서는 질서에 대한 개념과 사회적 관계를 이해하는 눈이 있어야 하는데 그런 철학적 개념을 누구도 가르쳐 주지 않았는데 그는 이해하고 있습니다.

이런 일에 대해 수운이 읽었던 책이나 만났던 사람들은 그런 알 수 없는 부분은 생이지지(生而知之), 혹은 무위이화(無爲而化) 이렇게 말하고 맙니다.

수운의 힘은 질문하는 힘입니다. 그는 그런 이야기를 들을 때마다 오히려 눈앞이 더 캄캄해진다고 느꼈습니다. 왜 우리는 사물과 현상의 본질에 대한 '물리적 탐구'를 더 깊게 하고자 하지 않을까? 지식인들의 게으름에 대한 한탄입니다.

수운보다 20년 일찍 태어나 수운과 같은 시기를 살았으며, 수운보다 30년을 더 살았던 혜강 최한기라는 분이 있습니다. 수운과 같은 탐구심을 가지고, 세상을 설명할 때 그냥 생이지지, 무위이화 이런 식으로 설명하는 걸 받아들이지 않았습니다.

그는 중국에서 최신의 서양 과학 이론을 받아들였고 공부를 시작했습니다. 집요하게 공부해서 '기학(氣學)'이라는 책을 쓰기도 했습니다. 과학과 물리의 눈으로 현상을 읽고자 한 시도입니다.

아마 수운과 혜강 두 사람이 만날 수 있었다면 수운은 밤을 새워서 혜강에게 물었을 겁니다. 수운은 삶의 시간이 충분하지 않았고 중국에서 들어오는 최신의 과학 이론을 공부할 수 있는 경제적 여력을 갖지 못했습니다. 혜강은 평생을 과학적 이론과 논리를 공부하고 저술하는 데 온 힘을 다했습니다. 두 사람의 질문과 답은 끝이 없었을 겁니다.

아쉽게도 수운에게는 그의 질문에 답해 줄 스승도 없었고 친구도 없었습니다. 수운이 보는 세상은 알 수 있는 것과 알 수 없는 것이 혼재되어 있었습니다. 수운은 알 수 있는 것은 알 수 있는 대로 이해하고 알 수 없는 세계 속으로 들어가고 싶어 합니다. 그래서 질문하고 또 질문합니다.

우주에는 운행 질서가 있어서 변하지 않는 항상성을 유지하고 있는데, 왜 끊임없이 새로운 변화가 시작되는가? 사계절의 변화는 어떤 지구적 현상인가? 산 위에 연못이 있는 것은 물이 아래로 흐르는 것과 반대되는 현상이 아닌가? 갓난아이들은 어떻게 부모를 알아보고 웃는가? 황하의 탁한 물이 성인이 오면 맑아진다고 하는데 이건 시적 상상력인가 현실적으로 가능한 일인가? 소는 마음도 있고 지혜도 있고 힘도 있는데, 왜 그 고생을 하면서도 주인에게 순종하는가? 까마귀는 부모가 나이 들면 새끼가 먹이를 물어다 주어 보살피는데 까마귀에게도 효라는 마음이 있다고 봐야 하는가? 제비가 봄이 되면 돌아오는데 어찌 알고 살던 집으로 다시 오는가? 무슨 마음이 있어 그 집이 아무리 가난한 집이라도 꼭 그 집으로 다시 오지 않는가?

수운의 질문은 끝이 없습니다. 그는 질문하고 또 질문합니다. 그리고 이렇게 불연기연 이라는 글을 맺습니다.

> 수많은 사례가 있는데 명확하지 않은 것은 불연이고, 쉽게 이해되는 것은 기연입니다. 시간을 거슬러 올라가 멀고 먼 데를 따라가서 보면 그 근본을 명확하게 말할 수 있는 건 없습니다. 그래서 불연이고 불연입니다. 알 수 없습니다. 그러나 하늘님을 마음으로 모시고 그 눈으로 보면 우주 만물의 생성과 변화가 기연이고 기연입니다. 그것이 그렇게 되는 이치를 감지하고 감응하게 됩니다.

수운은 삶이 불연과 기연의 혼재 속에 있다는 것을 받아들입니다. 알 수 있는 기연은 받아들일 수 있습니다.

그러나 모든 일이 그렇게 명확하게 알 수 있는 것은 아닙니다. 기연처럼 보이는 것도 시간을 거슬러 올라가보고 범위를 확대해 보면 기연과 불연이 혼재되어 있다고 봐야 합니다.

그래서 공부해야 합니다. 물질과 시공간과 일이 펼쳐진 세계의 근원적인 원리를 이해하기 위해 노력해야 합니다.

그리고 또 하나의 눈이 더 필요합니다. 직관의 눈입니다. 수운은 직관의 눈 하나를 더 가졌습니다. 오심즉여심(吾心卽汝心)의 눈입니다. 내가 공부해서 다 알 수 있는 것이 아니라는 것을 받아들이는 겸허함이기도 합니다.

세상은 근원적으로 알 수 없음 속에 구성되었다는 것을 받아들이면 새롭게 열리는 눈이 있습니다. 이 눈을 가지면 보이는 것만이 보이는 것이 아닙니다. 신비가 마음 안으로 들어오고 우주적 합일 속으로 들어가게 됩니다.

천도교의 탁월한 이론가였던 이돈화 선생님이 지은 『천도교 창건사』에는 수운 선생님의 득도 체험의 순간에 대한 기록이 담겨 있습니다. 조금 길지만 그 부분을 그대로 인용합니다. 수운이 세상을 보는 새로운 눈 하나를 얻는 순간입니다.

> 상제께서 "나의 마음이 곧 너의 마음이니라(吾心卽汝心). 사람으로서 어찌 이것을 알리요. 천지는 알되 귀신은 알지 못하였나니 귀신이라 함도 나이니라. 너는 이제 무궁의 도를 받았으니 네가 먼저 스스로 수련하고 그 글을 지어 사람을 가르치고, 그 법을 바르게 하여 덕을 세상에 편즉 너 또한 장생하여 천하에 소연(昭然)하게 되리라."
> 라고 하자 대신사께서 이 말을 듣는 순간에 갑자기 정신에 새 기운이 돌며 마음에 새 생각이 일어나더니 이제껏 공중에서 들리던 상제의 말이 대신사의 마음속으로(부터) 울려 나와 강화(降話)의 가르침이 되어 긴 글을 내리었다.
> 스스로 묻고 스스로 대답하여 무궁을 외고 무궁을 노래하니 천지일

월(天地日月), 성신초목(星辰草木), 금수인물(禽獸人物)이 한 가지로 그 노래에 화답하여, 억천만 리 공간이 눈앞에 있고, 억천만 년의 시간이 눈앞에 있어 먼 데도 없고 가까운 데도 없으며, 지나간 시간도 없고 오는 시간도 없어 백천억 무량수의 시간과 공간이 한 조각 마음속에서 배회함을 보았다.

대신사께서 스스로 기뻐하시고 스스로 즐거워하며 강화로 주문을 외시며 말씀하시기를 '시천주영아장생 무궁무궁만사지(侍天主令我長生 無窮無窮萬事知)'라 하셨다.

이로부터 천사문답은 끊어지고 단순한 강화로 무극대도(無極大道) 대덕(大德)의 이치를 발표하고 화답하게 되었다.

그리하여 홀로 수련하여 이것이 확실히 광제창생(廣濟蒼生)의 대도일까 아닐까를 체험하셨다. 대신사께서는 수련의 결과로 인내천의 종지를 대각하시고 이에 포덕하고자 주문과 참회문을 지으셨다.

1860년 경신 4월 5일에 수운이 처음 하늘님을 만났을 때 수운은 정말 놀랐고 믿을 수 없었고 두려웠습니다.

어느 날 갑자기 나타난 하늘님은 그가 그때까지 공부한 바로써 이해할 수 있는 분이 아니었습니다. 그는 득도하길 바라고 수련을 해 왔지만 이렇게 어느 날 자신과 대화하는 존재로 나타날 거라고 생각하지 않았습니다.

동아시아의 오랜 수련 전통은 어느 날 세상을 이루는 원리가 눈앞에 환하게 드러나며 세상을 보는 새로운 눈을 얻는 것이지 이렇게 하늘님을 만나는 방식이 아니었습니다. 처음에는 하늘님의 존재와 그 소통 방식을 이해하기 힘들었던 수운은 이 하늘님이 서학-천주교에서 말하는 하늘님이라고 생각했습니다.

그는 하늘님이 그에게 내려준 기도문과 영부를 의심했고, 일단 자기부터 실험해 봐야 했습니다. 몇 달간 하늘님에게서 받은 가르침대로 다시 수련을 해봅니다. 그리고 몸과 마음에서 일어나는 조화를 느끼기 시작합니다. 새로운 생각이 들어올 수 있는 길이 열리는 겁니다.

이렇게 몇 달간의 수련을 거치는 그 사이에 수운과 하늘님은 수시로 만나서 대화를 나눕니다. 그 대화 중에는 세상에 대한 염려가 가득한 수운에게 하늘님이 이 세상을 구하기 위해 돈과 권력을 주겠다고 말하는 내용도 들어 있습니다. 수운은 하늘님의 이 제안에 대해 돈과 권력이 이 세상을 고통에 빠뜨리는 근원인데 내가 그것을 사용할 수는 없다고 말하고 이런 하늘님을 믿을 수 없다는 괴로움으로 12일간의 단식에 들어가는 장면도 있습니다.

'오심즉여심'의 대화를 하는 날은 하늘님이 이제 더 이상 너를 시험하지 않겠다는 이야기를 하는 날이었습니다. 의심하고 두려워하던 하늘님에서 대화하고 공경하고 시험하는 하늘님으로 변화했고, 이제 드디어 내 마음과 하나 된 하늘님이 되는 순간입니다.

시간과 공간에 대한 새로운 생각이 열리고 세상 온갖 만물과 연결된 나를 볼 수 있었습니다. 하늘과 땅, 해와 달, 온갖 별들과 나무와 풀, 하늘을 나는 새들과 땅위를 달리는 동물들, 물속의 생물들, 온 세상 사람들이 한 마음으로 연결되었습니다.(天地日月, 星辰草木, 禽獸人物)

깨달음은 무엇이나 다 똑같습니다. 시간과 공간의 통합, 세상 만물과의 연결성입니다. 이 눈으로 세상을 보면 무엇이 보일까요? 불연과 기연이 하나로 보이는 세상, '아니다 그렇다'의 역설이 하나로 들어오는 마음입니다.

수운은 이제 더 이상 말하지 않아도 되는 시간이 왔습니다. 세상 모든 일은 이제 기연, 기연이 되었습니다.

> 하늘님을 마음으로 모시고 그 눈으로 보면 우주 만물의 생성과 변화가 기연이고 기연입니다. 그것이 그렇게 되는 이치를 감지하고 감응하게 됩니다.

그가 이 땅에 남겨주고 싶은 말을 다 했습니다. 예수께서 십자가에서 마지막으로 '이제 다 이루었다.'라고 말하고 숨이 멈춘 것과 비슷합니다.

수운의 짧은 공생애와 비참한 죽음과 깨달음의 내용은 예수와 너무나 비슷합니다. 단 하나 남은 말은 사랑하는 해월에게 주고 싶은 말입니다.

> 등불을 물 위에 비추어도 나의 혐의를 찾을 수 없을 것이다.
> 나무 기둥이 말라 보여도 여전히 힘은 남아 있다.
> 내가 받는 것은 하늘의 선물이다.
> 너는 먼 곳까지 높은 곳까지 도망가라. 뜻을 펼치라(高飛遠走)

1864년 3월 10일 대구 남문 밖 관덕정 거리에서 수운은 목이 잘려 머리가 사흘 동안 장대에 걸리는 사형을 당합니다.

이미 알고 있었던 일이고 해야 할 일을 다한 뒤이기에 더 이상의 미련 없이 세상이 떠미는 자리로 담담하게 걸어갔습니다. 시간과 공간을 넘어서 세상을 이해하고 세상 모든 만물과 연결된 수운에게 죽음이 무슨 의미가 있을 수 있나요?

수운 선생님의 생각은 동경대전 포덕문, 논학문, 수덕문, 불연기연 이 네 편에 다 담겨 있습니다. 이 글들은 모두 포덕을 시작하는 시점부터 죽음을 맞이할 때까지 중요한 삶의 전환기마다 썼습니다.

〈포덕문〉에서 하늘님을 만난 수운은 두렵고 떨렸고, 〈논학문〉의 오심즉여심의 하늘님에 와서 그는 하나 됨을 느낍니다.

그리고 〈수덕문〉에서 그를 비판하고 위협하는 사람들에 대한 두려움을 넘어서고, 동학 공동체를 구성하는 자신감을 얻습니다.

〈불연기연〉은 그 모든 일을 다한 사람, 그가 그 일을 다하기까지 그를 이끌어 왔던, 질문하고 의문을 가지고 논리적으로 생각하고 그렇게 하더라도 세상을 내가 다 알 수 있는 것이 아니라는 자각 속에서 마음이 넓혀져 갔던 자신의 이야기를 담담히 합니다.

중요한 네 편의 이야기를 다했습니다.

어떠신가요?

당신도 수운의 마음이 받아들여지시나요?

2021.4.1. 벚꽃 길을 걸으며

祝文(축문)

- 참회의 기도

나는 이 나라에 태어나서 사람이 마땅히 지켜야 할 도리를 따라 살지 못했습니다. 그런데도, 하늘이 덮어주고 땅이 실어주는 은혜, 해와 달이 비춰주시는 은덕을 입고 있습니다.

진리로 돌아가는 길을 몰라 여전히 고해(苦海)의 세상에 잠겨 있습니다. 수시로 마음에 담아둬야 할 것을 잊어버리고 잃어버립니다.

지금 여기 이 자리에서 선생님께서 가야 할 길을 보여주셨습니다.

내가 살아왔던 삶을 참회합니다. 올바른 삶을 따라 살아가겠습니다. 내 안에 모신 하늘님을 살아 있는 동안 잊지 않겠습니다. 마음공부(心學)와 수련을 하겠습니다.

오늘처럼 좋은 날, 이른 아침 좋은 시간에 집을 깨끗이 청소하고 맑은 술을 따르고 음식을 차려 절하오니 하늘님 받으시옵소서.

生居朝鮮 忝處人倫 叩感天地盖載之恩 荷蒙日月照臨之德 未曉歸眞之路 久沉苦海 心多忘失 今玆聖世 道覺先生 懺悔從前之過 願隨一

切之善 永侍不忘 道有心學 幾至修煉 今以吉朝良辰 淨潔道場 謹以淸

酌 庶需 奉請尙 饗

....

呪文(주문)

선생님의 기도.

천지기운과 하나 되는 기도 : 맑고 밝은 기운이여, 지금 여기 이
자리에 오시옵소서.

중심기도 : 하늘님을 마음에 모신 삶을 삽니다. 나는 세상 만물을
이해하는 무궁(無窮)한 나입니다.

先生呪文　　降靈呪文 : 至氣今至四月來

　　　　　本 呪 文 : 侍天主令我長生 無窮無窮萬事知

제자의 기도.

입문 기도 : 하늘님이 내 마음을 아시니 살아 있는 동안 모든 일에
서 올바름을 잊지 않겠습니다.

천지기운과 하나 되는 기도 : 맑고 밝은 기운과 하나 되길 원합니
다.

중심기도 : 내 안에 모신(侍) 하늘님 마음에서 떠나지 않겠습니다.

살아 있는 동안 성인의 삶을 공부하고 실천하겠습니다.

弟子呪文　　　初學呪文：爲天主顧我情 永世不忘萬事宜

　　　　　　　降靈呪文：至氣今至願爲大降

　　　　　　　本 呪 文：侍天主造化定 永世不忘萬事知

立春詩(입춘시)

진리를 찾는 한 마음 지켜내면 삿된 것이 들어오지 않는다.
나는 이 세상 다른 이들처럼 살지 않겠다.

道氣長存邪不入 世間衆人不同歸

絶句(절구)

탁한 황하(黃河)가 어떻게 맑아지는지
봉황이 울면 왜 성인이 오시는지
우주의 조화는 어디에서 시작하는지

그대가 모르는 것처럼 나도 모르네

河淸鳳鳴孰能知 運自何方吾不知

천년에 한번 성인이 오시는 시운을 선물로 받았다.

우리 가문은 성인의 마음을 이어가는 것이 가업이다.

平生受命千年運 聖德家承百世業

용담 계곡의 계곡물,

흘러 흘러서 큰 바다에 이르네.

구미산에 봄이 오네.

온 세상에 꽃이 피네.

龍潭水流四海源 龜岳春回一世花降詩(강시)

21자 기도문을 그려냈다.

세상 모든 삿된 것들 다 무너지라.

圖來三七字 降盡世間魔

- -

座箴(좌잠)

동학은 넓지만 간략합니다.

많이 말하지 않아도 됩니다.

다른 길은 없습니다.

誠(성) 敬(경) 信(신) 세 글자 안에 담겨 있습니다.

吾道博而約 不用多言義 別無他道理 誠敬信三字

우주 만물의 정성을 본받고(誠)

온 마음으로 공경하고(敬)

잘 살펴서 받아들이십시오(信)

그렇게 공부하면 누구라도 알게 됩니다.

먼지 같은 잡념이 일어나더라도 걱정하지 마세요.

두려움으로 모시고 받아야 할 일은

'깨달음이 내게 온다'는 것입니다.

裏做工夫 透後方可知 不怕塵念起 惟恐覺來知

和訣詩(화결시)

1.
이 나라 방방곡곡을 모두 다 걸었다네.
흘러가는 물길마다, 솟아오른 산봉우리마다
하나하나 낱낱이 모두 다 알았다네,
方方谷谷行行盡 水水山山箇箇知

소나무 또 소나무, 잣나무 또 잣나무
푸르게 푸르게 자란다네.
소나무 잣나무 가지가지마다,
잎사귀 마디마디마다 푸르다네.
松松栢栢靑靑立 枝枝葉葉萬萬節

나이든 학이 새끼를 낳아 온 세상에 퍼졌다네.
수많은 새들이 날아오고 날아가며 사랑하기 그지없네.
老鶴生子布天下 飛來飛去慕仰極

시운이여, 시운이여.
운을 얻음이여, 운을 잃음이여.
깨달은 사람이여.

봉황이여, 황하여.

그는 어진 사람이구나.

그는 성인이구나.

運兮運兮得否 時云時云覺者 鳳兮鳳兮賢者 河兮河兮聖人

봄날의 꽃대궐,

복숭아꽃이여, 배꽃이여. 아름다움이여.

지혜로운 사람, 용기 있는 사람들 즐거움이여.

春宮桃李夭夭兮 智士男兒樂樂哉

수많은 산봉우리들의 높음이여.

한 걸음 두 걸음 오르며 입으로 흥얼거리네.

萬壑千峯高高兮 一登二登小小吟

밝음의 길을 따라 한 사람 한 사람 자기의 빛을 찾네.

함께 모여 공부하네, 같은 생각을 가지네.

그 달콤함이여.

明明其運各各明 同同學味念念同

만년의 나무 가지 위에서 천 송이 꽃이 피네.

온 세상이 구름으로 덮였어도 구름 사이로 달이 뜨네.

달빛 한 줄기 만물을 비추네.

萬年枝上花千朵 四海雲中月一鑑

누각에 오른 사람은 학을 타는 신선처럼.
배 위에 실린 말은 하늘 나는 용처럼 신비롭네.
登樓人如鶴背仙 泛舟馬若天上龍

공자가 아니라도 마음은 공자와 같을 수 있고,
만권의 책을 읽지 않더라도 큰 뜻을 가질 수 있다네.
人無孔子意如同 書非萬卷志能大

2.
한 조각 한 조각 날리네.
붉은 꽃의 붉음이.
가지가지 피어나네.
푸른 나무의 푸름이.

부슬 부슬 내려오네.
하얀 눈의 흼이.

끝없이 넓고 망망하네.
맑은 강의 푸름이.
片片飛飛兮 紅花之紅耶 枝枝發發兮 綠樹之綠耶

霏霏紛紛兮 白雪之白耶 浩浩茫茫兮 淸江之淸耶

3.
계수나무 노를 젓네.
물결도 일지 않는 십리 백사장 바다 위를.

한담을 나누며 유유자적 걸어가네.
달은 동산에 떠오르고, 바람은 북에서 불어오네.
泛泛桂棹兮 波不興沙十里 路遊閑談兮 月山東風北時

태산이 높구나.
공자께서 오르신 지가 언제였던가?
맑은 바람이 훈훈하게 불어오네.
오류 선생 도연명이 깨달음을 얻고 돌아오지 않았나!
泰山之峙峙兮 夫子登臨何時 淸風之徐徐兮 五柳先生覺非

맑은 물이 소리 내며 흐르네.
소동파가 친구들과 풍류를 즐기는 구나.

깊은 연못이여.
주렴계의 즐거움이여.
淸江之浩浩兮 蘇子與客風流 池塘之深深兮 是濂溪之所樂

푸른 대나무의 푸르름이여.

군자가 세속에 물들지 않음이여.

소나무의 푸르름이여.

더러운 말을 듣고 귀를 씻는 처사의 벗이여.

綠竹之綠綠兮 爲君子之非俗 靑松之靑靑兮 洗耳處士爲友

밝은 달의 환함이여.

이태백이 안고 싶었던 달이여.

귀에 들려오는 소리.

눈에 보이는 빛.

이 모든 것이 오래된 것과 지금 여기를 이야기하네.

明月之明明兮 曰太白之所抱 耳得爲聲目色 盡是閑談古今

4.

온 세상에 눈이 휘날리네.

집으로 돌아가는 새도 한 마리 없네.

동산(東山)에 올라 밝음을 바라보고 싶은데.

서봉(西峯)은 왜 길을 막나?

萬里白雪紛紛兮 千山歸鳥飛飛絶 東山欲登明明兮 西峯何事遮遮路

다섯 번째 편지
― 동학은 넓지만 간략합니다

사랑하는 당신께.

지금부터 읽을 이야기는 대부분 수운 선생님의 시입니다. 한시를 어떤 감각을 가지고 번역했는지 이야기하게 될 겁니다. 수운의 시에서 제가 느낀 느낌, 중요한 번역어의 의미 등을 담겠습니다.

첫 이야기는 참회의 기도문입니다. 아침에 일어나 집을 청소하고 마음을 단정하게 하고 앉아 나를 성찰하고 마음공부하고 수련하겠다는 의지를 다지는 글입니다. 수운 선생님께서 용담정과 은적암에서 새벽에 일찍 일어나 맑은 물(淸水) 한 그릇 모시고 이 기도문을 시작으로 명상하시는 모습이 그려집니다.

수운 선생님의 중요한 공부는 주문 수련이었습니다. 이 공부법은 동학(천도교)의 수련법으로 지금까지 이어져 오고 있고, 해월 선생님은 제자들을 훈련하실 때 여러 번 함께 주문 수련을 21일, 49일 이렇게 하셨습니다. 지금도 천도교 수련원에서는 주문 수련을 꾸준히 하고 있습니다. 하루 종일 '지기금지원위대강 시천주조화정 영세불망만사지' 이 주문을 큰 소리로 되풀이하는 수련입니다.

사실 이런 수련법을 현대의 세련된 영성 수련법과 비교했을 때 동학을 낮은 단계로 보는 원인 중 하나이기도 합니다.

주문 수련을 하루 종일 해보면 나도 모르게 많이 울게 됩니다. 흘러내리는 눈물을 주체할 수 없어서 나중에는 그냥 엉엉 울어 버리게 됩니다. 우리 내면의 무의식에는 아름다운 것도 있지만 떠올리기 싫고, 어쩌면 살아남기 위해 꾹꾹 눌러둔 어떤 의식의 원형이 있는데 주문 수련은 이걸 건드립니다.

오래 눌러 두었던 어떤 의식 세계를 건드릴 때 일어나는 여러 현상이 있습니다. 사실 위험하기도 합니다. 좋은 안내자의 도움을 받는 게 좋습니다.

이렇게 되는 이유는 조금만 생각해 봐도 알 수 있습니다. 과거의 민중들, 특히 여성들은 인간의 기본적인 존엄성을 가지기가 쉽지 않았습니다. 울고 싶지만 마음 놓고 울 수도 없습니다. 상갓집에 와서 처량하게 우는 많은 여성들이 죽은 사람을 위해 우는 것이 아니라 자신을 위해 울었습니다.

그런데, 동학은 울게 해 줬어요. 주문 수련을 하며 자기 안에 고여서 자기를 괴롭히던 수많은 정신적 병증들을 다 내보낼 수 있었습니다. 그때, 의식의 정화와 청소가 일어나게 됩니다.

오랫동안 쓰지 않던 방에 들어와서 청소를 시작하면 먼지가 날리게 되지만 쓸고 닦아 내면 점점 더 깨끗해지듯이 많이 울면 마음도 시간이 지나면서 고요해집니다.

그때부터 내 마음이 우주의 마음과 이어집니다.

이걸 기화(氣化)라고 합니다.

'지기금지원위대강'의 의미는 '지금 여기 이 자리에서 내 마음과 우주의 마음이 하나 되길 원합니다.'라는 기도입니다.

내 마음과 하늘의 마음이 하나로 이어지면 새로운 눈이 열리게 됩니다. '무궁한 나'의 모습이 보입니다. 천도교에서는 이런 나를 '무궁아(無窮我)'라고 불렀습니다. 동아시아 전통에는 작은 나를 넘어서 큰 나로 성장한 상태를 부르는 '대아(大我), 무아(無我)' 이런 이름이 있는데, 무궁아(無窮我)는 조금 더 입체적입니다.

무궁아로서의 나는 이 세상을 입체적으로 보고 관계성을 이해하는, '무궁무궁만사지(無窮無窮萬事知)'의 눈을 뜨게 됩니다.

지금은 주문 수련이 제자주문 21자로 단순화되었지만 수운 선생님이 처음 주문을 만들었을 때는 선생주문과 제자주문으로 나누어서 서로 화답하듯이 하셨던 것 같습니다.

스승이 제자를 위해 이렇게 기도하시는 겁니다.

'천지마음과 하나되어 무궁한 나가 되기를 기원합니다.

(至氣今至四月來 侍天主令我長生 無窮無窮萬事知)

그러면 제자는 이렇게 기도합니다.

'하늘님이 내 마음을 아시니 고맙습니다. 하늘님의 마음과 하나 되어 하늘님을 마음에 모시고, 살아가는 동안 선한 삶을 살겠습니다.'

(爲天主顧我情 永世不忘萬事宜 至氣今至願爲大降 侍天主造化定 永世不忘萬事知)

爲天主顧我情(위천주고아정)

이 말 참 아름답습니다.

하늘님이 내 안의 깊은 마음(我情), 내가 차마 말할 수 없고, 나 자신도 잊고 있는 마음까지도 어루만져 주시는 느낌입니다.

지금 우리가 일반적으로 쓰는 주문 수련의 기도문이 일방적인 느낌이라면 수운 선생님이 처음 만드신 기도문은 스승과 제자, 혹은 하늘님과 나의 대화라는 느낌이 더 많이 듭니다.

어떤 일이든 조금씩 새로워져야 하겠지만 원형의 의미를 알고 느끼는 건 의미가 있습니다.

수운 선생님께서 하늘님과의 만남 속에 깨달음을 얻고 1년 넘게 한 일은 자기 안에서 하늘님에 대한 확신을 얻기 위한 점검과 또 하나는 주문과 참회문을 짓는 일이었습니다.

이 주문은 대단히 깊은 성찰 속에서 나온 글입니다. 한 자 한 자 의미를 담고 있습니다.

많은 생각을 폭넓게 다루는 것이 필요하지만 이렇게 집약하는 것도 중요합니다. 이렇게 집약하면 그 안에 엄청난 기운이 담깁니다. 내 안의 무의식까지 파고 들어가는 예리한 칼날이 되고, 내 안에 깊이깊이 숨어서 나를 숨 막히게 하는 수많은 억압들, 사회에 잠겨 있는 깊은 폭력성과 맞설 수 있는 의식이 깨어나고 영성이 밝아집니다.

수운의 죽음을 포함해서 이후에 일어나는 동학의 수많은 일들은 그 비밀이 이 주문 수련의 기도문 안에 다 담겨 있습니다.

21자 기도문을 그려냈다. 세상 모든 삿된 것들 다 무너져라.'

이 주문 기도를 완성하면서 수운은 '내가 한 일이 오만 년의 새로운 기운을 불러올 거룩한 작업이었다'는 생각을 하게 됩니다.

수운의 직접 제자이고 해월 선생님의 평생의 동지였던 강수 선생님이 수운 선생님께 공부하는 법에 대해 묻습니다.

이 질문에 대한 수운 선생님의 답이 〈좌잠(座箴)〉입니다.

> 동학은 넓지만 간략합니다. 많이 말하지 않아도 됩니다.
> 다른 길은 없습니다. 성(誠) 경(敬) 신(信) 세 글자 안에 담겨 있습니다.
> 우주 만물의 정성을 본받고(誠)
> 온 마음으로 공경하고(敬)
> 잘 살펴서 받아들이십시오.(信)
> 그렇게 공부하면 누구라도 알게 됩니다.
> 먼지 같은 잡념이 일어나더라도 걱정하지 않아도 됩니다. 마세요.
> 두려움으로 모시고 받아야 할 일은 '깨달음이 내게 온다'는 것입니다.

두 줄의 오언절구 방식으로 답한 내용인데 한문 원문으로 읽어보면 글의 형식과 내용 모두 압권입니다.

이는 수운 선생님이 자신의 경험을 바탕으로 동학 공부의 전체 과정을 모두 담아서 보여줍니다.

"이것저것 공부 열심히 한다고 되는 게 아니다. 의외로 핵심은 단순하다. 무엇보다 겁낼 일은 '누구나 깨달음을 얻고 성인이 된다(惟恐覺來知)'는 사실이다."

사실 나머지는 다 부연 설명입니다. 수운은 확신이 있었고 그는 기쁨 속에서 삶을 살았습니다.

그는 천도교(동학)를 창도한 이후로 단 네 편의 논문만 썼고 나머지는 다 시입니다. 충분히 그럴 수 있습니다. 시를 노래하고 춤추고 기뻐하기에도 모자란 삶이었습니다. 그에게는 어차피 많은 시간이 남은 게 아니었습니다.

첫 번째 시는 '河淸鳳鳴孰能知(하청봉명숙능지)'로 시작하는 칠언절구입니다.

탁한 물이 흐르던 황하(黃河)가 어떻게 맑아졌나?

봉황이 울면 성인이 오신다는데?

우주의 조화는 어디에서 시작하나?

천년에 한번 성인이 오시는 시운을 선물로 받았다.

우리 가문은 성인의 마음을 이어가는 것이 가업이다.

용담 계곡의 계곡물이 흘러 큰 바다에 이른다.

구미산에 봄이 왔다.

온 세상에 꽃이 핀다.

천년에 한번 성인이 오시는데 성인이 오실 때가 되면 흐리던 황하가 맑아지고 봉황이 세상에 내려와서 운다는 신화가 있는데, 정말 성인이 오셨더라도 그가 성인이라는 것을 세상 사람들은 쉽게 알 수 없습니다. 이건 모든 성인들이 고통을 겪는 이유이고 수운도 그 고통을 비껴 갈 수는 없습니다. 그러나 이미 봄은 왔고, 온 세상이 꽃으로 덮이는 시간, 누구나 성인의 삶을 사는 시간은 이미 시작되었습니다.

세상에 대한 안타까움과 새로운 세상에 대한 기쁨. 수운의 대부분 시는 이 구조를 크게 벗어나지 않습니다.

오늘은 河淸鳳鳴孰能知(하청봉명숙능지)와 方方谷谷行行盡(방방곡곡행행진) 두 편만 읽읍시다.

方方谷谷行行盡(방방곡곡행행진)은 화결시인데, 이건 두 사람이 서로 운을 맞춰 한 사람이 한마디 하면 또 이어서 다른 사람이 한마디를 이어서 짓는 방식입니다.

〈자산어보〉라는 영화를 봤는데 정약전의 제자와 정약용의 제자가 서로 스승의 실력을 겨루기 위해 '화결시'를 짓는 장면이 있었습니다. 서로 운을 맞춰 짓다가 한쪽이 더 이어가지 못하면 지는 시 배틀입니다. 영화의 즐거운 장면 중 하나였습니다.

여기서는 수운과 하늘님의 화결시라고 봐야 합니다. 이 시는 수운이 하늘님의 운에 시를 이어가는 배틀을 상상하면서 읽어 봅시다. 이 시 배틀은 여러 번에 걸쳐 이어졌고 다른 내용을 담고 있습니다.

그래서 네 개의 부분으로 나누었습니다. 우리는 이렇게 재미있는 놀이를 상상해 보지 못했어요.

1.

方方谷谷行行盡 水水山山箇箇知

松松栢栢靑靑立 枝枝葉葉萬萬節

老鶴生子布天下 飛來飛去慕仰極

運兮運兮得否 時云時云覺者

鳳兮鳳兮賢者 河兮河兮聖人

春宮桃李夭夭兮 智士男兒樂樂哉

萬壑千峯高高兮 一登二登小小吟

明明其運各各明 同同學味念念同

萬年枝上花千朵 四海雲中月一鑑

登樓人如鶴背仙 泛舟馬若天上龍

人無孔子意如同 書非萬卷志能大

이 나라 방방곡곡을 모두 다 걸었다네.⇨흘러가는 물길마다, 솟아
오른 산봉우리마다 하나하나 다 알았다네,

소나무 또 소나무, 잣나무 또 잣나무 푸르게 푸르게 자란다네.⇨소
나무, 잣나무 가지가지마다, 잎사귀 마디마디마다 푸르다네.

나이든 학이 새끼를 낳았다네.⇨온 세상 수많은 새들이 날아오고
날아가며 어린 학을 사랑한다네.

시운이여, 시운이여.⇨운을 얻음이여, 운을 잃음이여. 깨달은 사람

이여.

봉황이여, 황하여.⇨그는 어진 사람이구나. 그는 성인이구나.

봄날의 꽃대궐, 복숭아꽃이여, 배꽃이여. 아름다움이여.⇨지혜로운 사람, 용기 있는 사람들 즐거움이여.

수많은 산봉우리들의 높음이여.⇨한 걸음 두 걸음 오르며 입으로 흥얼거리네.

밝음의 길을 따라 한 사람 한 사람 자기의 빛을 찾네.⇨함께 모여 공부하네, 같은 생각을 가지네. 그 달콤함이여.

만년의 나무 가지 위에서 천 송이 꽃이 피네.⇨온 세상이 구름으로 덮였어도 구름 사이로 달이 뜨네. 달빛 한 줄기 만물을 비추네.

누각(樓)에 오른 사람은 학을 타는 신선처럼.⇨배위에 실린 말은 하늘을 나는 용처럼 신비롭네.

공자가 아니라도 마음은 공자와 같을 수 있고,⇨만권의 책을 읽지 않더라도 큰 뜻을 가질 수 있다네.

2.

片片飛飛兮 紅花之紅耶

枝枝發發兮 綠樹之綠耶

霏霏紛紛兮 白雪之白耶

浩浩茫茫兮 淸江之淸耶

한 조각 한 조각 날리네.⇨붉은 꽃의 붉음이.

가지 가지 피어나네.⇨푸른 나무의 푸르름이.

부슬 부슬 내려오네.⇨하얀 눈의 흼이.

끝없이 넓고 망망하네.⇨맑은 강의 푸름이.

3.

泛泛桂棹兮 波不興沙十里

路遊閑談兮 月山東風北時

泰山之峙峙兮 夫子登臨何時

淸風之徐徐兮 五柳先生覺非

淸江之浩浩兮 蘇子與客風流

池塘之深深兮 是濂溪之所樂

綠竹之綠綠兮 爲君子之非俗

靑松之靑靑兮 洗耳處士爲友

明月之明明兮 曰太白之所抱

耳得爲聲目色 盡是閑談古今

계수나무 노를 젓네.⇨물결도 일지 않는 십리 백사장 바다 위를.

한담을 나누며 유유자적 걸어가네.⇨달은 동산에 떠오르고, 바람은

북에서 불어오네.

태산이 높구나.⇨공자께서 오르신 지가 언제였던가?

맑은 바람이 훈훈하게 불어오네.⇨오류 선생 도연명이 깨달음을 얻

고 돌아오지 않았나!

맑은 물이 소리 내며 흐르네.⇨소동파가 친구들과 풍류를 즐기는구나.

깊은 연못이여.⇨주렴계의 즐거움이여.

푸른 대나무의 푸르름이여.⇨군자가 세속에 물들지 않음이여.

소나무의 푸르름이여.⇨더러운 말을 듣고 귀를 씻는 처사의 벗이여.

밝은 달의 환함이여.⇨이태백이 안고 싶었던 달이여.

귀에 들려오는 소리. 눈에 보이는 빛.⇨이 모든 것이 오래된 것과 지금 여기를 이야기하네.

4.

온 세상에 눈이 휘날리네.⇨집으로 돌아가는 새도 한 마리 없네.

동산(東山)에 올라 밝음을 바라보고 싶은데.⇨서봉(西峯)은 왜 길을 막나?

이 시들은 한글로 아무리 잘 번역한다고 해도 한자로 만들어내는 오언, 칠언 이런 운율과 압축미의 의미를 담을 수 없습니다.

내용을 이해해서 아름다운 게 아니라 다섯 글자, 일곱 글자의 배치와 아래 위의 대구가 주는 아름다움을 느낄 수 있어야 아름다움이 이해됩니다. 무엇보다 소리 내어 읽을 때, 그 감각을 몸으로 느낄 수 있습니다. 번역을 통해서는 그런 아름다움을 온전히 전달할 수 없는 아쉬움이 남습니다.

한글 번역도 읽지만 한자 자체의 배치에서 아름다움을 느끼도록 연습해 보시길 바랍니다. 소리 내어 읽어 보시면 좋습니다. 일곱 글자의 한시는 4자, 3자 이렇게 끊어서 읽습니다.

수운 선생님은 대구와 운율을 맞추어 시를 창작하는 데 탁월한 감각을 가진 분입니다. 이런 실력이 있었기 때문에 한글 4.4조의 시인 가사(歌辭) 형식으로 용담유사의 여러 시들을 지을 수 있었습니다. 한자의 운율 개념을 한글에 적용해서 지은 노래가 용담유사입니다.

우리는 이제 묵독이 일상화되어서 읽으면 자연스럽게 운율에 맞춰져서 노래가 되는 글을 잘 상상하지 못하고 그런 글을 쓰지도 못합니다. 묵독을 하면서도, 마음속으로 소리를 내어 보면, 그 느낌이 완연히 달라지는 것을 느낄 수 있습니다.

수운 선생님의 시 두 편에 대한 해설도 조금 더 하면 좋겠지만 시는 시로 느끼는 게 좋겠다고 생각해서 더 이야기하지 않겠습니다.

2021.5.5.

歎道儒心急(탄도유심급)

- 마음을 조급하게 먹지 맙시다

1.

온 세상, 지구의 변화가 동학의 진리를 따라 진행됩니다.

깊고 넓은 변화입니다.

山河大運 盡歸此道 其源極深 其理甚遠

우리 함께 마음을 기둥처럼 굳게 세웁시다.

진리의 참 맛을 즐깁시다.

마음을 한결같이 하면 모든 일이 마음먹은 대로 될 겁니다.

固我心柱 乃知道味 一念在玆 萬事如意

지금은 탁기를 쓸어내고, 맑은 기운을 길러냅시다.

消除濁氣 兒養淑氣

분주하게 노력하는 것이 아니라 정심(正心)합시다.

귀가 열리고 밝음에 눈뜨는 것은 자연스럽게 됩니다.

非徒心至 惟在正心 隱隱聰明 仙(化)出自然

수많은 일과 변화가 생기더라도 모두 동학의 한 이치로 수렴됩니다.

來頭百事 同歸一理

도반들의 작은 허물은 크게 마음 쓰지 맙시다.

작은 지혜라도 나눕시다.

他人細過 勿論我心 我心小慧 以施於人

동학을 자기 소원 정도 이루는 일에 쓰지 맙시다.

중요한 일이 왔을 때 온 정성을 다하면 의미 있는 성과를 얻게 됩니다.

如斯大道 勿誠小事 臨勳盡料 自然有助

변화의 큰 기운인 풍운대수(風雲大手)는 시대적 조건인 기국(器局)을 따르기에 급하게 마음먹는다고 되는 게 아닙니다.

風雲大手 隨其器局 玄機不露 勿爲心急

언젠가는 이루게 됩니다.

우리는 이 땅에 지상선경(地上仙境)을 이룰 신선의 인연을 가지고 있습니다.

功成他日 好作仙緣

마음은 텅 비어 있는 것. 마음을 써도 흔적도 남지 않는 것.
오직 마음 공부해야 마음의 의미를 알 수 있고, 마음이 밝은 것이
우리 동학입니다.
心兮本虛 應物無迹 心修來而知德 德惟明而是道

동학은 밝은 마음과 바른 믿음으로 되는 것이지 사람의 억지 노
력으로 되는 것이 아닙니다.
가까운 삶을 통해서 정성들이는 것이지 먼 하늘에서 구원해 주기
를 바라는 것이 아닙니다.
在德不在於人 在信不在於工 在近不在於遠 在誠不在於求

그게 그렇게 될까 싶은 불연(不然)이면서 너무나 당연한 기연(其然)
이고 멀 것 같은데 멀지 않습니다.
不然而其然 似遠而非(不)遠

詩文(시문)

1.

하나뿐인 험난한 길을 간신히 찾아내어 한 발 한 발 걷습니다.

산 넘으면 또 산이고, 물 건너도 또 물입니다.

다행히 물 건너 물, 산 넘어 산을 간신히 지나왔습니다.

이제 넓은 들에 이르렀습니다.

큰 길이 보이기 시작합니다.

纔得一條路 步步涉險難

山外更見山 水外又逢水

幸渡水外水 僅越山外山

且到野廣處 始覺有大道

2.

봄이 오길 기다리지만 봄이 오지 않습니다.

봄 햇살이 비치길 바라지만, 봄이 오지 않는 건 때가 아니기 때문입니다.

때가 되면 기다리지 않아도 봄은 오고.

지난 밤 따뜻한 바람이 불어 나무 마다 봄이 온 걸 알아차립니다.

苦待春消息 春光終不來

非無春光好 不來卽非時

茲到當來節 不待自然來

春風吹去夜 萬木一時知

하루에 한 송이. 또 하루 또 한 송이.

삼백 예순 날, 삼백 예순 송이.

내 한 몸에 꽃이 피면, 온 세상이 봄입니다.

一日一花開 二日二花開

三百六十日 三百六十開

一身皆是花 一家都是春

3.

병 속에 백만 사람을 살릴 수 있는 좋은 술이 있습니다.

쓸 곳이 있어 천 년 전에 빚었습니다.

부질없이 열면 향도 맛도 날아갑니다.

지금 동학 도인들은 이 병처럼 입을 닫고 있어야 합니다.

瓶中有仙酒 可活百萬人

釀出千年前 藏之備用處

無然一開封 臭散味亦薄

今我爲道者 守口如此瓶

訣(결)

- 새해에 다짐하며

계해년(癸亥年, 1863년) 새해 새 아침에 뜻을 세웁니다.

우리는 진리를 위해 무엇을 할 수 있습니까?

성공한 지 얼마 지나지 않았더라도 또 때가 옵니다.

무엇이든 늦다고 마음 졸이지 마십시오.

때는 그 때가 있습니다.

새 아침에 우리 함께 노래하고 좋은 바람 불어오기를 기다립시다.

지난해에는 경주 서북쪽에서 동학을 이어갈 영혼의 벗들이 많이 찾아왔습니다.

접주제를 만들어 우리 동학 가문이 이루어진 이날의 약속을 뒷날에도 기억합시다.

봄이 오는 걸 알 수 있듯이, 지상신선(地上神仙)으로 사는 것이 가까워집니다.

이 날 이때 우리 함께 모인 이곳이 대도(大道)가 있는 곳입니다.

이 날 이때 우리 함께 모인 이 마음을 어찌 다 알 수 있나요.

問道今日何所知 意在新元癸亥年

成功幾時又作時 莫爲恨晩其爲然

時有其時恨奈何 新朝唱韻待好風

去歲西北靈友尋 後知吾家此日期

春來消息應有知 地上神仙聞爲近

此日此時靈友會 大道其中不知心

偶吟(우음)

- 떠오르는 단상을 노래한다

1.

남쪽 하늘에서 별들이 차오르고 북쪽 하늘의 은하수는 흘러갑니
다.

대도(大道)는 하늘의 별처럼 수많은 시간을 벗어나 먼지를 털어버
립니다.

눈동자에 거울처럼 맑게 세상이 비칩니다.

한밤중에 달이 높이 솟았습니다.

홀연히 생각이 열립니다.

南辰圓滿北河回 大道如天脫劫灰

鏡投萬里眸先覺 月上三更意忽開

누가 메마른 땅에 비를 얻어 사람들을 살릴 수 있겠습니까?

그 길을 찾아 바람 따라 세상을 흘러 다녔습니다.

겹겹이 쌓인 세상의 모순과 티끌을 깨끗이 씻어내고 싶습니다.

학의 등에 올라 표연히 불어오는 바람을 타고 꿈꾸는 세상, 신선의 나라 '선대(仙臺)'를 향합니다.

何人得雨能人活 一世從風任去來

百疊塵埃吾欲滌 飄然騎鶴向仙臺

2.

구름 한 점 없는 밤하늘에 밝은 달이 떠 있습니다.

그 아래서 기분 좋게 웃고 즐기는 것은 우리의 오랜 풍속입니다.

우리가 세상에 와서 얻을 것이 무엇이겠습니까?

오늘처럼 진리를 묻고 답하며 서로 주고받는 것입니다.

그런 대화중에서 알아가지만 다 알 수 있는 건 아닙니다.

그래도 어진 사람들의 문인으로 있고자 해서 우리가 함께 있을 수 있습니다.

淸宵月明無他意 好笑好言古來風

人生世間有何得 問道今日授與受

有理其中姑未覺 志在賢門必我同

하늘님이 세상 만민(萬民)을 내시고 도(道)도 내셨습니다.

사람들마다 각자의 기상이 있습니다.

그것은 내가 다 알 수 있는 것이 아닙니다.

그러나 우리의 가슴(肺腑)이 서로 통하고 뜻이 빗나가지 않는다면 크고 작은 일을 떠나 서로 의심할 일이 없을 것입니다.

天生萬民道又生 各有氣像吾不知

通于肺腑無違志 大小事間疑不在

3.

'마상한식(馬上寒食), 말 위에서 한식을 맞노라' 라는

시처럼 고향을 떠나서 옛일을 생각합니다.

고향 집으로 돌아가 해 오던 일을 하며 살고 싶습니다.

우리의 의리와 믿음, 바른 몸가짐과 지혜의 나눔.

이 모두는 나와 그대가 만나면서 만들어진 빛나는 아름다움입
니다.

오고가는 이들과 언제든 마주 앉아 자유롭게 이야기합니다.

정말 뛰어난 이들을 만나고 싶습니다.

馬上寒食非故地 欲歸吾家友昔事

義與信兮又禮智 凡(兀)作吾君一會中

來人去人又何時 同坐閑談願上才

세상에서 오는 소식들 이해할 수 없지만 그렇던 그렇지 않던 궁
금해서 먼저 묻게 됩니다.

서산에 가득한 구름 물러가면 다 같이 만납시다.

바른 자리에 머무르지 못하고 조급하면 이름에 먹칠을 하게 됩
니다.

어떻게 여기 이 땅에서 여러분처럼 이렇게 좋은 분들을 만날 수 있나요?

함께 이야기 나누고 그걸 다시 글로 쓰면서 내 생각은 더 깊어졌습니다.

마음이 넘실대서 여기 오래 머물지 않는 것이 아니라

다른 마을에서도 좋은 친구들을 만나야 하지 않겠습니까?

녹실진정(鹿失秦庭). 진나라에 충신이 없어 사슴을 가리키며 말이라고 해도(指鹿爲馬) 바른 말하는 사람이 없었습니다.

우리였다면 바른 말 할 수 있었겠습니까?

봉황이 주나라 궁궐에서 울어 새날을 보여줄 때 당신은 그 소리를 들을 수 있겠습니까?

世來消息又不知 其然非然聞欲先
雲捲西山諸益會 善不處卞名不秀
何來此地好相見 談且書之意益深
不是心泛久不此 又作他鄉賢友看
鹿失秦庭吾何群 鳳鳴周室爾應知

4.

온 세상을 다 보지는 못했지만 여러 대륙(九州)이 있다는 것은 들었습니다.

헛된 일이라 하지만 내 마음은 늘 온 세상을 돌아다닙니다.

흐르는 물소리가 들리니 이곳은 중국의 아름다운 호수 '동정호(洞

庭湖)'는 아니군요.

　그런데 지금 앉아 있는 이 자리는 동정호에 있는 악양루(岳陽樓)
같다는 생각이 듭니다.

　不見天下聞九州 空使男兒心上遊

　聽流覺非洞庭湖 坐榻疑在岳陽樓

　5.

　내 마음은 생각 너머의 생각 속에 있지만

　내 몸의 그림자는 태양을 따라 움직입니다.

　吾心極思杳然間 疑隨太陽流照影

여섯 번째 편지

— 지구적 전환의 시대를 준비하며

사랑하는 당신께.

여섯 번째 편지를 씁니다.

이번 번역은 정말 힘들었습니다. 무엇보다 떠오르는 단상을 모은 글인 〈우음(偶吟)〉은 각각 다른 시간에 쓴 논리적으로 잘 연결되지 않는 글을 하나로 모아둔 글이어서 전체 구조를 연결하기 위해 상상을 더 많이 해야 했습니다.

의역이 많은 번역이지만 읽어 보면 수운 선생님의 마음과 동경대전을 편집한 사람들의 마음이 어느 정도는 전해집니다.

'탄도유심급(歎道儒心急)'이라는 제목 아래 한편의 산문과 세 편의 시가 있습니다.

지구적 전환이라는 과제가 있습니다. 20세기의 변화는 '세계적 격변' 이렇게 표현했다면 우리 시대의 변화는 '지구적 전환'이라고 표현할 수 있습니다. 변화의 주체가 사람과 기업, 국가만이 아니라 지구도 포함된 변화가 일어나고 있습니다. 이런 변화의 시대는 의외로 한 곳을 향하고 있습니다.

인간 의식의 진화입니다. 인간은 지금과는 다른 존재가 됩니다. 이런 변화의 느낌을 수운 선생님은 깊이 감지하고 있었던 것 같습니다. 마음 깊은 곳에서 일어나는 변화, 노력해서 얻는 것이 아니라 정심(正心)의 변화, 풍운대수(風雲大手)의 변화, 지상선경(地上仙境)이 이루어지는 일, 하루하루 삶을 정성스럽게 사는 일, 불연기연의 변화입니다. 이런 변화가 모여드는 깊고 넓은 지점이 있다고 생각했고 그 가능성을 동학의 형제(제자)들에게서 느꼈습니다.

그러나 그가 찾아낸 그곳에 도달하기 위해서는 험난한 길 하나를 지나가야 합니다. 산 넘어 산이고, 물 건너 또 물인 길을 그는 걸었습니다. 그가 걷는 그 길 위의 시간은 겨울입니다. 봄이 오기를 기다리며 걷지만 봄은 아직도 먼 곳에 있습니다.

간신히 그가 그 험한 길을 지나왔을 때 수운의 몸에 봄이 먼저 찾아 왔습니다. 지난 밤 찬 공기 속으로 따뜻한 바람 한 점이 지나갔습니다. 한 송이 한 송이 꽃들이 피어나기 시작합니다. 정말 아름다운 동화 같은 이야기입니다.

수운이 느낀 변화의 느낌은 이런 동화적 상상력을 사용하면 더 아름답게 다가옵니다. 1860년 경신년 사월 하늘님과의 만남 이후 그가 살아왔던 삶 전부를 보여주는 이야기입니다.

그렇게 아프면서도 꽃처럼 피어나는 길을 함께 걸었던 형제들이 있습니다. 수운 선생님은 이제 그의 형제들 모두가 꽃처럼 피어날 것이라는 것을 알았습니다. 그렇지만 이렇게 아름다운 꽃들이 피어나는 건 동시에 위험한 일이라는 것도 알았습니다.

혼자서 다 견뎌낼 수 없다는 것도 알았고, 이제 동학은 조직이라는 과제를 받아들일 시간이 되었습니다.

수운 선생님은 20대의 10년 동안 장사하기 위해 전국을 다니며 보부상 조직에 참여한 경험이 있습니다. 인맥 중심의 조직인 보부상의 조직 방식으로 접주제를 만듭니다. 16명의 접주를 임명하고 1863년 계해년 새해 아침을 맞이합니다.

울산에서 시작된 공부는 경주 용담에서 꽃이 피어났지만 동학은 경주 남쪽인 울산 방향으로 확장되지 못했습니다. 해월을 포함해서 중요한 제자들이 경주 북쪽에서 성장하고 조직이 확대되었습니다. 16명의 접주를 기반으로 한 기본 조직이 갖추어졌습니다.

우리는 왜 동학을 시작했을까? 내가 다 알지 못한 이유가 있을 것이고, 이제부터는 내가 걷는 길이 아니라 새로운 세상의 비전, 지상 신선의 꿈을 가진 사람들의 과제가 시작될 것이다.

그 끝을 알 수 없는 지구적 전환의 기쁨을 수운은 노래합니다.

남쪽 하늘에서 별들이 차오르고 북쪽 하늘의 은하수가 흘러갑니다.

대도(大道)는 우주에 덮힌 먼지를 털어 버리고 밝게 빛납니다.

메마른 대지 위로 먼지가 날려 세상이 뿌옇게 흐립니다.

그 땅 위로 비를 불러오는 사람들이 있습니다.

죽어가던 사람들이 살아나고 먼지로 뒤덮인 세상은 깨끗하게 씻깁니다.

수운의 꿈은 우주적 상상력을 이 땅으로 가져옵니다.

그의 꿈은 '보국안민(輔國安民)의 지상선경'입니다.

'내 마음은 생각 너머의 생각 속에 있지만, 내 몸의 그림자는 태양을 따라 움직입니다.'

吾心極思杳然間 疑隨太陽流照影

이 땅을 아름답게 만들 사람들, 지구적 전환을 불러올 사람들을 수운은 만났습니다. 밝은 달 아래에서 밤 깊은 줄 모르고 이야기를 나누고 한 마음이 되었습니다. 그들은 모두 다 다른 생각과 자질을 가졌지만 밝은 기상이 넘쳐났고 서로 동지가 되었습니다.

진나라에 바른 말하는 사람이 없어 간신 조고가 사슴을 가리키며 말이라 해도 될 정도였습니다. 지록위마(指鹿爲馬)의 고사입니다. 조고에 대한 두려움으로 국가 조직이 얼어 버린 겁니다.

수운의 형제들은 두려움을 넘어섰고, 새 시대를 알리는 봉황이 울 때 그 울음의 의미를 읽어낼 수 있는 사람들이었습니다. '지구적 전환'이라는 거대한 과제가 조직적으로 시작되는 순간입니다.

물론 우리는 이 시작이 어떻게 진행되었는지 알고 있습니다. 수운이 계해년 아침에 이렇게 밝은 기상이 넘치는 시를 지었지만 그는 일 년 내내 위기 속에 있었고 결국 그해 11월에는 체포되고 다음해 3월에 사형당합니다.

수운을 잇는 해월은 36년을 이어가는 도피 생활을 해야 했고, 풍운대수의 시대적 격류 속에서 새 시대를 준비해 나갑니다.

동학혁명이라는 시대적 격류에 휩쓸려 수십만이 죽는 고통과 슬픔을 겪었고, 일본 제국주의와 투쟁해야 했고, 남북 양 정부는 전쟁을 치르기도 합니다.

70년이 넘는 분단 상태가 계속되고 있고, 남쪽과 북쪽 정부 모두 국가와 자본의 독재를 경험합니다.

이 모든 시대적 격변의 풍운대수(風雲大手) 속에서도 지구적 전환의 현기(玄機)는 사라지지 않았습니다.

> 마음은 텅 비어 있는 것. 마음을 써도 흔적도 남지 않는 것. 오직 마음 공부해야 마음의 의미를 알 수 있고, 마음이 밝은 것이 우리의 동학입니다. 동학은 마음의 밝음과 바르게 이해한 믿음이지 사람의 노력이 아닙니다. 가까운 삶을 통해서 정성들이는 것이지 먼 하늘에서 구원해 주기를 바라는 것이 아닙니다. 그게 그렇게 될까 싶은 불연(不然)이면서 너무나 당연한 기연(其然)이고 멀 것 같은데 멀지 않습니다.
>
> 心兮本虛 應物無迹 心修來而知德 德惟明而是道 在德不在於人 在信不在於工 在近不在於遠 在誠不在於求 不然而其然 似遠而非(不)遠

그동안 우리가 해 온 건 마음공부였습니다. 보국안민의 투쟁, 동학 혁명, 제국주의에 대한 저항, 이데올로기 전쟁, 산업화와 민주화. 모두 근원적인 의미에서는 마음공부입니다.

우리 삶의 격변이 정말 심했기에 마음공부도 더 깊이 할 수 있었습니다. 이런 시대와 나라에 태어나지 않았으면 하지 못했을 공부입니다. 결국 마음의 힘이 큰길, 대도(大道)의 길을 열게 되고, 지구적 전환의 변화를 내 몸에 받아들이게 됩니다.

당신께 여섯 번의 편지를 보냈습니다.
나도 내가 무슨 글을 쓸 수 있을지 몰랐습니다.
이렇게 편지를 쓰기 시작했기 때문에 여기에 이르렀습니다.
수운 선생님도 이렇게 형제들에게 사랑의 편지를 쓰면서 길을 열었습니다.
고맙습니다.
2021.5.20.

前八節(전팔절)

밝음이 어디 있는지 모르겠거든,

멀리서 찾지 말고 내 몸을 바라봅시다.

마음의 덕이 어디 있는지 모르겠거든,

내가 몸을 가지고 이 땅에 온 것을 생각합시다.

내 삶의 선물이 어디 있는지 모르겠거든,

내 마음 안에서 환하게 밝아 오는 것들을 생각해 봅시다.

진리가 어디 있는지 모르겠거든,

마음이 한결같은지 헤아려 봅시다.

정성들이지만 어디까지 해야 할지 모르겠거든,

내 마음을 잃어버리지 않았는지 헤아려 봅시다.

공경함을 어떻게 하는 것인지 모르겠거든,

활시위를 당기듯이 집중해서 마음을 모읍시다.

두려워하는 마음으로 사는 걸 모르겠거든,

사사로움 없이 나를 밝게 드러냅시다.

마음을 얻는 것, 잃는 것을 모르겠거든,

공(公)의 마음을 쓰는지 사(私)의 마음을 쓰는지 살펴봅시다.

不知明之所在 遠不求而修我

不知德之所在 料吾身之化生

不知命之所在 顧吾心之明明

不知道之所在 度吾信之一如

不知誠之所致 數吾心之不失

不知敬之所爲 暫不弛於慕仰

不知畏之所爲 念至公之無私

不知心之得失 察用處之公私

後(又)八節(후팔절)

밝음이 어디 있는지 모르겠거든

내가 마음을 보내는 땅, (아픔이 있는) 그곳에 있습니다.

마음의 덕이 어디 있는지 말하고 싶지만,

크고 넓어서 말로는 담아낼 수 없습니다.

내 삶의 선물(소명)이 어디 있는지 모르는 것은

선물을 주기도 하고 받기도 하는 이치가 신비롭기 때문입니다.

진리는 내가 나를 위하는 것이지 다른 것이 아닙니다.

정성이 이루어지지 않을 때는 나의 게으름을 알아차립시다.

공경의 마음이 일어나지 않는 내 마음의 어두움이 두렵습니다.

두려운 마음이 일어나지 않을 때는 죄가 없더라도 죄 있는 것처럼 하십시오.

마음의 얻고 잃음을 모를 때에는 오늘 이 자리에서 어제의 잘못을 생각합니다.

不知明之所在 送余心於其地

不知德之所在 欲言浩而難言

不知命之所在 理杳然於授受

不知道之所在 我爲我而非他

不知誠之所致 是自知而自怠

不知敬之所爲 恐吾心之卄吾昧(瘖寐)

不知畏之所爲 無罪地而如罪

不知心之得失 在今思而昨非

題書(제서)

좋은 약을 구하는 건 어렵지만 어렵지 않습니다.

마음과 기운을 안정하고 기다리면 낫습니다.

마치 봄이 오는 것처럼.

得難求難 實是非難

心和氣和 以待春和

詠宵(영소)

- 밝은 달을 보며 노래하네

1.

광한루에서 달을 보며

남편 예를 배신하고 혼자 하늘로 올라왔던 항아는 부끄러웠습니다.

그녀는 광한루 높은 궁전에서 홀로 빛나고 있습니다.

미안한 마음 맑은 바람이 알아서

흰 구름을 보내 얼굴을 가려 줍니다.

也羞俗娥翻覆態 一生高明廣漢殿

此心惟有淸風知 送白雲使藏玉面

2.

상상(想像)

연꽃이 물에 비치면 물고기는 나비가 된다네.

달빛이 바다에 들면 구름도 땅이 된다네.

連花倒水魚爲蝶 月色入海雲亦地

3.

두견과 봉황

진달래꽃(杜鵑花)이 피면 두견새가 우네.

봉황대 위에는 봉황이 날아드네.

杜鵑花笑杜鵑啼 鳳凰臺役鳳凰遊

5.

구름을 저으며

강을 건너는 백로는 자기 그림자를 타고 건너네.

하늘을 떠가는 흰 달은 구름을 저으며 가네.

白鷺渡江乘影去 皓月欲逝鞭雲飛

6.

변화

용담의 물고기가 용이 되네.

숲속의 호랑이는 바람을 가르네.

魚變成龍潭有魚 風導林虎故從風

7.

오고감도 없고, 앞과 뒤도 없네

바람이 불어오네.

바람이 갔네.

달이 떠오르네.

뒤돌아봐도 떠오르네.

風來有迹去無迹 月前顧後每是前

8.

흔적 없는

안개가 내린 길을 걸어도 밟고 지나온 흔적이 없네.

구름이 산 위에 올라도 한 자도 높아지지 않네.

烟遮去路踏無迹 雲加峯上尺不高

9.

허상(虛像)

산에 사는 사람이 많지만 그들이 다 신선이 아니라네.

십대 청소년이 모두 장정이 되더라도

그들이 모두 군인이 되는 것은 아니라네.

山在人多不曰仙 十爲皆丁未謂軍

10.

무제(無題)

시냇가의 돌들은 달밤에 구름이 세어 보네.

바람 정원의 꽃가지는 나비가 춤추며 재어 보네.

月夜溪石去雲數 風庭花枝舞蝴尺

11.

연결

우리가 방에 들면 바람은 방을 나가네.

배가 산으로 가면 산은 바다로 내려가네.

人入房中風出外 舟行岸頭山來水

12.

꽃 문이 열리네

봄바람이 불어와 꽃 문이 열리네.

가을 달이 지나가니 대나무 울타리도 성글어지네.

花扉自開春風來 竹籬輝疎秋月去

13.

거울 속 당신

그림자가 물속에 잠겨도 옷이 젖지 않네.

거울 속에 있는 아름다운 당신은 말하지 않네.

影沈綠水衣無濕 鏡對佳人語不和

14.

이두(吏讀)

물 수(水), 탈 승(乘), 미르 용(龍), 문 문(門), 범 호(虎), 나무 수(樹).

용(龍)은 물(水)을 타고 오르고(乘),

호랑이(虎)는 나무(樹) 사이(門)를 지나간다.

勿水脫乘美利龍 問門犯虎那無樹

15.

은유

산머리의 반달은 빗처럼, 기울어진 연잎은 물 위의 부채처럼.

半月山頭梳 傾蓮水面扇

16.

풍경

안개는 연못 둑 가의 버들을 가리고,

바다의 고기 잡는 배 위에는 등불이 밝아 온다.

烟(煙)鎖池塘柳 燈增海棹鉤

17.

화수미제(未濟), 죽음을 앞두고

물 위로 등불을 비추어도 나의 혐의를 찾을 수 없다.

기둥이 말라보여도 힘은 남아 있다.

燈明水上無嫌隙 柱似枯形力有餘

筆法(필법)

- 붓글씨에 대해

붓을 든다는 것은 붓과 나 자신이 한마음이 되는 것입니다.

우리나라는 생명이 솟아나는 목(木) 기운이 상징입니다.

오랫동안 중국 고대 명문인 '삼절비문'의 필체를 벗어나지 않았
습니다.

나는 조선에서 태어나서 조선에서 얻었습니다.

그래서 내 나라의 필법을 우선합니다.

사람 마음이 다 달라서 마음과 필체는 사람마다 다릅니다.

안심정기(安心正氣)하고 획을 시작합니다.

수많은 필법이 다 한 점에서 시작합니다.

붓끝을 부드럽게 하고 먹을 넉넉하게 갈아 둡니다.

종이는 두터운 것으로 고릅니다.

큰 글자와 작은 글자 쓰는 법이 다릅니다.

힘차고 바르게 써야 태산의 바위처럼 웅장합니다.

修而成於筆法 其理在於一心

象吾國之木局 數不失於三絶

生於斯得於斯故 以爲先東方

愛人心之不同 無裏表於作制

安心正氣始畫 萬法在於一點

前期柔於筆毫 磨墨數斗可也

擇紙厚而成字 法有違於大小

先始威而主正 形如泰山層巖

流高吟(유고음)

1.

높고 또 흐른다

우뚝 솟은 산봉우리는 수 많은 산들을 이끌고 갑니다.

쉼 없이 흘러내리는 강물은 수 없이 작은 냇물을 모아들입니다.

高峯屹立 群山統率之像

流水不息 百川都會之意

2.

달이 차고 기울듯이

달이 차고 기우는 것은 한 뜻으로 뭉친 형제들이 모이기도 하고 흩어지기도 하는 것과 같습니다.

검은 구름이 하늘로 뭉개뭉개 솟아오르는 것은 군대가 줄지어 걷는 것 같습니다.

明月虧滿 如節夫之分合

黑雲騰空 似軍伍之嚴威

3.

땅에는 거름이

땅에는 거름이 있어야 오곡이 넉넉합니다.

우리는 도덕이 있어야 삶이 얽히지 않습니다.

地納糞土 五穀之有餘

人修道德 百用之不紆

偶吟(우음)

바람 지나고 비 지난 가지에
바람 비 서리 눈이 왔습니다.
바람 비 서리 눈 오고난 뒤에
한 나무에 꽃이 피었습니다.
영원한 봄입니다.

風過雨過枝 風雨霜雪來

風雨霜雪過去後 一樹花發萬世春

일곱 번째 편지
― 시적 상상력과 다시개벽

사랑하는 당신께.
일곱 번째 동학 편지를 보냅니다.

이제 동경대전의 마지막 이야기입니다.
동경대전은 누구에게나 난해한 글입니다. 저도 오래 전부터 읽었지만 쉽지 않았습니다. 그러나 앞으로는 그렇지 않을 겁니다. 수운 선생님의 비전은 이제 거의 다 해독되었습니다.
무엇보다 수운이라는 사람의 매력이 알려지기 시작했습니다. 수운은 종교 창시자의 정체성이 있지만, 그분의 마음을 알게 되면 시인이고 수행자이고, 혁명가이고, 좋은 남편과 부모이고, 교사이고, 춤추는 사람이고, 붓글씨 쓰기를 즐겼고, 노래하는 사람이고, 여행하는 사람으로서의 수운을 보게 됩니다.
결국 어떤 수운을 만나게 되느냐에 따라 수운은 다르게 보입니다. 저에게 수운 선생님은 수행자, 시인, 춤추는 사람, 노래하는 사람, 붓글씨 쓰는 사람, 여행하는 사람입니다. 이번 편지에 이런 수운의 모습을 담을 수 있을 겁니다. 용담유사로 넘어가면 노래하는 수운을 수없이 이야기하게 됩니다.

첫 이야기인 팔절은 수행자로서의 수운이 보입니다. 해월 선생님은 수운 스승님의 여덟 가지 수행의 성찰을 명덕명도(明德命道), 성경외심(誠敬畏心) 이렇게 두 부분으로 나누셨습니다.

해월 선생님의 팔절에 대한 설교는 아름다워서 전문 대부분을 옮겨 둡니다. 짧은 글이어서 부담 없을 겁니다.

우리 자신이 하늘이고, 하늘은 나입니다. 나와 하늘은 한 몸입니다. 기운이 바르지 않으면 마음이 떠나게 되어 나와 하늘이 하나인 상태가 흐트러집니다. 기운이 바르고 마음이 자리 잡히면 하늘과 나는 하나입니다. 진리에 이르고 못 이르는 것은 기운과 마음이 바른가 그렇지 않은가에 달린 문제입니다.

명덕명도(明德命道) 네 글자는 하늘과 사람이 만들어지는 근본입니다. 성경외심(誠敬畏心) 네 글자는 몸이 만들어지고 나서 어린아이처럼 순수한 첫 마음을 다시 회복하는 과정입니다.

'팔절(八節)'을 자세히 읽어 봅시다.

'멀리서 찾지 말고 내 몸을 바라보자.(遠不求而修我)' 할 때 나. '내가 마음을 보내는 땅, (아픔이 있는) 그곳에 있습니다.(送余心於其地)' 할 때 나. '내가 몸을 가지고 이 땅에 온 것을 생각하자.(料吾身之化生)' 할 때 나. '마음의 덕이 어디 있는지 말하고 싶지만, 크고 넓어서 말로는 담아낼 수 없습니다.(欲言浩而難言)' 할 때 말하고 싶어 하는 나. '내 마음 안에서 환하게 밝아 오는 것들을 생각해 보자.(顧吾心之明明)’에서 나. ‘선물을 주기도 하고 받기도 하는 이치가 신비롭기 때문입니다.(理査然於授受)’ 할 때 주고받는 나. ‘마음이 한결같은지 헤아려보자.(度吾信之一如)’ 할 때 나. ‘내가 나를 위하는 것이지 다른 것이 아닙니다.(我爲我而非他)’ 할 때 나.

나 말고 어디에 하늘이 있겠습니까? 그래서 ‘사람이 하늘입니다.’ 나와 하늘은 한 기운, 한 몸입니다.

욕망을 없애고 진리를 깨우치면 하늘처럼 크고, 기운이 조화롭게 되어 성인에 이르게 됩니다. 이것이 나입니다.

성경외심으로 대인접물하게 되면 모든 일이 하늘의 일이 되는 길입니다.(誠敬畏心 對人接物 萬事天) 조화로운 기운으로 성인이 되는 길입니다. (해월법설, 수도법에서)

팔절은 명덕명도, 성경외심이라는 여덟 가지 개념어를 각자가 다시 쓰기 할 수 있도록 한 글입니다.

동경대전의 팔절은 수운 선생님은 이렇게 썼다는 하나의 사례입니다. 해월 선생님은 수운 선생님의 팔절에서 ‘나(吾,我,私)’라는 개념어에 주목합니다.

수운이 말하는 나는 ‘하늘님의 마음’이라고 읽었습니다. 그런 하늘님의 마음을 가진 내가 사람들과 관계 맺고, 세상 만물 속에 자리 잡고 있다고 생각했습니다.

수운 선생님은 팔절을 쓰실 때 어느 정도는 언어유희처럼 언어의 변주를 즐기듯이 쓰신 느낌이 있지만, 이 내용을 받아들인 사람들에게 팔절은 난해하기도 하고 이걸 내 입장에서 다시 변주하며 즐기지는 못했습니다. 언제 이 팔절을 다시 한번 우리 시대의 언어로 변주해 보고 싶습니다.

수운의 글에서는 '놀이'라는 부분이 있습니다. 동경대전을 그대로 읽기보다는 놀이를 덧붙여서 읽는 겁니다. 수운은 뛰어난 교사였고, 그는 놀이와 예술이 가지는 교육적 의미를 알고 있었습니다.

팔절 이외의 글들은 모두 다 시입니다. 처음에는 이 시들이 한 제목 아래 하나의 글이라고 생각했습니다.

도저히 해독이 안 되는 난해함을 느꼈는데, 이게 대부분 한 줄 혹은 두 줄짜리 시를 한 편에 편집해 둔 글이라는 걸 이번에 알았습니다. 난해했기 때문에 읽지 않으려고 했던 글인데 다른 눈으로 읽으면서 이 시의 아름다움에 흠뻑 젖게 됩니다.

이 시들은 일본의 하이쿠와 같은 한 줄 시라고 읽으면 됩니다. 짧은 한 줄 속에 생각 너머의 다른 세계를 여는 하이쿠의 아름다움은 널리 알려져 있고 일본을 대표하는 시 양식입니다. 언어의 절제와 형식미를 추구하는 하이쿠의 느낌을 수운의 한 줄 시들은 담고 있습니다.

원래는 제목이 없이 '영소(詠宵), 유고음(流高吟), 우음(偶吟)' 이렇게 무제로 된 시인데 시의 느낌을 위해 제가 제목을 하나하나 달았습니다.

몇 개만 같이 읽어 봅시다. 대표작이라고 할 수 있는 '광한루에서 달을 보며'는 그림처럼 장면이 그려지는 회화적인 시입니다.

남편 예를 배신하고 혼자 하늘로 올라왔던 항아는 부끄러웠습니다.
그녀는 광한루 높은 궁전에서 홀로 빛나고 있습니다.
미안한 마음 맑은 바람이 알아서 흰 구름을 보내 얼굴을 가려 줍니다.

예전의 남원 시민들은 도교적 신비 세계를 도시 정원 설계에 도입했습니다. 광한루는 도교 신화 속의 항아(姮娥) 여신 이야기에서 가져온 이름입니다.

달에는 항아(姮娥) 여신이 사는데 그녀는 하늘나라 선녀였다가 죄를 지어 세상에 떨어졌는데, 남편 예(羿)가 구해온 약을 혼자서 먹고 하늘나라로 돌아옵니다. 서왕모에게서 가져온 이 약은 둘이 나누어 먹으면 영원한 생명을 얻는 몸을 가질 수 있고, 혼자서 먹으면 신선이 되어 하늘나라로 돌아갈 수 있는 약이었습니다. 하늘로 돌아간 항아는 예에 대한 미안함과 외로움 속에 달에 있는 광한전 깊은 곳에 살고 밤에만 나와서 밝은 얼굴을 비춥니다.

수운은 남원에 처음 왔을 때 광한루 앞에 있는 서형칠의 약국에서 머물렀습니다. 지금은 광한루가 담장이 다 쳐진 관광지이지만 오래 전 광한루는 시민들이 누구나 즐기는 문화 광장이었고, 젊은 연인들의 만남의 광장이었습니다. 몽룡과 춘향의 사랑 이야기가 나올 수 있는 아름다운 곳입니다. 관광지가 되기 이전의 광한루를 담은 사진을 봤는데 지금보다 더 아름다웠습니다.

수운 선생님은 그곳에서 항아처럼 아름다운 여성을 봤는지도 모릅니다. 그녀와 눈이 마주치자 부끄러워 얼굴을 가리고 사람들 속으로 사라집니다. 수운은 그 느낌을 항아 여신과 달, 사람 속으로 사라진 그녀의 뒷모습과 구름에 가려진 달로 이미지를 연결했을 겁니다.

어쩌면 아름다운 한편의 연애시로 읽어도 됩니다. 오래전 사람들의 연애 감각은 이렇게 살짝 가리는 느낌이 있습니다.

이런 유희 감각이 수운의 시에 넘쳐납니다.

　연꽃이 물에 비치면 물고기는 나비가 된다네.

이것도 광한루 느낌이 납니다. 광한루 연못 정원에는 잉어가 모여 삽니다. 광한루를 찾는 관광객들의 즐거움 중 하나입니다.

그런데, 그 물 속의 세계가 이 땅으로 이어지면서 물고기는 나비가 됩니다. 수운에게 공간은 어디 한 곳에 고정되어 있지 않습니다.

　강을 건너는 백로는 자기 그림자를 타고 건너네.
　하늘을 떠가는 흰 달은 구름을 저으며 가네.

이 시도 아름답습니다. 백로와 밝은 달, 강을 건너는 그림자와 구름이 서로 이어지면서 한 폭의 아름다운 풍경화가 그려집니다.

밝은 달이 비추는 남원 요천 위로 백로가 지나갑니다. 공간의 한 장면이 사진을 찍듯이, 그림을 그리듯이 머릿속에 그려집니다.

바람이 불어오네. 바람이 갔네.
달이 떠오르네. 뒤돌아봐도 떠오르네.

이 시에서는 오는 것과 가는 것, 앞과 뒤가 서로 이어져 하나로 통합되어 있습니다. 수운의 시적 감각은 시간과 공간을 자유롭게 넘나듭니다.

바람 지나고 비 지난 가지에 바람 비 서리 눈이 왔습니다.
바람 비 서리 눈 오고난 뒤에 한 나무에 꽃이 피었습니다.
영원한 봄입니다.

이 시에 오면 꽃 한 송이 안에 지나온 시간과 앞으로 올 시간, 사계절의 변화를 다 담아 냅니다. 짧은 시이지만 많은 이야기가 담깁니다. 쉬운 언어를 놀이처럼 배열하는데도 아름다운 시가 되고 함축적 아름다움이 담깁니다.

이런 아름다움을 노래하는 서정시도 있지만 실용적인 지혜를 전할 때도 시적 감각을 사용할 수 있는 건 조금 놀랍습니다.

좋은 약을 구하는 건 어렵지만 어렵지 않습니다.

마음과 기운을 안정하고 기다리면 낫습니다.

마치 봄이 오는 것처럼.

이 시는 〈제서(題書)〉라는 시인데 제자 박하선이 병든 분들을 위해 어떻게 해야 할지 묻는 질문에 대한 답으로 쓴 시입니다.

수운은 몸이 아픈 것이 하늘과 나의 부조화 현상이라고 생각했고 참고 기다리면서 자기를 돌아보는 시간을 가지면 자연스럽게 몸이 회복되기 시작한다고 생각했습니다.

이 이야기를 이렇게 아름다운 시로 표현한 겁니다. 박하선은 이 글을 받아서 아픈 분에게 전했고 그는 이 글을 벽에 붙여 놓고 한참을 바라보고 입으로 따라 읽어 봤을 겁니다.

得難求難 實是非難　득난구난 실시비난

心和氣和 以待春和　심화기화 이대춘화

수운 선생님은 이 글을 쓸 때 온 마음을 다해 아픈 사람을 위하는 마음으로 썼을 겁니다. 마음이 편안해지고 기운이 다시 돌고 몸의 자정 작용이 일어났을 겁니다.

이 글은 어려울 난(難)이 세 글자이고 조화로울 화(和)가 세 글자입니다. 붓글씨로 쓰면 아래위로 난(難)과 화(和)가 맞붙어 있습니다. 구조 자체가 지금 병든 몸이 치유된다는 것을 그림처럼 그려 놓았습니다.

사실 많은 병은 마음과 몸의 부조화입니다. 이런 부조화를 조정하는 데는 시가 약이 될 수도 있습니다.

조금 파격적인 시도 있습니다. 이런 시는 한자와 한글, 신라의 이두가 통합된 시입니다. 수운은 설총의 이두도 공부했을 가능성이 높습니다. 수운에게는 신라 화랑의 느낌이 있고 그는 이두로 쓰인 향가를 좋아했을 겁니다.

물 수(水), 탈 승(乘), 미르 용(龍), 문 문(門), 범 호(虎), 나무 수(樹).
용(龍)은 물(水)을 타고 오르고(乘),
호랑이(虎)는 나무(樹) 사이(門)를 지나간다.
勿水脫乘美利龍 問門犯虎那無樹

이두와 한글, 한문이 통합된 이런 시는 앞으로 쓸 수 있는 사람이 없을 겁니다. 파격적인 형식 안에 용과 호랑이의 기상을 담았습니다. 형식 안에 용이 하늘을 날고 호랑이가 바람을 가르는 형상이 보입니다. 수운은 실험적인 형식을 사용할 수 있는 창조적인 작가입니다.

수운은 시에서 서정성, 파격적인 형식, 그림 같은 구조, 실용성 등등 한문을 사용한 시적 아름다움을 자유자재로 표현합니다.

수운의 시를 다시 읽으면서 이 분이 조금 더 오래 사셨으면 종교가보다는 시인으로 더 많이 사랑받았겠다는 생각이 들었습니다.

일본의 하이쿠 작가 바쇼 못잖은 시를 쓰고 시의 새로운 영역을 개척해 냈을 수 있습니다.

실제 수운의 정신을 이었던 '개벽'이라는 우리나라 최초의 종합 잡지가 우리에게 준 가장 큰 선물은 시였습니다. 개벽에는 김소월, 이상화 등 우리가 아끼고 사랑하는 여러 시인과 소설가들이 작품을 발표했습니다.

수운의 삶을 관통하는 가장 강렬한 시는 '칼 노래'입니다. 동학혁명을 불러온 한 편의 글을 고르라고 하면 '칼 노래'일 겁니다. 칼 노래는 한글가사 작품이어서 용담유사에서 읽도록 하겠습니다.

수운 시의 특징 중 또 하나는 강인한 힘입니다.

우뚝 솟은 산봉우리는 수많은 산들을 이끌고 갑니다.
쉼 없이 흘러내리는 강물은 수 없이 작은 냇물을 모아들입니다.

물 위로 등불을 비추어도 나의 혐의를 찾을 수 없다.
기둥이 말라 보여도 힘은 남아 있다.

수운이 숨어서 지낸 은적암은 교룡산성 안에 있습니다. 은적암에서는 지리산의 전경이 다 보입니다. 지리산과 교룡산 사이에 남원 시내가 넓게 펼쳐집니다.

지리산의 장엄한 기상과 지리산에서 흘러내려 남원 요천을 지나 섬진강으로 이어지는 유장한 물결을 지켜보며 유고음(流高吟)을 노래했을 겁니다. 여기서 수많은 내를 모아서 흘러가는 강과 끝없이 이어지는 산봉우리를 거느린 지리산은 수운 자신을 그려냈습니다.

그는 화랑의 후예이고 기본적으로 대장부의 호탕한 기상을 가졌습니다. 그런 그는 죽음 앞에서도 당당했습니다. 등명수상(燈明水上)이라는 시는 수운 선생님께서 사형당하기 며칠 전에 비밀리에 해월 선생님께 보낸 시입니다. 당신 생애의 마지막 글입니다.

그는 지금 자신이 할 일이 무엇인지 정확하게 알고 있습니다. 누구에게도 위험이 더 확대되지 않도록 모든 혐의를 그가 다 품어 안고 죽을 생각입니다. 자신은 그럴 힘이 충분히 남아 있으니 여러분은 다음을 위해 일단 피하시라는 부탁입니다.

물 위에 비치는 빛(燈明水上)의 상징을 저는 화수 미제(未濟)에서 읽었습니다. 화수미제의 핵심 상징은 '군자지광(君子之光)'입니다.

미제괘는 강을 건너지 못한 사람의 이야기입니다. 수운은 자기가 꿈꾸는 세상에 이르지 못했습니다. 그러나 그의 빛(君子之光)을 가지고 강을 건너는 사람이 있습니다. 수운에게는 해월입니다. 미제로서는 기뻐하지 않을 수 없습니다.

수운의 기상을 볼 수 있는 글 하나가 더 남았습니다. 붓글씨 쓰는 법입니다.

붓을 든다는 것은 붓과 나 자신이 한마음이 되는 것입니다.
우리나라는 생명이 솟아나는 목(木) 기운이 상징입니다.
오랫동안 중국 고대 명문인 '삼절비문'의 필체를 벗어나지 않았습니다.

나는 조선에서 태어나서 조선에서 얻었습니다.

그래서 내 나라의 필법을 우선합니다.

사람 마음이 다 달라서 마음과 필체는 사람마다 다릅니다.

안심정기(安心正氣)하고 획을 시작합니다.

수많은 필법이 다 한 점에서 시작합니다.

붓끝을 부드럽게 하고 먹을 넉넉하게 갈아 둡니다.

종이는 두터운 것으로 고릅니다.

큰 글자와 작은 글자 쓰는 법이 다릅니다.

힘차고 바르게 써야 태산의 바위처럼 웅장합니다.

수운의 또 하나의 세계는 붓글씨입니다. 그는 왕희지의 필체를 따랐습니다. 꾸준히 공부해서 '일심(一心), 조선의 자연과 기세, 안심정기(安心正氣), 웅장함' 이런 요소를 특징으로 하는 자신의 필체를 찾아냅니다.

그가 쓴 21자 주문을 보면 하늘님의 마음과 하나 되고, 기운이 약동하고, 마음이 안정되면서도 웅장함을 느낄 수 있습니다. 그가 쓴 글들은 사람들에게 저 글을 먹고 싶다는 충동을 불러일으킬 정도입니다.

너무나 아쉬운 일은 수운의 붓글씨가 원형으로 남은 글은 단 한 자 밖에 없습니다. 구미산을 쓴 글인 구(龜) 자 한 자입니다. 이것도 원본이 아니라 사진입니다.

도올 선생님은 수운의 글이 가진 힘을 의식한 사람들이 다 불태워서 먹었을 거라고 하는데 그 마음이 이해되는 내용입니다.

아마 어느 날 우리에게 수운이 쓴 붓글씨가 나올지도 모릅니다. 그 글이 나오면 필법의 시가 보여주는 그의 붓글씨의 세계를 더 깊이 느낄 수 있을 겁니다. 어떤 점에서는 무위당 장일순 선생님의 붓글씨가 수운을 잇고 있을지도 모릅니다.

이제 동경대전을 다 읽었습니다. 동경대전 원문에는 통문과 통유, 해월 선생님의 발간사가 더 있는데 천도교 경전에서는 담지 않았습니다. 중요한 내용이지만 앞에서 충분히 이야기한 수운의 마음에서 크게 벗어나는 글이 아니어서 이 정도만으로도 동경대전은 충분하다는 생각입니다.

동경대전을 일곱 편의 편지에 담았습니다. 처음 네 편, 포덕문, 논학문, 수덕문, 불연기연은 동학을 성립하게 한 대표적인 글입니다. 이 네 편의 글 안에는 수많은 논쟁적인 개념들이 들어 있습니다. 제가 읽은 건 정말 수박 겉핥기입니다. 자세한 내용은 도올 선생님의 동경대전이 대부분 다 담아내서 저는 자유롭습니다.

단지 저는 동경대전을 아름다움의 눈으로, 이야기와 같은 방식으로 다시 읽고 싶었습니다. 무엇보다 사랑하는 당신께 드리는 편지로 쓰고 싶었습니다. 제 마음이 충분히 전달되었는지 모르겠습니다.

도올 선생님의 동경대전이 가지는 매력이 있고, 윤석산(동경대전,

모시는사람들), 옥계산인(현대인의 동학 경전, 책과 나무), 박맹수(동경대전, 지식을 만드는 지식), 라명재(천도교경전 공부하기, 모시는사람들)의 동경대전이 다 아름다웠습니다.

이분들의 번역과 이해를 깊이 참고 했습니다.

여덟 번째 편지부터는 용담유사를 하나하나 읽겠습니다. 저도 이 글이 기대됩니다. 진리와 음악적 리듬이 만나는 상상입니다. 수운이 이룩한 또 하나의 파격적 시도입니다. 무엇보다 한글입니다. 쉽기도 하고 어렵기도 할 겁니다.

건강하시길 기도합니다.

2021.5.26.

용담유사

龍潭遺詞

편지

교훈가(敎訓歌)

1.

사랑하는 아이들아 이 책을 보려무나.

오행의 조화 속에 이 세상에 태어나서

삼강오륜 예의범절 몸과 마음 지켜내어

스무 살이 되었구나. 어른이 되었구나.

대대로 존경받는 귀한 가문 아이들아

병도 없고 탈도 없이 건강하게 자랐구나.

돈도 없이 겨우겨우 너희들을 돌보느라

기쁜 날 슬픈 날이 하루하루 달랐구나.

왈이자질(曰爾子姪) 아이들아 경수차서(敬受此書) 하여스라

너희도 이세상에 오행(五行)으로 생겨나서

삼강(三綱)을 법을삼고 오륜(五倫)에 참예(參預)해서

이십살 자라나니 성문고족(盛門高族) 이내집안

병수(病數)없는 너의거동 보고나니 경사(慶事)로다

소업(所業)없이 길러내니 일희일비(一喜一悲) 아닐런가

2.

나도 또한 아이부터 지내온 일 생각하니
사람 사는 모든 일이 살아보면 그뿐이고
겪은 일들 하나하나 고생고생 힘들었네.
그중에 한 가지도 이룬 것이 없었으니
가슴에 품은 마음 한번 웃고 털었다네.
나를 한번 돌아보니 나이 이미 사십이요
세상을 돌아보니 이렇구나 이렇구나.
아서라 이 사람아, 이 길밖에 다시없다.

내역시 이세상에 자아시(自兒時) 지낸일을
역력히 생각하니 대저인간 백천만사(百千萬事)
행(行)코나니 그뿐이오 겪고나니 고생일세
그중에 한가지도 소업성공(所業成功) 바이없어
흉중(胸中)에 품은 회포(懷抱) 일소일파(一笑一罷) 하온후에
이내신명(身命) 돌아보니 나이이미 사십이오
세상풍속 돌아보니 여차여차 우여차(如此如此又如此)라
아서라 이내신명 이밖에 다시없다

3.

구미 용담 찾아 들어 마음 깊이 맹세하고
아내와 마주 앉아 한숨 쉬며 의논한다.
"대장부 사십 평생 하염없이 지냈지만

이제는 무엇을 해 볼 수도 없습니다."
이름을 제우로 부를 때는 성묵으로
어리석음 깨우리라 다시 한번 각오하니.
여기에서 못 깨치면 산 밖으로 안 나가리.
맹세하는 마음과 뜻 그 얼마나 깊었던가.
구미용담(龜尾龍潭) 찾아들어 중한맹세 다시하고
부처(夫妻)가 마주앉아 탄식하고 하는말이
대장부 사십평생(卒生) 해음없이 지내나니
이제야 할길없네 자호(字號)이름 다시지어
불출산외(不出山外) 맹세하니 기의심장(其意深長) 아닐런가

4.
슬프다 이내 신세 이리 될 줄 알았으면
부모님께 받은 가업 지키기만 힘썼으면
재산은 못 늘려도 먹고라도 살 것인데
세상을 어찌 해볼 실력이나 있는 듯이
어지러운 이 세상을 혼자 앉아 탄식하며
어영부영 하더니만 하던 일도 망했으니
원망도 쓸데없고 한탄도 소용없네.
슬프다 이내신명(身命) 이리될줄 알았으면
윤산(潤産)은 고사하고 부모님께 받은세업(世業)
근력기중(勤力其中) 하였으면 악의악식(惡衣惡食) 면치마는

경륜(經綸)이나 있는듯이 효박(淆薄)한 이세상에
혼자앉아 탄식하고 그럭저럭 하다가서
탕패산업(蕩敗産業) 되었으니 원망도 쓸데없고
한탄도 쓸데없네

5.
"당신이 내 얘기를 들어주면 다행이오.
어릴 시절 부모 품에 호의호식 자랐다고
품에 안긴 어린아이 앞에 두고 말하는데
그런 불평 이제 제발 그만해야 하지 않소.
부부 화목 하는 길은 서로 이해 아니겠소.
하늘이 사람 낼 때 각자 할 일 주셨는데
사람마다 귀한 목숨 하늘에 달렸으니
죽을 생각 하지 말고 우리 일을 찾읍시다.
우리의 팔자라고 험하기만 할까 보냐.
여필종부(女必從夫) 아닐런가
자네역시 자아시(自兒時)로 호의호식(好衣好食) 하던말을
일시도 아니말면 부화부순(夫和婦順) 무엇이며
강보(襁褓)에 어린자식 불인지사(不忍之事) 아닐런가
그말저말 다던지고 차차차차 지내보세
천생만민(天生萬民) 하였으니 필수기직(必授其職) 할것이오
명내재천(命乃在天) 하였으니 죽을염려 왜있으며

한울님이 사람낼때 녹(祿)없이는 아니내네
우리라 무슨팔자 그다지 기험(崎險)할꼬

6.
지금의 부귀자는 이전에는 빈천했고
지금의 빈천자는 개벽 이후 잘산다오.
천운이 돌고 돌아 지나간 건 돌아오네.
더욱이 우리 집안 좋은 일을 계속하고
끊임없이 덕 베풀어 선과 덕을 쌓았으니
뒤따르는 우리에게 좋은 일이 없겠는가?
대대로 이어져 온 착한 마음 잃지 말고
어려워도 달게 여겨 몸과 마음 닦아보세.
부(富)하고 귀(貴)한사람 이전시절 빈천(貧賤)이오
빈하고 천한사람 오는시절 부귀(富貴)로세
천운(天運)이 순환(循環)하사 무왕불복(無往不復) 하시나니
그러나 이내 집은 적선적덕(積善積德) 하는공(功)은
자전자시(自前自是) 고연(固然)이라 여경(餘慶)인들 없을소냐
세세유전(世世遺傳) 착한마음 잃지말고 지켜내서
안빈낙도(安貧樂道) 하온후에 수신제가(修身齊家) 하여보세

7.
아무리 세상 사람 비방하고 헐뜯어도

옳지 못한 흉한 일은 들어도 못들은 척

눈앞에 펼쳐져도 못 본 척하여 두고

어린 자식 타이르고 하나하나 가르쳐서

어진 일을 본을 받고 우리 가업 지켜 내면

우리 부부 함께 누릴 큰 기쁨이 아닐런가?"

아무리 세상사람 비방하고 원망말을

청이불문(聽而不聞) 하여두고 불의지사(不義之事) 흉한빛을

시지불견(視之不見) 하여두고 어린자식 효유(曉諭)해서

매매사사 교훈하여 어진일을 본을받아

가정지업(家庭之業) 지켜내면 그아니 낙(樂)일런가

8.

이러 그러 안심하고 칠팔 개월 지내는데

꿈일런가 잠일런가 무극대도 받아내어

몸과 마음 바로 하고 다시 앉아 생각하니

우리 집안 선조들이 남겨주신 축복인지

돌고 도는 순환 이치 내게 다시 온 것인지.

이전에도 이후에도 글도 말도 없는 이치

아무리 생각해도 망극하기 그지없네.

이러그러 안심(安心)해서 칠팔삭(朔) 지내나니

꿈일런가 잠일런가 무극대도(無極大道) 받아내어

정심수신(正心修身) 하온후에 다시앉아 생각하니

우리집안 여경(餘慶)인가 순환지리(循環之理) 회복인가

어찌이리 망극한고 전만고(前萬古) 후만고(後萬古)를

역력히 생각해도 글도없고 말도없네

9.

많고 많은 사람 중에 나 말고는 사람 없나.

유교 불교 수천 년에 운이 역시 다했던가.

돌고 도는 윤회의 운 내가 어찌 받았으며

수많은 생명 중에 내가 어찌 높겠는가?

이 세상에 없는 사람 내가 어찌 있었겠나?

대저생령(生靈) 많은사람 사람없어 이러한가

유도불도(儒道佛道) 누천년(累千年)에 운이역시 다했던가

윤회(輪廻)같이 둘린운수 내가어찌 받았으며

억조창생(億兆蒼生) 많은사람 내가어찌 높았으며

일세상 없는사람 내가어찌 있었던고

10.

아마도 이내 일은 잠자다가 얻었는가?

꿈꾸다가 받았는가? 측량 못할 일이구나.

사람을 가려보면 나보다 나은 사람

재질을 가려보면 나보다 나은 재질

나은 사람 나은 재질 얼마든지 있지 않나

숱한 의문 있지마는 하늘님이 정하시니
내 마음대로 할 수 없네.
사양하고 싶지마는 어디 가서 사양하며,
물어보고 싶지마는 어디 가서 물어보며,
책에조차 없는 법을 어디 가서 본받을까?
아무런 답이 없어 묵묵히 생각하는
그 모습은 고친 별명 성묵(性黙)과 비슷하고
그 이름은 어리석은 제우(濟愚)가 분명하다.
아마도 이내일은 잠자다가 얻었던가
꿈꾸다가 받았던가 측량치 못할러라
사람을 가렸으면 나만못한 사람이며
재질을 가렸으면 나만못한 재질이며
만단의아(萬端疑訝) 두지마는 한울님이 정하시니
무가내(無可奈)라 할길없네 사양지심(辭讓之心) 있지마는
어디가서 사양하며 문의지심(問疑之心) 있지마는
어디가서 문의하며 편언척자(片言隻字) 없는법을
어디가서 본을볼꼬 묵묵부답(黙黙不答) 생각하니
고친자호(字號) 방불(彷彿)하고 어린듯이 앉았으니
고친이름 분명하다

11.
그럭저럭 어찌 못해 마음을 가다듬고

하늘님께 아뢰오니 하늘님 하신 말씀

"자네 역시 사람인데 어떻게 다 알겠나

수많은 사람들이 근본으론 하나라는

동귀일체 그 진리를 사십 평생 알았던가.

자네의 이 모습과 생각마저 우습다네

이 세상을 살아갈 때 무슨 마음 가졌기에

입산한 그 달부터 이름 별명 고쳤으며

무슨 생각 포부 있어 입춘 날 대문 앞에

복 있기를 아니 빌고 '세간중인 부동귀'라

'그들처럼 그렇게 어영부영 살 수 없다.'

의심 없이 붙였으니 그 마음은 무엇인가?

세상 사람 바라볼 때 자네 마음 어땠는가?

그런 마음 어디 두고 만고진리 무극대도

받아 놓고 자랑하니 얼마나 우스운가?

그럭저럭 할길없어 없는정신 가다듬어

한울님께 아뢰오니 한울님 하신말씀

너도역시 사람이라 무엇을 알았으며

억조창생 많은사람 동귀일체(同歸一體) 하는줄을

사십평생 알았더냐 우습다 자네사람

백천만사(百千萬事) 행할때는 무슨뜻을 그러하며

입산한 그달부터 자호(字號)이름 고칠때는

무슨뜻을 그러한고 소위입춘(立春) 비는말은

복록(福祿)은 아니빌고 무슨 경륜(經綸) 포부(抱負) 있어

세간중인부동귀(世間衆人不同歸)라 의심없이 지어내어

완연히 붙여두니 세상사람 구경할때

자네마음 어떻던고 그런비위 어디두고

만고없는 무극대도(無極大道) 받아놓고 자랑하니

그아니 개자한가?

12.

많고 많은 사람 중에 재질을 가려내어

총명함과 어리석음 가려본들 무엇 하며

세상 사람 저렇다고 탄식한들 무엇 하리.

남만 못한 사람인 줄 남만 못한 재질인 줄

네가 어찌 알겠는가. 그런 소리 하지 말게.

이 세상 생긴 후에 처음 있는 일이라네.

세상사람 돌아보고 많고 많은 그 사람에

인지재질(人之才質) 가려내어 총명노둔(聰明魯鈍) 무엇이며

세상사람 저러하여 의아(疑訝) 탄식(歎息) 무엇인고

남만못한 사람인줄 네가어찌 알았으며

남만못한 재질인줄 네가어찌 알잔말고

그런소리 말았어라 낙지(落地)이후 첨이로다

13.
좋은 날 좋은 때에 부모 품에 네가 오고
어린 시절 자란 모습 어느 일을 내 모를까?
사물을 깊이 보고 조화롭게 실천하니.
자네는 이 세상에 특별한 사람일세.
흔하다 못하지만 있을 수 있잖겠나?
착한운수 둘러놓고 포태지수(胞胎之數) 정해내어
자아시(自兒時) 자라날때 어느일을 내모르며
격치만물(格致萬物) 하는법과 백천만사(百千萬事) 행하기를
조화(造化)중에 시켰으니 출등인물(出等人物) 하는이는
비비유지(比比有之) 아닐런가

14.
지각없는 세상 사람 바란 듯이 하는 말이
"재주 있는 사람인데 세상 사는 덕은 없네.
집안 살림 말아먹고 용담에 틀어박혀
꼼짝도 안 하는데 알다가도 모르겠네.
가난한 살림에는 세상 사람 한데 섞여
아첨하고 비굴해야 처자식을 먹이는데
선비처럼 살겠다니 안빈낙도 우습구나."
지각없는 세상사람 원(願)한듯이 하는말이
아무는 이세상에 재승박덕(才勝薄德) 아닐런가

세전산업(世傳産業) 탕패(蕩敗)하고 구미(龜尾)용담(龍潭) 일정각(一亭閣)에

불출산외(不出山外) 하는뜻은 알다가도 모를러라

가난한 저세정(世情)에 세상사람 한데섞여

아유구용(阿諛苟容) 한다해도 처자보명(妻子保命) 모르고서

가정지업(家庭之業) 지켜내어 안빈낙도(安貧樂道) 한단말은

가소절창(可笑絶脹) 아닐런가

15.

이말 저말 떠다녀도 자네 마음 내가 아니

마음에 담지 말고 정심수도 하시게나.

시킨 대로 따라가며 차츰차츰 가르치면

무궁조화 물론이고 포덕천하 할 것이니

온 세상에 도가 펴져 조화로운 세상 되네.

진리는 단순하니 글로 써서 펴 나가면

진리 따라 사는 사람 그날부터 군자 되고

모든 일이 조화롭게 무위이화 아닐런가.

그대는 그야말로 지상신선 아니겠나?"

이말저말 붕등(崩騰)해도 내가알지 네가알까

그런생각 두지말고 정심수도(正心修道) 하여스라

시킨대로 시행해서 차차차차 가르치면

무궁조화(無窮造化) 다던지고 포덕천하(布德天下) 할것이니

차제도법(次第道法) 그뿐일세 법을정코 글을지어

입도한 세상사람 그날부터 군자되어

무위이화(無爲而化) 될것이니 지상신선(地上神仙) 네아니냐

16.

이 말씀 들은 후에 마음속 깊은 곳에

기쁨이 차오르고 자부심이 생겨났네.

그리하여 그날부터 부인과 마주앉아

이 말 저 말 나누면서 기쁘고 즐거웠네.

"내 말씀 들어 보오 내 처지가 이리 되니

젊을 때 하던 일들 미친 듯이 어이없고

취한 듯이 보였지만 내가 하던 헛말들이

장난이 아니었고 옳은 말이 되었잖소.

사내로 태어나면 장난처럼 살아보고

헛말도 해야 하오. 당신 마음 어떠신가?"

이말씀 들은후에 심독희자부(心獨喜自負)로다

그제야 이날부터 부처(夫妻)가 마주앉아

이말저말 다한후에 희희낙담(喜喜樂談) 그뿐일세

이제는 자네듣소 이내몸이 이리되니

자소시(自少時) 하던장난 여광여취(如狂如醉) 아닐런가

내역시 하던말이 헛말이 옳게되니

남아역시 출세(出世)후에 장난도 할것이오

헛말인들 아니할까 자네마음 어떠한고

17.

아내의 거동 보니 묻는 말은 대답 않고
무릎 안고 입 다시며 "세상에 세상에나!"
간신히 말하고서 천장만 바라보며
"꿈일런가 잠일런가 허허 세상 허허 세상
다 같은 세상사람, 우리 복은 이것인가?
하늘님도 하늘님도 이리 될 우리 신세
어떻게 그런 고생 이렇게 시키셨나?
오늘에야 말하지만 미친 듯이 사는 당신
간 데마다 따라가서 지지리도 심한 고생
누구에게 말하겠나? 당신은 집에 오면
'이 사람아 이 사람아. 그게 무슨 고생인가?
우리 팔자 좋아지면 기쁨을 벗을 삼고
고생도 기쁨 되니 잔말 말고 같이 가세
헛되어 나이 들어 그냥 늙진 않을 걸세.'
노처(老妻)의 거동(擧動)보소 묻는말 대답잖고
무릎안고 입다시며 세상소리 서너마디
근근이 끌어내어 천장만 살피면서
꿈일런가 잠일런가 허허세상 허허세상
다같이 세상사람 우리복이 이러할까
한울님도 한울님도 이리될 우리신명(身命)
어찌앞날 지낸고생 그다지 시키신고

오늘사 참말이지 여광여취(如狂如醉) 저양반을
간곳마다 따라가서 지질한 그고생을
눌로대해 그말이며 그중에 집에들면
장담같이 하는말이 그사람도 그사람도
고생이 무엇인고 이내팔자 좋을진댄
희락(喜樂)은 벗을삼고 고생은 희락이라
잔말말고 따라가세 공로(空老)할 내아니라

18.
이런 말을 듣고 보니 나도 역시 어이없어
얼굴을 빤히 보며 속으로 한숨짓네.
"지금까지 지낸 것은 다름이 아닙니다.
사람 공경 당신 모습 보통 사람 같지 않고
처자를 대할 때도 진정으로 지극하니
하늘님 도움으로 좋은 운수 회복할 줄
나도 이미 알았지요."
아내와 나 큰 소리로 한바탕 웃고 나서
지난 일을 훌훌 터니 기쁨이 넘쳐나네.
내역시 어척없어 얼굴을 뻔히보며
중심(中心)에 한숨지어 이적지 지낸일은
다름이 아니로다 인물대접 하는거동
세상사람 아닌듯고 처자에게 하는거동

이내진정 지극하니 천은(天恩)이 있게되면

좋은운수 회복할줄 나도또한 알았습네

일소일파(一笑一罷) 하온후에 불승기양(不勝氣揚) 되었더라

19.

그럭저럭 지내다가 대문을 활짝 열고

오는 사람 가르치니 감당 못할 정도구나.

현인군자 모여들어 밝은 마음 길러내니

시운이 돌아오고 좋은 마음 힘을 얻네.

그럭저럭 지내다가 통개중문(洞開重門) 하여두고

오는사람 가르치니 불승감당(不勝堪當) 되었더라

현인군자 모여들어 명명기덕(明明其德) 하여내니

성운성덕(盛運盛德) 분명하다

20.

밝은 마음 없는 사람 자기보다 뛰어나면

근거 없는 말 지어내 듣지도 못한 말과

보지 못한 그 소리를 마음대로 전하여서

마을 안에 흉한 말이 어찌 그리 분분한가?

당신들이 안됐구나.

'내 운수가 좋아지면 네 운수는 나빠진다.'

이런 말이 어디 있나?

가련하다 경주 고을 옳은 사람 하나 없네.

어진 사람 있게 되면 이런 말이 왜 나오나?

경주는 그만두고 우리 집안 가련하다.

알지도 못한 흉한 말을 남들보다 배나 하고

친척인데 무슨 일로 원수같이 대접하고

아버지를 죽였는가 원한이 있었던가.

원한 없던 사람들도 그들에 휘둘리니

폭군 걸왕 도와주는 조걸위학이로구나.

그모르는 세상사람 승기자(勝己者) 싫어할줄

무근설화(無根說話) 지어내어 듣지못한 그말이며

보지못한 그소리를 어찌그리 자아내서

향(鄕)안설화(說話) 분분(紛紛)한고 슬프다 세상사람

내운수 좋자하니 네운수 가련할줄

네가어찌 알잔말고 가련하다 경주향중(慶州鄕中)

무인지경(無人之境) 분명하다 어진사람 있게되면

이런말이 왜있으며 향중풍속(鄕中風俗) 다던지고

이내문운(門運) 가련하다 알도못한 흉언괴설(凶言怪說)

남보다가 배나하며 육친(肉親)이 무삼일고

원수같이 대접하며 살부지수(殺父之讐) 있었던가

어찌그리 원수런고 은원(恩怨)없이 지낸사람

그중에 싸잡혀서 또역시 원수되니

조걸위학(助桀爲虐) 이아닌가

21.

아무리 그리해도 죄 없으면 괜찮지만
죽을죄를 진 것 없이 이런 모함 받는 것이
이래도 되는 건가. 천운이 온 것으로
이런 일을 당한다면 무죄라도 도리 없네.
나라에 큰 공 세운 우리 집이 이러하니
이렇게 당한다면 누구라도 안전할까?
아서라 이내 신세 운수도 믿지마는
이런 모함 감당하고 남의 눈치 안 살피며
내 뜻만 내세우면 세상과 이 정부를
무시하는 일이 되니 어쩔 도리 없겠구나.
무극한 이내 도는 내 아니 가르쳐도
운수 있는 사람들은 차츰차츰 받아들여
배우면서 가르치면 내 없어도 될 것일세.
이런 생각 하고 나서
여장을 차려내어 먼 길 떠날 준비하니
수도하는 사람마다 정성 거듭 하지마는
갓 태어난 새와 같은 그대들을 두고 가네.
내 마음속 안타까움 자세하게 말했으니
다하지 못한 말은 내 처지로 살펴보게.
그러나 할 길 없어 그날 아침 떠나왔네.
아무리 그리해도 죄 없으면 그뿐일세.

아무리 그리하나 나도세상 사람으로

무단(無端)히 사죄(死罪) 없이 모함 중에 들단말가

이 운수 아닐러면 무죄한들 면할소냐

하물며 이내집은 과문지취 아닐런가

아서라 이내신명 운수도 믿지마는

감당도 어려우되 남의이목(耳目) 살펴두고

이같이 아니말면 세상을 능멸(凌蔑)한듯

관장(官長)을 능멸한듯 무가내라 할길없네

무극한 이내도(道)는 내아니 가르쳐도

운수있는 그사람은 차차차차 받아다가

차차차차 가르치니 내없어도 당행(當行)일세

행장을 차려내어 수천리를 경영하니

수도하는 사람마다 성지우성(誠之又誠) 하지마는

모우미성(毛羽未成) 너희들을 어찌하고 가잔말고

잊을도리 전혀없어 만단효유(萬端曉諭) 하지마는

차마못한 이내회포 역지사지(易地思之) 하여스라

그러나 할길없어 일조분리(一朝分離) 되었더라

22.

멀고 먼 길 가는 중에 너희들만 생각난다.

객지에 홀로 앉아 너희 수도 생각하면

귀에도 쟁쟁하고 눈에도 삼삼하다.

평소에 하는 일이 법도에 어긋나고
눈과 귀 거슬리며 들리는 듯 분명하다.
밝고 밝은 이 운수는
원한다고 이러하며, 바란다고 이러할까
아서라 너희 행실 아니 봐도 본 듯하다.
멀고먼 가는길에 생각나니 너희로다.
객지에 외로앉아 어떤때는 생각나서
너희수도 하는거동 귀에도 쟁쟁하며
눈에도 삼삼하며 어떤때는 생각나서
일사위법(日事違法) 하는빛이 눈에도 거슬리며
귀에도 들리는듯 아마도 너희거동
일사위법 분명하다 명명(明明)한 이운수는
원한다고 이러하며 바란다고 이러할까
아서라 너희거동 아니봐도 보는듯다

23.
부모 자식 가까워도 운수조차 가까울까?
형제는 한 몸이라 운수조차 한 몸일까?
너희 역시 사람이면 남들 수도 볼 것인데
어찌 그리 모르는가? 생각 없는 사람들아
남의 수도 본을 받아 정성하고 공경해서
바른 마음 바른 몸을 수련으로 닦아스라.

그렇게 가르쳐도 이내 몸이 이리 되니
은덕을 끼쳤지만 도성입덕 어렵구나.
진리를 깊이 알고 도덕을 이루는 길(道成立德)
한 가지는 정성이요 한 가지는 스승이라.
부모 말씀 무시하면 짐승과 다름없네.
제멋대로 쏘다니며 오락가락 살 것인가
부자유친(父子有親) 있지마는 운수조차 유친이며
형제일신(兄弟一身) 있지마는 운수조차 일신인가
너희역시 사람이면 남의수도 하는법을
응당히 보지마는 어찌그리 매몰한고
지각없는 이것들아 남의수도 본을받아
성지우성(誠之又誠) 공경해서 정심수신(正心修身) 하여스라
아무리 그러해도 이내몸이 이리되니
은덕(恩德)이야 있지마는 도성입덕(道成立德) 하는법은
한가지는 정성이요 한가지는 사람이라
부모의 가르침을 아니듣고 낭유(浪遊)하면
금수(禽獸)에 가직하고 자행자지(自行自止) 아닐런가

24.
우습구나 너희들은 나는 정말 모르겠다.
부자형제 사이라도 도성입덕 각각이라
정성스런 그 사람은 어진 사람 분명하니

마음 다해 따라가고 정성 공경 하자꾸나.

애달프다 너희들은

뛰어난 현인 되길 바라는 맘이지만

보통 사람 아래 되고 도덕에 못 미치면

제 발을 제 손으로 찍게 되는 일이라도

바르게 못 가르친 나도 또한 한이로다.

우습다 너희사람 나는도시 모를러라

부자형제(父子兄弟) 그가운데 도성입덕(道成立德) 각각이라

대저세상 사람중에 정성있는 그사람은

어진사람 분명하니 작심(作心)으로 본을보고

정성공경 없단말가 애달하다 너희들은

출등(出等)한 현인(賢人)들은 바랄줄 아니로되

사람의 아래되고 도덕에 못미치면

자작지얼(自作之孼)이라도 나는또한 한(恨)이로다

25.

공부 복이 있다 해도 닦아야 도덕이라.

너희는 무슨 팔자 노력 않고 되겠는가.

분별없는 사람들아 나를 믿고 그러는가?

선생을 믿지 말고 하늘님을 믿으시오.

그대 몸에 하늘님을 가까이 모셨는데

내게 모신 하늘 두고 멀리서 찾고 있나?

바라는 건 자네들이 하늘님을 믿는 걸세.

운수야 좋거니와 닦아야 도덕이라

너희라 무슨팔자 불로자득(不勞自得) 되단말가

해음없는 이것들아 날로믿고 그러하나

나는도시 믿지말고 한울님을 믿어스라.

네몸에 모셨으니 사근취원(捨近取遠) 하단말가

내역시 바라기는 한울님만 전혀믿고

26.

어리석은 너희들은 책을 접고 수도해도

제대로 하게 되면 이것 또한 도덕이라.

공부도 하지 않고 수도도 아니 하면

문장이고 도덕이고 모든 것이 허사로다.

열세 자 본주문을 지극히 외워내면

만권의 책 만 편의 시 그 너머를 알게 되네.

동학은 마음공부 그 뜻을 잊지 마오.

현인군자 될 것이고 도성입덕 할 것이오.

이같이 쉬운 도를 자포자기 할 것인가?

애달프고 괴롭구나 자네들은 어찌해서

수도할 생각 없이 그 자리에 맴도는가

해몽(解蒙)못한 너희들은 서책(書冊)은 아주폐(廢)코

수도하기 힘쓰기는 그도또한 도덕이라

문장이고 도덕이고 귀어허사(歸於虛事) 될까보다

열세자 지극하면 만권시서(萬卷詩書) 무엇하며

심학(心學)이라 하였으니 불망기의(不忘其意) 하여스라

현인군자 될것이니 도성입덕(道成立德) 못미칠까

이같이 쉬운도를 자포자기(自暴自棄) 하단말가

애달다 너희사람 어찌그리 매몰한고

탄식하기 괴롭도다

27.

요순 같은 성현들도 불초자식 두었으니

원망할 것 없지마는 우울한 이내 마음

외면하기 쉽지 않고 그냥 두면 애달파서

간신히 편지 쓰니 한 자 한 자 읽어 보고

방탕한 맘 갖지 말고 나의 훈계 받아들여

서로 만날 그 시절에 놀랍도록 성장하면

즐거운 건 당연하고 우리 동학 큰 복이라.

요순(堯舜)같은 성현(聖賢)들도

불초자식(不肖子息) 두었으니 한(恨)할것이 없다마는

우선에 보는도리 울울한 이내회포

금(禁)차하니 난감(難堪)이오 두자하니 애달해서

강작(强作)히 지은문자 귀귀자자(句句字字) 살펴내어

방탕지심(放蕩之心) 두지말고 이내경계(警戒) 받아내어

서로만날 그시절에 괄목상대(刮目相對) 되게되면
즐겁기는 고사하고 이내집안 큰운수라

28.
이 글 보고 길을 찾아 날 본 듯이 수도하라.
부디부디 이 글 보고 모두 같이 수도하라.
그리 살다 끝에 가서 딱한 일이 벌어지면
누구에게 원망할까? 나도 역시 이 글 전해
효험 없이 되게 되면 자네 신세 가련하고
이내 말 헛말 되면 그 역시 수치로다
사랑하는 벗들이여 거듭거듭 생각하오.
이글보고 개과(改過)하여 날본듯이 수도하라
부디부디 이글보고 남과같이 하여스라.
너희역시 그렇다가 말래지사(未來之事) 불민(不憫)하면
날로보고 원망할까 내역시 이글전해
효험없이 되게되면 네신수 가련하고
이내말 헛말되면 그역시 수치로다
너희역시 사람이면 생각고 생각할까

여덟 번째 편지
― 노래하는 경전 용담유사

사랑하는 당신께.

이번부터 용담유사를 읽으며 편지를 쓰겠습니다.

동경대전은 최근에 여러 연구자들이 연이어 새로운 책을 내면서 이제 한국인 누구나 사랑하고 아끼는 책이 되었습니다.

그런데, 동경대전보다 더 폭발적인 책이 용담유사입니다. 용담 유사는 노래예요. 노래 안에 인간 의식 진화의 경험을 담았습니다. 어쩌면 시대와 소통하는 데는 동경대전보다 더 좋은 글인지도 모릅니다.

문제는 여전히 번역입니다. 160년 전의 한글, 그리고 한문으로 글을 쓰던 사람이 한글 노래를 만드는 과정에서 생겨나는 어색함, 여전히 어려운 한문 어구들, 운율에 맞추기 위해 사용한 조금 억지스러운 표현 등 여러 난제가 용담유사를 쉽게 접근하지 못하게 했습니다.

이번 번역은 가능한 쉽게 할 겁니다. 그리고 무엇보다 마음 쓰는 것은 노래의 리듬을 그대로 가지고 간다는 겁니다. 수운 선생이 사용했던 3(4).4조의 운율을 번역에 그대로 적용했습니다. 경전이면서 동시에 노래 가사입니다.

오래전 경전이 만들어지던 첫 시기에 대부분의 경전은 노래였습니다. 운율에 맞춰서 노래 부를 수 있었습니다. 경전이 글자로 기록되지 않았던 시대에 경전은 암송을 통해 구전되었는데, 그때는 쉽게 암송하기 위해 일정한 운율을 만들었습니다. 노래하는 경전은 거의 대부분 문명에서 공통적인 현상입니다.

그러다 일정 시점에 기록이 시작됩니다. 기록으로 담아낸 이후에는 암송하지 않아도 되고, 무엇보다 운율에 맞추느라 뜻을 자세히 풀어쓰지 못한 한계를 넘어서서 자유롭게 쓸 수 있게 됩니다. 경전에서 조금씩 노래가 사라져 가는 시간입니다.

그러다, 경전이 이웃 나라로 전해지며 번역 과정을 거치면서 경전에서의 노래의 의미는 거의 다 상실되게 됩니다. 그때부터는 뜻으로만 전해지는 경전이 됩니다. 불교 경전은 여전히 수행자들이 독경을 하기 때문에 운율이 많이 살아남아 있지만 경전 현대화 작업과 함께 점점 더 사라져 가게 될 겁니다.

그런데 용담유사는 기본적으로 한글로 쓰였고, 한글 속에서 리듬을 찾았습니다. 조금만 신경 써서 번역하면 리듬을 그대로 살릴 수 있습니다. 우리에게도 다른 언어로 번역하지 않아도 되는 리듬을 가진 노래하는 경전이 생기는 겁니다.

이런 상상은 중국에서 일상적으로 느끼는 일이었습니다. 중국어는 기본적으로 말 자체에 성조라는 리듬 요소가 포함되어 있어요.

평소 생활에서는 그냥 말하는 거구나 하고 생각이 드는데, 고전 시를 읽거나 경전을 읽을 때 들으면 이건 노래하는 거구나 하는 생각이 확연하게 들었습니다. 그게 조금 부러웠어요. 운율과 리듬에 따라 책을 같이 읽을 수 있고 그렇게 같이 소리를 내어 읽으며 한 마음이 되어 가는 아름다움이 느껴졌거든요.

부러움을 가지는 건 좋은 일이죠. 따라해 보게 되거든요. 용담유사 번역은 그런 따라해 보기입니다. 누군가 용담유사를 중국어나 영어로 번역할 수도 있을 건데, 그러면 한글로 읽을 때 누리는 운율의 기쁨은 자연스럽게 사라집니다. 언어를 바꾸면서 운율을 살릴 수 있는 실력을 가진 사람은 없을 거예요. 그런 점에서 한글로 된 경전을 노래하며 읽을 수 있다는 것은 축복입니다.

한글가사는 고려의 시인이고 승려였던 나옹화상의 〈서왕가(西往歌)〉, 조선 초기의 정극인의 〈상춘곡(賞春曲)〉을 시작으로 송순의 〈면앙정가(俛仰亭歌)〉, 송강 정철의 〈관동별곡〉, 〈사미인곡〉, 〈속미인곡〉에 와서 절정을 이루며, 다양한 방식으로 퍼져 나가게 됩니다.

초기 한글가사는 불교의 포덕, 유교의 교훈, 자연의 아름다움에 대한 감상 등 지식인들의 노래에서 시작해서 시간이 지나면서 점점 더 다양한 작가들이 참여하면서 여러 가지 주제로 노래하게 됩니다.

그중에는 박해받던 천주교인들이 지은 가사도 많습니다. 천주교가 들어오는 시점에 성경은 들어왔지만 찬송가 같은 노래가 들어오지 않은 상태에서 천주교 한글가사는 어느 정도 찬송가의 성격을 가지기도 합니다.

수운 선생님은 울산 여시바윗골에 살 때 마테오리치의 천주실의를 읽으면서 서학의 의미를 성찰하는 경험을 했고, 이 경험을 통해 천주교 한글가사를 불러보기도 했을 겁니다.

수운 선생님은 유교 지식인들이 지은 유교적 교훈과 자연의 아름다움을 노래한 한글가사를 부를 수 있었고, 천주교 신자들이 부른 종교적 찬송가의 의미도 알고 있었고, 거기에 자신의 다시개벽 의지와 나라의 미래를 염려하는 마음을 담고도 싶었을 겁니다.

한글가사의 중요한 부류 중 하나가 '개화 가사'인데 개화 가사는 1900년을 전후로 개화사상이 퍼져 가는 과정에 계몽을 위해 개화파 지식인들이 지은 가사입니다. 수운의 용담유사는 사회적 계몽을 위한 개화 가사의 시작으로 평가받기도 합니다.

용담유사에는 여덟 편의 노래가 나오는데 하나하나 읽어 가겠습니다. 이번 편지에는 교훈가를 읽었습니다. 제목 그대로 한글가사의 가장 중요한 주제는 '종교적 성찰과 유교적 교훈'이고 이 노래에서 용담유사가 시작합니다.

용담유사를 읽을 때는 소리 내서 읽는 게 좋습니다. 이렇게 소리를 내서 읽으면 자연스럽게 호흡이 단전까지 내려가게 됩니다. 글을 읽는 것 자체가 노래이면서 동시에 단전호흡을 하는 수련이 됩니다. 유교 지식인들이 한글가사를 부르며 했던 것도 자연과의 일치감을 극대화하기 위한 수련이었습니다.

3(4).4조의 리듬도 의미가 있습니다. 대중 집회를 할 때 외치는 구

호도 대부분 3(4).4 이 리듬으로 외칩니다. 예를 들어, '민주시민 단결하여 독재정권 타도하자.' '노동자도 사람이다. 인간답게 살아 보자.' '남과 북이 하나 되어 자주통일 이룩하자.' 같은 식입니다.

3(4).4조의 리듬은 강렬한 메시지를 담아 마음에 각인시킬 수 있습니다. 용담유사의 힘 중 하나는 이런 구호적인 성격의 문장이 많아서 대단히 강한 울림으로 의식을 각성시키는 데서 나옵니다. 앞으로 읽어 가면서 이런 부분을 하나하나 찾아보겠습니다.

교훈가를 좀 더 세세히 읽어 봅니다. 이 노래는 크게 두 부분으로 나뉘는데 앞부분은 자녀와 조카들에게 수운 선생님 자신의 삶에 대해 이야기합니다. 가부장 사회의 남성으로서 '지질하게' 살아온 자신의 모습을 상당히 솔직하게 아이들에게 보여줍니다. 이 솔직함이야말로 수운의 매력이라고 봐야 합니다.

뒷부분은 경주 용담을 떠나 정처 없이 길을 나서면서 제자들에게 전하는 이야기입니다. 교훈가라는 제목에 걸맞은 내용은 이 부분입니다. 오랫동안 실패하다가 이제 겨우 자신의 입지를 세우기 시작했고 아직 제자들의 공부가 깊지 않고 조직도 불안정한 상황에서 그들의 곁을 떠나야 하는 스승의 마음이 그대로 비칩니다. 제자들에게 열심히 공부하기를 간절하게 부탁하는 이면에는 수운의 불안과 제자들에 대한 의심이 그대로 드러납니다.

수운의 힘은 완성된 인간의 모습에서 나오는 것이 아닙니다. 불완전함을 솔직히 드러낼 수 있는 데서 나오는 힘입니다.

번역에서 대부분 제 마음을 다 담아서 몇 부분만 같이 읽어 봅시다.

나도 또한 아이부터 지내온 일 생각하니 사람 사는 모든 일이 살아 보면 그뿐이고 겪은 일들 하나하나 고생고생 힘들었네. 그중에 한 가지도 이룬 것이 없었으니 가슴에 품은 마음 한번 웃고 털었다네. 나를 한번 돌아보니 나이 이미 사십이요 세상을 돌아보니 이렇구나 이렇구나. 아서라 이 사람아, 이 길밖에 다시없다.
…
슬프다 이내 신세 이리 될 줄 알았으면 부모님께 받은 가업 지키기만 힘썼으면 재산은 못 늘려도 먹고라도 살 것인데 세상을 어찌 해볼 실력이나 있는 듯이 어지러운 이 세상을 혼자 앉아 탄식하며 어영부영 하더니만 하던 일도 망했으니 원망도 쓸데없고 한탄도 소용없네.

수운은 실패한 사람입니다. 실패의 과정이 너무나 힘들었고, 세상을 이해하지 못하고 제대로 적응하지 못한 자신의 어리석음이 한스럽기까지 했습니다.

당신이 내 얘기를 들어주면 다행이오. 어릴 시절 부모 품에 호의호식 자랐다고, 품에 안긴 어린아이 앞에 두고 말하는데 그런 불평 이제 제발 그만해야 하지 않소.

부인과의 관계도 쉽지 않았습니다. 수운 선생님은 처가 동네인 울산 여시바윗골에서 오랫동안 살았습니다. 예나 지금이나 한국 남자들이 가장 싫어한 것이 처가 동네에서 사는 건데 가족을 부양하기 위해 다른 방법이 없었던 수운으로서는 처가에 의지하지 않을 수 없었고 아내에게 늘 주눅 들어 살아야 했습니다.

부인은 늘 옛날에 내가 어릴 때는 어떻게 살았는데 지금 이게 사람 사는 거냐며 바가지를 긁었고, 수운은 그 소리가 듣기 싫어 따로 산 아래에 조그만 집을 지어서 지내야 할 정도였습니다. 아내는 수운이 생각하고 살아가는 것이 미친 것 같았고 두려웠고 삶의 의지를 잃은 적이 많았고 우울했습니다. 수운은 이런 자신과 아내의 모습을 숨김없이 아이들에게 이야기합니다.

"오늘에야 말하지만 미친 듯이 사는 당신, 간 데마다 따라가서 지지리도 심한 고생 누구에게 말하겠나?" …
"지금까지 지낸 것은 다름이 아닙니다. 사람 공경 당신 모습 보통 사람 같지 않고 처자를 대할 때도 진정으로 지극하니 하늘님 도움으로 좋은 운수 회복할 줄 나도 이미 알았지요."

그나마 그들의 삶을 지탱해 준 건 수운의 인간됨이었습니다. 가부장적이거나 폭력적인 보통의 남자들과 다르고 아이들을 아끼고 사랑하는 수운에게서 사랑을 느낄 수 있었습니다.

어머니에 이어 아버님 근암공이 돌아가신 이후 수운의 삶은 거의 모든 시간이 고통의 연속이었습니다. 일반적인 사람이면 그런 시간을 지나면 대부분 꿈을 잃는데 수운은 생활을 하면서도 수행을 하는 꿈을 잃지 않기 위해 자신이 쓸 수 있는 모든 수단을 다 씁니다.

그래도 안 되자 그는 생활을 놓고 수행에만 매달립니다. 처가 동네에서 도망치다시피 고향 용담으로 돌아온 뒤에 아내와 아이들의 삶을 하늘에 맡겨 버리다시피 합니다.

깊은 산속 용담정에 들어가서 깨달음을 얻기 전에는 다시 밖으로 나오지 않겠다는 다짐(不出山外)을 벽에 붙입니다.

그런 그에게 하늘님과의 만남이라는 사건이 일어납니다. 처음에는 수운도 이런 엄청난 사건의 의미를 다 읽을 수 없었습니다.

> 많고 많은 사람 중에 나 말고는 사람 없다. 유교 불교 수천 년에 운이 역시 다했던가. 돌고 도는 윤회의 운 내가 어찌 받았으며 수많은 생명 중에 내가 어찌 높겠는가? 이 세상에 없는 사람 내가 어찌 있었겠나? 아마도 이내 일은 잠자다가 얻었는가? 꿈꾸다가 받았는가? 측량 못할 일이구나.

여기에 그 유명한 이야기 '유교 불교 수천 년에 운이 역시 다했던가'가 나옵니다. 과거의 가르침이 그 해야 할 일을 다하고 힘을 잃었을 때는 새 힘을 발휘할 가르침이 나와야 한다는 의미입니다. 이 말은 동학혁명의 중요한 모티브 중의 하나가 됩니다. 하나의 중심 가르침(생각)은 하나의 체제(국가)를 떠받치는데, 유교와 불교의 가르침으로 떠받쳐지던 사회(조선)는 생명력이 다하였으니, 새로운 세상이 오게 해야 한다는 생각이 동학혁명을 이끌어간 힘이었습니다.

> 진리는 단순하니 글로 써서 펴 나가면 진리 따라 사는 사람 그날부터 군자 되고 모든 일이 조화롭게 무위이화 아닐런가. 그대는 그야말로 지상신선 아니겠나?

이 말도 중요합니다. 하늘님이 수운에게 해주시는 말씀입니다. 그중에 '진리를 받아들이는 사람은 그날부터 군자가 된다'는 말도 동학에 입도하면 그날부터 신분 차별을 넘어서는 실천으로 이어지게 한 말입니다. 동학 운동의 만인평등 정신은 대단히 깊고 넓어서 수많은 사람들이 혁명에 나설 수 있는 강력한 동인이 됩니다.

실제로 동학에 입도하면 그날 바로 양반과 천민이 서로 절하며 형제가 되는 의식의 전환이 일어났습니다. 차별과 수탈에 시달렸던 천민과 여성들에게는 하늘이 그야말로 뒤집어지는 일이었습니다.

동경대전은 원문이 한문이어서 여러 사람이 쉽게 읽을 수 없지만 용담유사는 노래로 불리며 글을 읽지 못하는 사람들, 여성들이 주로 불렀기 때문에 여기에 나오는 표현 하나하나는 사람들의 가슴을 떨리게 한 말이 많았습니다. 거기다 3⑷.4조라는 운율이 주는 구호적 특성의 강렬함까지 더해져서 그 힘이 보통 강한 게 아니었습니다.

그러나 이런 강한 힘은 다른 입장에서 보면 불온하고 위험합니다. 경주 근교 유교 지식인들이 먼저 수운의 불온함을 알아차리고 무엇보다 그가 쓰는 언어에서 천주교의 냄새를 맡게 됩니다.

> 경주는 그만두고 우리 집안 가련하다. 알지도 못한 흉한 말을 남들보다 배나 하고 친척인데 무슨 일로 원수같이 대접하고 아버지를 죽였는가 원한이 있었던가. 원한 없던 사람들도 그들에 휘둘리니 폭군 걸왕 도와주는 조걸위학이로구나.
> 아무리 그리해도 죄 없으면 괜찮지만 죽을죄를 진 것 없이 이런 모함 받는 것이 이래도 되는 건가. 천운이 온 것으로 이런 일을 당한다면 무죄라도 도리 없네. 나라에 큰 공 세운 우리 집이 이러하니 이렇게 당한다면 누구라도 안전할까?

그는 이런 위험한 시선을 벗어나기 위해서는 자신이 경주를 떠날 수밖에 없다는 것을 직감합니다. 어쩔 수 없는 일입니다. 떠나는 날 아침 누구보다 마음에 남는 이들은 함께 공부한 형제들이었습니다. 평생을 실패자로 살아왔던 수운을 처음으로 알아본 사람들, 함께 있을 때 그 어떤 때보다 행복한 기쁨을 누릴 수 있었던 사람들입니다.

> 멀고 먼 길 가는 중에 너희들만 생각난다. 객지에 홀로 앉아 너희 수

도 생각하면 귀에도 쟁쟁하고 눈에도 삼삼하다.

그는 누구나 쉽게 하늘님을 만나는 길을 열었습니다. 하늘님을 만나는 길에서 자기 역할이 그렇게 중요하지 않다는 것을 알고 있습니다. '열세 자 시천주 주문을 외우는 것이 만권의 책을 읽는 것보다 중요하다.' '우리는 하늘님을 내 몸 안에 모시고 있다.' '글자를 모르면 정성스럽게 수도하고 책은 접어도 된다.' '우리가 하는 공부는 마음공부이다.' 이런 자기 주도 학습과 수행의 길을 열어 갑니다.

호흡을 깊이 하고 마음을 바르게 한 다음 교훈가를 소리 내어 읽어 봅시다. 어떤 점에서는 연극이나 판소리의 대본과 같아서 감정을 이입해서 읽으면 금방 수운의 마음 안으로 들어가게 됩니다.

다음에는 안심가(安心歌)를 읽겠습니다. 이 노래의 대상은 여성들입니다. 동학의 여성들이 가장 좋아한 노래입니다.

늘 건강하시길 기도합니다.

2021.6.23.

안심가(安心歌)

1.

사랑하는 당신이여, 이 글 보고 안심하오.

살아 있는 모든 것은 풀 한 포기 나무 하나

사는 것과 죽는 것이 하늘에 달렸잖소.

이 세상 만물들이 모두 다 귀하지만

사람의 신령함은 특별하다 할 수 있소.

나도 또한 하늘님께 생명 받아 태어나서

이때까지 지내온 일 하나하나 헤아보니

굽이굽이 힘든 일을 겪으면서 살아왔네.

하늘님이 정하신 일 내가 어찌할 수 있나.

현숙(賢淑)한 내집부녀(婦女) 이글보고 안심(安心)하소

대저생령(大抵生靈) 초목군생(草木群生) 사생재천(死生在天) 아닐런가

하물며 만물지간(萬物之間) 유인(惟人)이 최령(最靈)일네

나도또한 한울님께 명복(命福)받아 출세(出世)하니

자아시(自兒時) 지낸일을 역력(歷歷)히 헤아보니

첩첩(疊疊)이 험(險)한일을 당(當)코나니 고생(苦生)일네

이도역시(亦是) 천정(天定)이라 무가내(無可奈)라 할길없다

2.
내 살아 온 지난날을 당신은 다 모르오.
부잣집 자식들이 잘 먹고 노는 것을
부러워서 하는 말이 "신선인가 사람인가?
같은 하늘 아래에서 어찌 저리 달리 사나."
하늘 보며 한숨 쉬니 보는 것도 힘이 들고
듣고 나니 눈물 나오.
그모르는 처자(妻子)들은 유의유식(遊衣游食) 귀공자(貴公子)를
흠선(欽羨)해서 하는말이 신선(神仙)인가 사람인가
일천지하(一天之下) 생긴몸이 어찌저리 같잖은고
앙천탄식(仰天歎息) 하는말을 보고나니 한숨이오
듣고나니 눈물이라

3.
슬퍼만 하지 말고 내 말도 들어보오.
하늘에는 황금 궁궐 하늘님이 사시는데
선한 것과 악한 것을 가리지 않으시네.
이 나라의 높은 관리 낮은 관리 백성까지
하늘님께 명을 받아 이 땅에서 살아가니
관리들은 부귀하고 백성들은 가난하니

우리는 가난하게 시골에서 자라나서

부유한 귀공자가 될 수는 없지 않소.

말 한마디 잘못하면 재앙을 불러들여

우리 가진 복록마저 잃을 수도 있지 않소.

'갑자기 부자 되면 이롭지 못하다네.'

오랫동안 이어져온 선인들의 지혜라오.

'가난해도 삶 속에서 기뻐하며 살 수 있다.'

공자님의 안빈낙도(安貧樂道) 그 말이 내 말이오.

'힘든 일을 겪어내면 기쁜 일이 찾아온다.'

고진감래(苦盡甘來) 기쁜 소식 우리라고 왜 없겠소.

'좋은 일을 다 누리면 슬픈 일이 찾아온다.'

흥진비래(興盡悲來) 무서우니 한탄 말고 지냅시다.

이럭저럭 지내온 게 사십 년이 가깝구나.

사십 평생 살아 온 게 이리밖에 못 살았나?

내역시(亦是) 하는말이 비감회심(悲感悔心) 두지말고

내말잠간(暫間) 들었어라

호천금궐(昊天金闕) 상제(上帝)님도 불택선악(不擇善惡) 하신다네

자-조정(自-朝廷) 공경 이하(公卿以下) 한울님께 명복(命福)받아

부귀자(富貴者)는 공경(公卿)이오 빈천자(貧賤者)는 백성(百姓)이라

우리또한 빈천자로 초야(草野)에 자라나서

유의유식 귀공자(貴公子)는 앙망불급(仰望不及) 아닐런가

복록(福祿)은 다버리고 구설앙화(口說殃禍) 무섭더라

졸부귀(猝富貴) 불상(不祥)이라 만고유전(萬古遺傳) 아닐런가

공부자(孔夫子) 하신말씀 안빈낙도(安貧樂道) 내아닌가

우리라 무슨 팔자(八字) 고진감래(苦盡甘來) 없을소냐

흥진비래(興盡悲來) 무섭더라 한탄(恨歎)말고 지내보세

이러그러 지내나니 거연사십(遽然四十) 되었더라

사십평생(四十平生) 이뿐인가 무가내(無可奈)라 할길없네

4.

불쌍하신 우리 부친 용담정을 지을 때에

날 주려고 지으셨나, 그럴 수 있겠구나.

하늘이 사람 낼 때 살 길도 주시는데

이것이 그 말인가 곰곰이 생각하니

이것 역시 하늘님이 정해 주신 일이구나

하늘님이 정한 일을 받지 않고 되돌리면

재앙이 된다 하니 무서운 일 아니겠나?

가련(可憐)하다 우리부친(父親) 구미산정(龜尾山亭) 지을때에

날주려고 지었던가 할길없어 무가내라

천불생무록지인(天不生無祿之人)이라 이말이 그말인가

곰곰이 생각하니 이도역시(亦是) 천정(天定)일네

한울님이 정(定)하시니 반수기앙(反受其殃) 무섭더라

5.

무정한 세월이여, 물결처럼 흘러가네.

칠팔 개월 지나가서 경신년 사월 오일

꿈결인지 잠결인지 천지가 아득하고

정신이 아득해서 어찌할 줄 몰랐더라.

온 세상이 하염없이 흔들리는 그 가운데

내 귀에는 공중에서 목소리가 들려오니

당신은 내 모습에 새파랗게 질리면서

"아이고, 내 팔자야 무슨 일이 이러한고

애고애고 사람들아 약이라도 먹여 볼까

깜깜하고 어둔 밤에 누구한테 부탁할까?"

놀라 우는 아이들은 구석구석 숨어 있고

당신은 엎어지고 자빠지며 종종걸음

머리는 헝클리고 행주치마 풀어지며

어찌할 줄 모르는데….

무정세월(無情歲月) 여류파(如流波)라 칠팔삭(七八朔) 지내나니

사월(四月)이라 초오일(初五日)에 꿈일런가 잠일런가

천지(天地)가 아득해서 정신수습(精神收拾) 못할러라

공중(空中)에서 외는소리 천지가 진동(震動)할때

집안사람 거동(擧動)보소 경황실색(驚惶失色) 하는말이

애고애고 내팔자(八字)야 무삼일로 이러한고

애고애고 사람들아 약(藥)도사 못해볼까

침침칠야(沈沈漆夜) 저문밤에 눌로대해 이말할꼬
경황실색(驚惶失色) 우는자식 구석마다 끼어있고
댁의거동(擧動) 볼작시면 자방머리 행주치마
엎어지며 자빠지며 종종걸음 한창할때

6.
하늘에서 들려오는 말씀이 있었으니
"두려워하지 말라, 두려워하지 말라.
하늘 궁궐 상제님을 네가 어찌 알았으랴!
초야에 묻힌 인생 이리될 줄 알았으랴!
새 하늘 새 땅 열린 개벽의 시간이니
이런 때에 먼저 할 일 종이에 가득 써서
너에게 줄 것이다.
지구상의 온 세상에 십이제국 있지마는
다시개벽 이 운수는 조선에서 시작한다."
이 말씀 들으면서 얼굴빛이 돌아오고
마음을 갈앉히니 그럭저럭 안정되네
공중(空中)에서 외는소리 물구물공(勿懼勿恐) 하였어라
호천금궐(昊天金闕) 상제(上帝)님을 네가어찌 알까보냐
초야(草野)에 묻힌인생(人生) 이리될줄 알았던가
개벽시(開闢時) 국초(國初)일을 만지장서(滿紙長書) 나리시고
십이제국(十二諸國) 다버리고 아국운수(我國運數) 먼저하네

그럭저럭 창황실색(愴惶失色) 정신수습(精神收拾) 되었더라

7.
그럭저럭 긴긴 밤에 등불 아래 앉았는데
하늘님의 소리 들려 백지 펴라 말하시네.
당황스런 그중에도 백지 펴고 붓을 드니
처음 보는 어떤 형상 종이 위에 선명하다.
나도 또한 정신없어 아내 아들 불러들여
이게 뭔가? 이게 뭘까? 이런 형상 본 적 있나?
"아버님 왜 이러오. 제발 정신 차리시오
백지를 펼쳐 놓고 형상을 보라 하고,
정신이 혼미해서 이렇게 말하시네.
아이고 어머님아, 우리 신세 왜 이런지
아버님 저런 거동 저런 말씀 어찌하오."
어미 자식 마주 앉아 두 손 잡고 통곡할 때
그럭저럭 장등달야(張燈達夜) 백지(白紙)펴라 분부(吩咐)하네
창황실색 할길없어 백지펴고 붓을드니
생전(生前)못본 물형부(物形符)가 종이위에 완연(宛然)터라
내역시 정신없어 처자(妻子)불러 묻는말이
이웬일고 이웬일고 저런부(符) 더러본가
자식(子息)의 하는말이 아버님 이웬일고
정신수습(精神收拾) 하옵소서 백지(白紙)펴고 붓을드니

물형부(物形符) 있단말씀 그도또한 혼미(昏迷)로다

애고애고 어머님아 우리신명(身命) 이웬일고

아버님 거동(擧動)보소 저런 말씀 어디있노

모자(母子)가 마주앉아 수파통곡(手把痛哭) 한창할때

8.

"생각 없는 이 사람아

삼신산 불사약을 사람마다 볼까보냐.

그 형상을 다시 그려 불에 태워 재를 내서

그릇에 담아 두고 물을 타서 마셔 보라."

이 말씀 들은 뒤에 얼른 한 장 그려내어

물에 타서 먹어 보니 아무런 맛이 없고

아무 냄새 없는 것이, 그게 외려 특이하네.

한울님 하신말씀 지각(知覺)없는 인생(人生)들아

삼신산(三神山) 불사약(不死藥)을 사람마다 볼까보냐

미련한 이인생아 네가다시 그려내서

그릇안에 살라두고 냉수일배(冷水一盃) 떠다가서

일장탄복(呑服) 하였어라 이말씀 들은후에

바삐한장 그려내어 물에타서 먹어보니

무성무취(無聲無臭) 다시없고 무자미지(無滋味之) 특심(特甚)이라

9.

그렇게 먹은 그림(영부) 수백 장이 넘었구나.
칠팔 개월 지내보니 가는 몸이 굵어지고
검던 얼굴 희어지네. 어화 세상 사람들아
신선처럼 도인처럼 새 몸이 되었으니
좋을시고 좋을시고 이내 신명 좋을시고
늙지도 않겠구나, 죽지도 않겠구나.
불사약을 찾으려고 온 세상을 뒤집었던
진나라의 시 황제도 여산에 누워 있고
한나라의 무제 또한 하늘 이슬 받아다가
불사약을 만들려다 웃음거리 되었는데
좋을시고 좋을시고 이내 신명 좋을시고
무궁토록 살게 되니 좋을시고 좋을시고
금을 준들 바꿀소냐 은을 준들 바꿀소냐.
진시황 한무제가 무엇 없어 죽었던가.
내가 그때 났었다면 불사약을 손에 들고
실컷 웃어 줬을 텐데 늦게 나서 아쉽구나.
좋을시고 좋을시고 이내 신명 좋을시고.

그럭저럭 먹은부가 수백장(數百張)이 되었더라
칠팔삭(七八朔) 지내나니 가는몸이 굵어지고
검던낯이 희어지네 어화세상 사람들아
선풍도골(仙風道骨) 내아닌가 좋을시고 좋을시고

이내신명(身命) 좋을시고 불로불사(不老不死) 하단말가

만승천자(萬乘天子) 진시황(秦始皇)도 여산(驪山)에 누워있고

한무제(漢武帝) 승로반(承露盤)도 웃음바탕 되었더라

좋을시고 좋을시고 이내신명(身命) 좋을시고

영세무궁(永世無窮) 하단말가 좋을시고 좋을시고

금(金)을준들 바꿀소냐 은(銀)을준들 바꿀소냐

진시황(秦始皇) 한무제(漢武帝)가 무엇없어 죽었는고

내가그때 났었더면 불사약(不死藥)을 손에들고

조롱만상(嘲弄萬狀) 하올것을 늦게나니 한이로다

좋을시고 좋을시고 이내신명(身命) 좋을시고

10.

영부가 무엇인지 모르는 세상 사람

'나도 한 장, 나도 한 장' 비꼬면서 하는 말이

"영부 몇 장 먹고 나서 저렇게 신선될까?"

칙칙하고 어둔 마음 훌륭한 이 싫어해서

자기보다 뛰어나면 어떻게든 깎아내니

답답하고 억울해도 아무 말 할 수 없네.

하늘님이 분부하여 정성으로 그린 영부

짐승 같은 마음으로 효험이 있을소냐.

그모르는 세상사람 한장다고 두장다고

비틀비틀 하는말이 저리되면 신선(神仙)인가

칙칙한 세상사람 승기자(勝己者) 싫어할 줄
어찌그리 알았던고 답답해도 할길없다
나도또한 한울님께 분부(吩咐)받아 그린부(符)를
금수(禽獸)같은 너희몸에 불사약이 미칠소냐

11.
우습고 가소롭다 너희 뒷말 가소롭다.
사는 동안 이내 몸이 지은 잘못 없었으니
얼굴을 붉히면서 부끄러워할 일 없다.
아프고 애달프다 너희 뒷말 애달프다.
우리야 이렇지만 얼마나 지나야만
전염병이 그칠는지 알 수 없는 이런 때에
이리 뛰고 저리 뛰며 죽을 수도 있겠구나.
가소(可笑)롭다 가소롭다 너희음해(陰害) 가소롭다
신무소범(身無所犯) 나뿐이다 면무참색(面無慚色) 네가알까
애달하다 애달하다 너희음해(陰害) 애달하다
우리야 저럴진댄 머잖은 세월(歲月)에도
괴질바랠 정(情)이없다 뛰고보고 죽고보세

12.
간악한 그 사람이 할 말이 그리 없나
우리 도를 서학이라 온 동네 떠벌리며

"사악하고 망령되어 위험한 저 사람이
서학에 사로잡혀 제 정신이 아니라오."
아무것도 모르는 이 그런 것도 말이라고
추켜세워 거들면서 "용담에 훌륭하신
명인이 오셨는데 범도 되고 용도 되고
서학에 신통타네." 종종걸음 다니면서
여기저기 퍼뜨리니 차마 말로 다 못하네.
요악(妖惡)한 고 인물(人物)이 할 말이 바이없어
서학(西學)이라 이름하고 온 동네 외는 말이
사망념(邪妄念) 저 인물이 서학(西學)에나 싸잡힐까
그 모르는 세상사람 그거로사 말이라고
추켜들고 하는 말이 용담(龍潭)에는 명인(名人)나서
범도 되고 용도 되고 서학(西學)에는 용터라고
종종걸음 치는 말을 역력히 못 할러라

13.
사랑하는 당신이여 이 글 보고 안심하소.
아무리 살펴봐도 서학에는 명인 없소.
내가 왜 서학이란 이름으로 나서겠소.
초야에 파묻혀서 사는 것이 소원인데
하늘님이 하신 말씀 '만병을 치유하여
봄 세상이 되게 하라.' 사명을 주셨으니

세상에 나선다면 하늘님이 하신 거니
영부를 주게 되면 중국 명의 편작 선생
이 땅에 다시 와도 이런 선약 못 이기네.
이 땅에서 참된 사람 어쩌면 나뿐이오.
거룩한 내집부녀(婦女) 이글보고 안심(安心)하소
소위서학(所謂西學) 하는사람 암만봐도 명인(名人)없데
서학이라 이름하고 내몸발천(發闡) 하렸던가
초야(草野)에 묻힌사람 나도또한 원(願)이로다
한울님께 받은재주 만병회춘(萬病回春) 되지마는
이내몸 발천(發闡)되면 한울님이 주실런가
주시기만 줄작시면 편작(扁鵲)이 다시와도
이내선약(仙藥) 당(當)할소냐 만세명인(萬世名人) 나뿐이다

14.
가련하다 가련하다 이 나라가 가련하다.
일본이 침략해 온 임진년이 언제였나?
온 세상의 모든 나라 전염병이 가득한 건
이 세상의 다시개벽 그 운수 아닐런가?
요순임금 평화 세상 이 땅에 다시 와서
평화로운 이 세상이 분명히 될 테지만
위태롭다 위태롭다 이 나라가 위태롭다.
가련(可憐)하다 가련하다 아국운수(我國運數) 가련하다

전세임진(前世壬辰) 몇해런고 이백사십 아닐런가

십이제국(十二諸國) 괴질운수(怪疾運數) 다시개벽(開闢) 아닐런가

요순성세(堯舜聖世) 다시와서 국태민안(國泰民安) 되지마는

기험(崎險)하다 기험하다 아국운수(我國運數) 기험하다

15.

침략자 일본이여, 너희 처지 돌아보라.

너희가 침략해서 좋은 일이 있었던가?

임진년 전쟁에서 오성 (이)항복, 한음 (이)덕형

두 분 지혜 없었으면 이 나라가 위험했네.

하늘님은 나에게도 이 나라를 지키라네.

하늘님의 뜻을 따라 이 나라를 지키려네.

개같은 왜적(倭賊)놈아 너희신명 돌아보라

너희역시 하륙(下陸)해서 무슨은덕(恩德) 있었던고

전세임진(前世壬辰) 그때라도 오성한음(鰲城漢陰) 없었으면

옥새보전(玉璽保全) 뉘가할꼬 아국명현(我國名賢) 다시없다

나도또한 한울님께 옥새보전 봉명(奉命)하네

16.

전쟁이 아니라도 온갖 환란 닥쳐오니

그 모든 걸 이겨내고 살아남은 사람들은

하늘님께 복을 받아 이 땅에 살지마는

하루하루 살아가는 참된 길은 내게 비네.

내 나라 무슨 운이 이렇게 험난한가.

거룩한 동학 여성 이 글을 살펴보고

걱정 말고 안심하오.

무병지란(無兵之亂) 지낸후에 살아나는 인생(人生)들은

한울님께 복록(福祿)정해 수명(壽命)을랑 내게비네

내나라 무슨운수(運數) 그다지 기험(崎險)할꼬

거룩한 내집부녀(婦女) 자세(仔細)보고 안심(安心)하소

17.

침략자 일본 도적 임진년에 이 나라를

밥 먹듯이 못했다고 쇠로 만든 수저로는

음식도 안 먹는 줄 세상 사람 누가 알까.

그들의 침략 야욕 지금도 여전하다.

의병 대장 김덕령이 음모로 죽지 않고

살아서 싸웠다면 이런 일이 왜 있을까?

소인들의 모함으로 만고충신 죽었구나.

세 달이면 마칠 것을 팔 년이나 끌었구나.

나도 또한 신선으로 이런 고생 왜 겪는가.

하늘님 나를 불러 신선이라 명해서도

나를 향한 온갖 비방 끝이 없이 이어지네.

굳세구나 고맙구나 이런 고통 겪는 중에

동학 여성 나를 믿고 함께하니 고맙구나.

개같은 왜적놈이 전세임진 왔다가서

술싼일 못했다고 쇠술로 안먹는줄

세상사람 뉘가알꼬 그역시(亦是) 원수(怨讐)로다

만고충신(萬古忠臣) 김덕령(金德齡)이 그때벌써 살았으면

이런일이 왜있을꼬 소인참소(小人讒訴) 기험(崎險)하다

불과삼삭(不過三朔) 마칠것을 팔년지체(八年遲滯) 무삼일고

나도또한 신선(神仙)으로 이런 풍진(風塵) 무삼일고

나도또한 한울님께 신선이라 봉명(奉命)해도

이런고생 다시없다 세상음해(陰害) 다하더라

기장(奇壯)하다 기장하다 내집부녀(婦女) 기장하다

18.

내가 만약 신선되어 속세를 떠난대도

침략자 일본 도적 하늘님의 힘을 얻어

하룻밤 새 물리치고 승전보를 기록하여

세세손손 이어가며 영원히 전하리라.

지난 임진왜란 때에 명나라의 황제께서

군대를 보내주신 큰 은혜 기억하고

대보단 사당에서 이렇게 맹세하네.

병자호란 난리통에 무수히 겪은 고난

이 나라의 착한 백성 그 원한을 갚아보세.

새로 만든 청나라의 전승기념 칸의 비석
짚풀처럼 가루처럼 부수고 헐고 싶다.
나라 위한 이런 걱정 누구라서 알겠는가.
사악한 세상 사람 누구를 비방하나.
내가또한 신선(神仙)되어 비상천(飛上天) 한다해도
개같은 왜적놈을 한울님께 조화(造化)받아
일야(一夜)에 멸(滅)하고서 전지무궁(傳之無窮) 하여놓고
대보단(大報壇)에 맹세(盟誓)하고 한(汗)의 원수(怨讐) 갚아보세
중수(重修)한 한(汗)의비각(碑閣) 헐고나니 초개(草芥)같고
붓고나니 박산(撲散)일세 이런걱정 모르고서
요악(妖惡)한 세상사람 눌로대해 이말하노

19.
우리 선조 (최)진립 장군 청나라와 싸우다가
경기도 용인 험천 그곳에서 순국했네.
공덕비를 높이 세워 오래오래 기리듯이
소나무냐 잣나무냐 변함없는 이내 절개
큰 비석을 세울 줄을 세상사람 누가 알까.
우리 선조(先祖) 험천(險川)땅에 공덕비(功德碑)를 높이세워
만고유전(萬古遺傳) 하여보세 송백(松栢)같은 이내절개(節槪)
금석(金石)으로 세울줄을 세상사람 뉘가알꼬

20.

애달프다 이 사람아 누구를 비방하나

악덕한 이 사람아 누구에게 그리 하나.

하늘님이 나를 내서 이 나라를 보전하니

세상에 떠도는 말 이 말 저 말 듣지 마오.

거룩한 동학 여성 근심 말고 안심하오.

힘들고 외로우면 이 가사를 외워내서

삼월 봄날 좋은 때에 태평가를 불러보세.

애달다 저인물(人物)이 눌로대해 음해(陰害)하노

요악(妖惡)한 저인물(人物)이 눌로대해 저말하노

한울님이 내몸내서 아국운수(我國運數) 보전(保全)하네

그말저말 듣지말고 거룩한 내집부녀(婦女)

근심말고 안심(安心)하소 이가사 외워내서

춘삼월(春三月) 호시절(好時節)에 태평가(太平歌) 불러보세

아홉 번째 편지

— 거룩한 동학 여성

사랑하는 당신께.

아홉 번째 동학 편지입니다. 교훈가에 이어 안심가입니다.

안심가는 용담ㅁ유사 중에서 가장 많이 불린 노래 중 하나입니
다. 용담유사 자체가 한문을 해독할 수 없는 사람들, 특히 여성들을
위한 노래로 만들어졌고, 안심가는 아예 노래의 대상이 여성입니다.
여성을 위해 쓴 글이어서 여성들이 노래한 것을 넘어 이 내용 자체
가 그 시대 여성들의 의식 세계와 연결된 부분이 있습니다.

안심가는 크게 봐서 '질병으로부터의 안심', '함께 동학을 하는 형
제들을 위협하는 기득권 체제로부터의 안심', '외세의 침략 야욕으
로부터의 안심'이라는 주제를 담고 있습니다. 그 시대 여성들이 공
유하는 불안을 해소하는 한편, 여성들의 깊은 열망과도 이어져 있습
니다.

그러나 불안에 떠는 여성들을 안심하도록 이끌었던 이 글은 다른
관점을 가진 이들의 눈으로 보면 혹세무민(惑世誣民)의 속임수이기도
하고, 좌도난정(左道亂政)의 위협이기도 합니다.

특히 이 글에서는 영부 이야기가 자세하게 나옵니다. 하늘님이 내려주는 그림인 영부를 종이(한지) 위에 그려 불에 태워 재를 물에 타서 먹으면 병이 낫는다는 내용입니다. 혹세무민으로 여겨지기 십 상인 내용입니다.

19세기 내내 동아시아 전역은 콜레라와의 투쟁에 골몰하였습니다. 산업혁명에서 앞선 서구의 세계 진출이 시작되고, 중국과 일본을 통한 교역이 활발해지면서 전염병도 들어오게 됩니다.

콜레라는 동아시아 전역을 공격하고 있었고, 조선에서도 창궐하여 한 해에 10만 명 이상이 죽는 때도 있었습니다. 지금은 콜레라에 대한 내성이 생기고 콜레라의 원인도 알아서 과학적인 대응을 할 수 있지만 19세기 사람들은 콜레라(괴질)에 대응할 수 없었습니다.

무참한 죽음에 속수무책으로 휘둘리던 이 땅의 여성들 또한 실낱같은 희망과 가능성에도 마음이 기울 수밖에 없었습니다.

"생각 없는 이 사람아 삼신산 불사약을 사람마다 볼까보냐. 그 형상을 다시 그려 불을 붙여 재를 내서 그릇에 담아 두고 물을 타서 마셔봐라." 이 말씀 들은 뒤에 얼른 한 장 그려내어 물에 타서 먹어보니 아무 맛도 못 느꼈네. 아무런 냄새 없고 맛도 없이 특이했네. 그렇게 먹은 그림 수백 장이 넘었구나. 칠팔 개월 지내보니 가는 몸이 굵어지고 검던 얼굴 희어지네. 어화 세상 사람들아, 신선처럼 도인처럼 새 몸이 되었으니 좋을시고 좋을시고 이내 신명 좋을시고. 늙지도 않겠구나 죽지도 않겠구나. 금을 준들 바꿀소냐 은을 준들 바꿀소

냐. 진시황 한무제가 뭐가 없어 죽었겠나. 내가 그때 났었다면 불사
약을 손에 들고 실컷 놀려 줬을 텐데 늦게 나서 아쉽구나. 좋을시고
좋을시고 이내 신명 좋을시고.

이런 노래는 사실 여부를 떠나서 사람들의 마음에 희망을 일으키
는 힘이 있습니다.

2020년 코로나19 바이러스에 대한 대응은 국가가 총력을 기울였
고 시민들도 세계적인 동향을 알고 능동적으로 자기 역할을 할 수
있었습니다. 그러나 19세기 조선은 전염병을 합리적으로 대응할 수
있는 국가가 아니었습니다. 사람들은 삶의 길을 스스로 찾을 수밖에
없고, 어느 방법이든 신뢰할 만하면 받아들여질 수 있었습니다.

수운이 긴급하게 내놓은 처방은 영부였습니다. 그는 주문 수련을
하며 지기(至氣)와 이어졌고 그 기운의 힘으로 종이에 영부를 그렸습
니다. 하늘님이 가르치신 대로 그것을 불에 태워 물에 타서 먹었습
니다. 이 과정 전체에서 그는 온 마음을 다했습니다. 몸과 마음의 변
화가 일어났고 우주 의식과 통합되면 콜레라균 같은 미생물과 바이
러스의 침투를 이겨낼 수 있다고 생각했습니다.

이런 경우 이게 사실이냐 아니냐는 상관없습니다. 이렇게 생각하
고 이런 마음을 가지고 실천하고 살아보는 힘입니다.

누구나 알 수 있습니다. 물 한 그릇도 약이라고 생각하고 받아들
이면 약이 됩니다. 제대로 된 의료 체계가 작동하지 않을 때는 투약
이나 수술과 같은 의료적 조치만 유용한 게 아닙니다. 옆에서 손만

잡아줘도 의료적 의미가 있습니다.

수운의 '영부'는 수운을 고발하고 단죄하는 근거이기도 해서 그는 관가에 잡혀서 며칠 동안 심문을 받았습니다. 여러 제자들의 항의로 풀려난 뒤에 영부를 의료적 조치로 함부로 사용하지 못하게 합니다.

> 영부가 무엇인지 모르는 세상 사람 '나도 한 장, 나도 한 장' 비꼬면서 하는 말이 "영부 몇 장 먹고 나서 저렇게 신선될까?" 칙칙하고 어둔 마음 훌륭한 이 싫어해서 자기보다 뛰어나면 어떻게든 깎아내니 답답하고 억울해도 아무 말 할 수 없네. 하늘님이 분부하여 정성으로 그린 영부 짐승 같은 마음으로 효험이 있을소냐.

영부는 사용하던 초기부터 논란이 될 소지가 있었습니다. 수운 선생님 자신도 영부가 몸과 마음을 변화시키는 의미는 영부 자체에 있는 것이 아니라 그것을 받아들이는 사람의 마음에 있다는 것을 알고 있었습니다.

거기다 영부는 정부에서 시민들을 속이는 혹세무민의 증거라고 생각했고, 영부에 거부감을 가진 이웃들에 의해서 계속 비난을 받는 꼬투리이기도 했습니다. 수운은 경주 관아에서 조사를 받고 온 뒤에 제자들에게 병든 사람을 위해 기도하거나 영부를 사용하지 말도록 당부합니다. 여러 가지 문제의 소지가 될 수 있고, 전염병을 대응하기 위해서는 영부를 넘어선 방법이 필요하기도 했기 때문입니다. 영부를 넘어서는 방법은 제자들이 찾아냅니다.

콜레라는 생활의 위생과 관련이 있어서 상한 음식을 먹지 않고, 물을 끓여 먹고, 대소변 처리를 잘하고, 손을 씻는 생활 위생이 중요합니다. 동학 세력의 확대 과정에서 생활 위생을 통한 전염병 대응에 성공한 일은 거의 결정적입니다.

그러나 영부든 위생이든 그 과정 전체를 관통한 힘은 이렇게 하면 병이 치유된다는 믿음을 지도자들이 주었기 때문입니다.

누구나 처음부터 온전한 답을 찾아내는 건 아닙니다. 처음에는 신비적인 방법이 도움이 됩니다. 신비는 사람들을 모아들이는 힘이 있습니다. 그러나 이때는 그 신비를 사용한 사람의 진정성이 중요합니다. 사람들이 모이고 진정성이 있으면 길을 찾아냅니다.

수운의 영부 치유는 진정성이 있어서 그다음으로 가는 길을 열게 되고 고통에 빠진 사람들을 위로하게 됩니다.

간악한 그 사람이 할 말이 그리 없나. 우리 도를 서학이라 온 동네 떠벌리며 "사악하고 망령되어 위험한 저 사람이 서학에 사로잡혀 제 정신이 아니라오." 아무것도 모르는 이 그런 것도 말이라고 추켜세워 거들면서 "용담에 훌륭하신 명인이 오셨는데 범도 되고 용도 되고 서학에 신통타네." 종종걸음 다니면서 여기저기 퍼뜨리니 차마 말로 다 못하네.

동학에 참여한 사람들을 가장 위협한 일은 동학을 서학으로 몰아

가는 일이었습니다. 동학이 확대되는 시대에 지방 정부(관리)의 중요한 수입원 중의 하나는 동학 지도자를 구속하는 것이었습니다. 이유 없이 구속해도 동학의 형제들이 서로 돈을 모아 가져와서 석방시킨다는 것을 알고 있었기 때문입니다.

해월 선생님 시대에 가장 중요한 운동 중 하나가 '교조신원운동'이었던 이유도 종교적인 이유를 넘어 지방 정부의 계속되는 수탈 위협 때문이었습니다. 수운 선생님은 서학쟁이라는 위협을 받았습니다. 천주교 박해가 있던 시대의 서학쟁이라는 지목은 언제든 목숨을 잃을 수 있는 구실이었습니다.

이 내용도 여성들로서는 우리 선생님께서도 이런 고통을 겪으셨구나 하는 아픔에 대한 공감과 위로의 의미로 다가왔을 겁니다. 신생님이 겪으셨던 고통을 지금 나도 겪고 있다는 공감 속에서 지방 정부의 학대를 견디는 힘이 될 수 있었습니다.

가련하다 가련하다 이 나라가 가련하다. 일본이 침략해 온 임진년이 언제였나? 온 세상의 모든 나라 전염병이 가득한 건 이 세상의 다시 개벽 그 운수 아닐런가? 요순임금 평화 세상 이 땅에 다시 와서 평화로운 이 세상이 분명히 될 테지만 위태롭다 위태롭다 이 나라가 위태롭다.

침략자 일본이여, 너희 처지 돌아보라. 너희가 침략해서 좋은 일이 있었던가? 임진년 전쟁에서 오성 (이)항복, 한음 (이)덕형 두 분 지혜 없었으면 이 나라가 위험했네. 하늘님은 나에게도 이 나라를 지키라네. 하늘님의 뜻을 따라 이 나라를 지키려네. 전쟁이 아니라도 온갖 환란 닥쳐오니 그 모든 걸 이겨내고 살아남은 사람들은 하늘님께 복을 받아 이 땅에 살지마는 하루하루 살아가는 참된 길은 내게 비네. 내 나라 무슨 운이 이렇게 험난한가. 거룩한 동학 여성 이 글을 살펴보고 걱정 말고 안심하오. 침략자 일본 도적 임진년에 이 나라를 밥 먹듯이 못했다고 쇠로 만든 수저로는 음식도 안 먹는 줄 세상 사람 누가 알까. 그들의 침략 야욕 지금도 여전하다. 의병 대장 김덕령이 음모로 죽지 않고 살아서 싸웠다면 이런 일이 왜 있을까? 소인들의 모함으로 만고충신 죽었구나. 세 달이면 마칠 것을 팔 년이나 끌었구나. 나도 또한 신선으로 이런 고생 왜 겪는가. 하늘님 나를 불러 신선이라 명해서도 나를 향한 온갖 비방 끝이 없이 이어지네. 군세구나 고맙구나 이런 고통 겪는 중에 동학 여성 나를 믿고 함께하니 고맙구나. 내가 만약 신선되어 속세를 떠난대도 침략자 일본 도적 하늘님의 힘을 얻어 하룻밤 새 물리치고 승전보를 기록하여 세세손손 이어가며 영원히 전하리라.

일본의 제국주의 세력은 1592년 임진년에 조선을 침략해서 8년 전쟁을 한 이후에도 동아시아의 큰 구도에서 보면 늘 위협적인 존재였습니다.

전쟁 이후 200여 년이 이어지면서 전쟁은 새로운 방향을 가지게 됩니다. 무역 전쟁입니다. 일본은 전쟁이 끝난 이후 조선과 일본의 무역 재개를 꾸준히 요구했고, 결국 부산에 설치한 왜관이라는 자유

무역 지대를 이용하는 방식으로 무역이 다시 시작됩니다. 이 무역은 규모는 점점 더 커져서 19세기가 되었을 때 일본으로 쌀을 수출하는 일과 조선의 세도 정치가 맞물리게 됩니다.

조선 정부는 사익 추구를 위한 도구에 불과하게 되고 국민들의 삶이 고통스러운데도 쌀을 일본으로 수출해서 쌀 가격이 올라가고 가뭄이 들어서 흉작인 해에는 굶어 죽는 사람들이 늘어나게 됩니다.

이런 일은 아일랜드 대기근이 일어나던 시기(1845~1852)에 아일랜드가 정부를 유지하기 위해 감자를 수출하던 것과 비슷합니다. 자국민을 보호하기 위해 사용되어야 할 식량이 수출을 통해 관료들의 이익으로 돌아가는 경우입니다. 임진년의 전쟁이 직접적인 침략이라면 이후의 전쟁은 점점 더 무역을 통한 경제적인 의미의 침략으로 전환됩니다.

원문에서 수운은 이런 적대적인 감정을 노골적으로 드러내서 '개 같은 왜적놈'이라고 표현했습니다. 저는 개인적으로 그런 표현을 쓰지는 못합니다. 아마 수운 선생님이 지금 이 시대에 다시 오신다면 안심가에서 일본에 대해 적대감을 노골적으로 드러낸 건 감정의 과잉이었다고 고백하실 것 같습니다.

그러나 민족 감정을 자극하는 건 언제나 사람들을 결집하게 하는 힘은 있습니다. 일본의 무역 전쟁에서 수탈당하던 그 시대의 여성들에게도 이런 감정은 깊었을 겁니다.

하늘님이 나를 내서 이 나라를 보전하니 세상에 떠도는 말 이 말 저

말 듣지 마오. 거룩한 동학 여성 근심 말고 안심하오. 힘들고 외로우면 이 가사를 외워내서 삼월 봄날 좋은 때에 태평가를 불러보세.

수운 선생님은 깨달은 이의 삶이 어떠한지를 보여주는 전형입니다. 깨달음과 행복은 반드시 연결되지 않습니다. 무엇보다 그가 살아가는 시대의 영향을 받게 됩니다.

수운이 살았던 시대는 성리학을 기반으로 하는 국가 운영 원리가 전반적으로 무너지고 상업 경제가 확대되고 서구의 침략적 제국주의와 산업화 근대주의가 동아시아에 도입되는 시점이었습니다. 오래된 것은 무너지고 있고 새로 들어오는 것은 폭력적이었습니다. 두 가지 과제를 동시에 떠안았습니다. 무너지는 것을 넘어서 새로운 세계를 성찰해야 하고, 동시에 외부의 폭력성에 대응해야 했습니다.

수운은 이런 시대의 과제를 '다시개벽'하고자 했습니다. 많은 사람들이 이런 시대를 이겨내기 위해 공부하고 실천해 왔지만 누구도 쉽게 길을 찾지 못했습니다.

수운도 처음에는 크게 다르지 않았습니다. 그가 찾아낸 길을 인정하는 사람들이 그렇게 많지 않았습니다. 수운이 깨달음을 얻었던 당시는 진주 민란을 포함해서 전국에서 민란이 일어나던 시기였습니다. 조선 정부는 수운의 동학에서도 민란의 위험을 감지하고 그를 감시했지만 동학이 그렇게 위험할 정도의 세력은 아니었습니다. 수운은 의도 자체가 우국충정의 진정성이었지 민란을 생각지 않았습니다.

일반적인 경우라면 수운도 조선 후기에 새로운 생각을 한 사람들 중 한 사람으로 그렇게 끝났을 겁니다. 그런 그를 일으켜 세운 것은 동학 여성들입니다. 동학 여성들은 용담유사가 책으로 만들어지기 훨씬 이전부터 안심가를 외워서 불렀습니다.

수운은 동학 여성들을 '거룩한 동학 여성'이라고 했습니다. 아내를 깊이 존중하고 아끼고 사랑했습니다. 여성을 대하는 다른 눈을 열었고, 동학 여성들은 수운의 그 마음에 공감했습니다. 외롭고 슬플 때 안심가를 부르며 슬픔을 넘어선 경험들이 쌓였고 동학은 아래로부터 조직되기 시작합니다.

해월 선생님은 이 마음을 모아서 거대한 힘으로 전환시켜 냅니다. 동학혁명은 안심가에서 소리도 없이 시작되고 있었습니다. 삼월 봄날 좋은 날에 다시개벽의 세상에서 병도 없고 나를 괴롭히는 탐관오리들도 없고 외세의 침략도 없고 자애로운 남편과 사랑하는 아이들과 함께 평화로운 세상에서 태평가를 부르며 살아가는 지상 신선(천국)의 꿈이 무르익어 가고 있었습니다.

조선에서 근대는 두 방향에서 일어납니다. 하나는 외부에서 오는 서구의 근대입니다. 과학적이고 산업 생산의 효율성이 높아 물질적으로 풍요롭고 인간의 가치를 신이 아니라 인간 자신에게 두는 인본주의입니다.

또 하나의 근대는 자생적인 근대입니다. 한글 소설과 한글가사의 영향으로 한글을 읽을 수 있는 사람들이 늘어나면서 글자를 통한 이해의 폭이 확대되고, 신분 차별의 부당함을 자각하며 인간 존엄에의 의지가 생겨나고, 직업의 귀천을 따지지 않는 실용적인 인식이 생겨나고, 여성의 권리를 향상시키고 어린이를 존중하는 마음이 일어나고, 물질의 풍요만이 아니라 모든 생명과 물건까지도 공경하는 마음을 가지는 생태적 자각을 깨우치고, 전염병을 겪으며 생활 위생을 실천하는 근대입니다.

동학은 이런 자주적인 근대의 길을 열었고, 그 세계를 실천해 낸 사람들은 여성들이 중심이었습니다. 여성들은 한글을 익히고 그가 누구든 신분을 따지지 않고 지나가는 누구에게도 밥을 먹였고, 스스로 하늘님을 마음에 모신 존엄한 존재로 자신을 변화시켰고, 아이들을 아끼고 사랑했고, 물건 하나하나를 아끼고 소중하게 다루고, 집에서 기르는 생명을 돌보고 어루만지고 심지어 구렁이 같은 뱀도 집에 같이 살도록 허락할 정도였고, 생활 위생의 철저한 수행자였고, 아침마다 맑은 물을 떠서 기도하며 자기를 정화했고, 쌀 한줌 한줌을 모아서 동학혁명, 삼일혁명, 독립운동을 지원했습니다.

조선에서 깨어 있는 여성 운동은 동학에서부터 시작합니다. 안심가는 그 마음을 일으킨 노래입니다.

다음에 읽을 노래는 용담가입니다. 안심가에서는 수운의 슬픔과 고통이 주된 정서이지만 용담가는 기쁨이 주된 정서입니다. 용담유사의 한글가사 중에서는 가장 먼저 지어진 노래입니다.

수운은 1860년 음력 4월 5일 하늘님과 만남 이후 4월 말에 용담가를 짓습니다. 어쩌면 수운 인생에서 가장 고양된 시간이었을 수 있습니다. 그 기쁨이 고스란히 드러나는 노래입니다.

이제 장마와 더위가 시작될 겁니다.
건강하시길 기도합니다.
2021.7.1.

용담가(龍潭歌)

1.

우리나라 조선이요, 우리 고을 경주로다.

달을 닮아 월성(月城)이요, 흐르는 강 문수(汶水)로다.

고조선의 단군께서 사랑하신 왕도(王都)로서

일천 년을 이어져 온 아름다운 우리 강산.

경주는 신라 왕도, 한양은 조선 도읍.

우리나라 생긴 후에 이런 왕도 또 있는가.

물길도 아름답고 산세도 좋을시고

금오산은 남쪽에서 구미산은 서쪽에서

봉황대 높은 봉엔 빈 둥지 남아 있고

첨성대 높은 탑은 월성을 지켜 있고

청옥 피리 황옥 피리 음양의 조화 이뤄

신라는 천년 동안 신라 소리 지켜냈네.

국호(國號)는 조선(朝鮮)이오 읍호(邑號)는 경주(慶州)로다

성호(城號)는 월성(月城)이오 수명(水名)은 문수(汶水)로다

기자(箕子)때 왕도(王都)로서 일천년 아닐런가

동도(東都)는 고국(故國)이오 한양(漢陽)은 신부(新府)로다

아동방(我東方) 생긴후에 이런왕도(王都) 또있는가

수세(水勢)도 좋거니와 산기(山氣)도 좋을시고

금오(金鰲)는 남산(南山)이오 구미(龜尾)는 서산(西山)이라

봉황대(鳳凰臺) 높은봉은 봉거대공(鳳去臺空) 하여있고

첨성대(瞻星臺) 높은탑은 월성(月城)을 지켜있고

청옥적(靑玉笛) 황옥적(黃玉笛)은 자웅(雌雄)으로 지켜있고

일천년 신라국은 소리를 지켜내네

2.

어화 세상 사람들아 이런 땅을 둘러보세.

동쪽 산들 찾아가면 신선이 있겠구나.

서쪽 주산 구미산은 공자 맹자 정신 담긴

추로지풍(鄒魯之風) 빛나도다.

어화 세상 사람들아 경주 강산 구경 하세.

땅의 기운 신령하면 훌륭한 이 태어나니

지혜롭고 현명한 이 이 땅에서 나겠구나.

중국의 곤륜산맥 중국 땅에 뻗어가고

우리나라 구미산은 경주의 주산이니

이 안에서 작지만 큰 우리 기상 실현되네.

어화 세상 사람들아 이 땅에서 태어나서

아름답게 가꾸어서 영원토록 지켜가네.

어화세상 사람들아 이런승지(勝地) 구경하소

동읍삼산(東邑三山) 볼작시면 신선없기 괴이(怪異)하다

서읍주산(西邑主山) 있었으니 추로지풍(鄒魯之風) 없을소냐

어화세상 사람들아 고도(古都)강산 구경하소

인걸(人傑)은 지령(地靈)이라 명현달사(名賢達士) 아니날까

하물며 구미산은 동도지주산(東都之主山)일세

곤륜산(崑崙山) 일지맥(一支脈)은 중화(中華)로 버려있고

아동방(我東方) 구미산은 소중화(小中華) 생겼구나

어화세상 사람들아 나도또한 출세(出世)후에

고도강산 지켜내어 세세유전(世世遺傳) 아닐런가

3.

기장하고 힘차구나 구미산의 기운이여.

거룩한 최씨 문중 복을 주는 산이구나.

구미산 생긴 후에 우리 선조 나셨구나.

산 기운이 도우셨나 물 기운이 베푸셨나.

나라 지킨 위국 충신 정무공이 기장하다.

가련하고 애처롭다 우리 부친 가련하다.

구미 용담 좋은 땅에 바르게 사시면서

사서삼경 만권시서 열심히 공부하고

산도 돕고 물도 도와 입신양명 꿈꿨지만

세상은 그의 진정 알아주지 않았다네.

구미산에 작은 정자 용담정을 지으시고
평범한 산림처사 애처롭게 사셨다네.
가련하고 불쌍하다 나의 운수 가련하다.
명문 집안 자손으로 부모님께 죄송하다.
불효 불효 못 면하니 우울하고 원통하다.
불우한 때를 만나 허송세월 하였구나.
인간 세상 온갖 일에 나이 사십 되어 가네.
사십 평생 살아온 게 이것밖에 되지 않나.
기장(奇壯)하다 기장하다 구미산기(龜尾山氣) 기장하다
거룩한 가암최씨(佳岩崔氏) 복덕산(福德山) 아닐런가
구미산 생긴 후에 우리 선조 나셨구나
산음(山蔭)인가 수음(水蔭)인가 위국충신(爲國忠臣) 기장하다
가련하다 가련하다 우리부친 가련하다
구미용담 좋은승지(勝地) 도덕문장 닦아내어
산음수음(山蔭水蔭) 알지마는 입신양명(立身揚名) 못하시고
구미산하(龜尾山下) 일정각(一亭閣)을 용담이라 이름하고
산림처사(山林處士) 일포의(一布衣)로 후세에 전탄말가
가련하다 가련하다 이내가운(家運) 가련하다
나도또한 출세후로 득죄부모(得罪父母) 아닐런가
불효불효 못면하니 적세원울(積歲怨鬱) 아닐런가
불우시지 남아(不遇時之男兒)로서 허송세월(虛送歲月) 하였구나
인간만사 행하다가 거연(居然)사십 되었더라

사십평생 이뿐인가 무가내(無可奈)라 할길없다

4.
구미 용담 찾아오니 흐르는 물소리며
좌우로 높은 산세
이리저리 둘러보니 옛 모습 그대로고
풀 하나 나무 하나 모두 생각 품었으니
부모님께 불효한 일 내 마음도 슬프구나.
까치와 까마귀 떼 날아들어 울어대고
소나무와 잣나무는 울창하고 푸르구나.
불효한 이내 마음 회한으로 슬퍼진다.
가련한 우리 부친 남은 복이 없겠는가?
구미용담 찾아오니 흐르나니 물소리요
높으나니 산이로세 좌우산천 둘러보니
산수는 의구(依舊)하고 초목은 함정(含情)하니
불효한 이내마음 그아니 슬플소냐
오작(烏鵲)은 날아들어 조롱을 하는듯고
송백(松栢)은 울울(鬱鬱)하여 청절(清節)을 지켜내니
불효한 이내마음 비감회심(悲感懷心) 절로난다
가련하다 이내부친 여경(餘慶)인들 없을소냐

5.

아내와 아이들을 다독이며 지내다가

하늘 은덕 가없어서 경신 사월 초오일에

글로 어찌 기록하며 말로 어찌 설명하랴.

만고 없는 무극대도 꿈속인지 생시인지

어떻게 받았는지 은덕으로 받았구나.

굳세고 힘차구나 이내 운수 빛나도다.

하늘님 하신 말씀

"개벽 후 오만 년에 그대가 처음이다.

아무리 마음 쓰고 노력해도 안 되었다.(勞而無功)

이제야 너를 만나 성공할 수 있겠구나.

나도 공을 이루겠고 너도 뜻을 얻게 되니

너희 집안 운수구나."

처자불러 효유(曉諭)하고 이러그러 지내나니

천은(天恩)이 망극하여 경신(庚申)사월 초오일에

글로어찌 기록하며 말로어찌 성언할까

만고없는 무극대도(無極大道) 여몽여각(如夢如覺) 득도로다

기장하다 기장하다 이내운수 기장하다

한울님 하신말씀 개벽후 오만년에

네가또한 첨이로다 나도또한 개벽이후

노이무공(勞而無功) 하다가서 너를만나 성공하니

나도성공 너도 의(得意) 너희집안 운수로다

6.

이 말씀 들은 후에 마음속 깊은 데서

기쁨이 샘솟았네.

어화 세상 사람들아 무극지운 다가온 줄

너희들이 어찌 알까?

굳세고 힘차구나. 이내 운수 기장하다.

구미산 좋은 땅에 무극대도 닦아 내니

오만 년의 운이구나.

만세 으뜸 장부로서 좋을시고 좋을시고

이내 신명 좋을시고.

이말씀 들은후에 심독희자부(心獨喜自負)로다

어화세상 사람들아 무극지운(無極之運) 닥친줄을

너희어찌 알까보냐

기장하다 기장하다 이내운수 기장하다

구미산수 좋은승지 무극대도 닦아내니

오만년지운수(五萬年之運數)로다

만세일지장부(萬世一之丈夫)로서 좋을시고 좋을시고

이내신명 좋을시고

7.

구미산의 아름다움 거북 형상 기이로움

이내 운수 맞혔구나.

나뭇가지 가지마다 잎사귀 하나마다

자연 속에 우리 함께 기쁨을 누리리라.

이 세상 명승지 중 만학천봉 기암괴석

산마다 이렇겠나?

수없이 많은 사람 사람마다 나 같을까?

좋을시고 좋을시고 이내 신명 좋을시고

구미산의 아름다움 아무리 좋다 해도

나 없어도 이렇겠나.

나 아니면 이런 산이 아동방 이 나라에

있을 수가 있겠는가?

구미산수 좋은풍경 물형(物形)으로 생겼다가

이내운수 맞혔도다

지지엽엽(枝枝葉葉) 좋은풍경 군자낙지(君子樂地) 아닐런가

일천지하(一天之下) 명승지(名勝地)로 만학천봉(萬壑千峯) 기암괴석(奇岩怪石)

산마다 이러하며 억조창생(億兆蒼生) 많은사람

사람마다 이러할까 좋을시고 좋을시고

이내신명 좋을시고 구미산수 좋은풍경

아무리 좋다해도 내아니면 이러하며

내아니면 이런산수 아동방(我東方) 있을소냐

8.

내가 비록 신선되어 하늘 세계 간다 해도

구미 용담 지상 선경 하늘에도 없겠구나.

천만년이 지나가도 잊지 말자 맹세하고

무심한 구미 용담 나는 잊지 않겠지만

천지가 무너져서 평지 될까 애달프다.

나도또한 신선이라 비상천(飛上天) 한다해도

이내선경(仙境) 구미용담 다시보기 어렵도다

천만년 지내온들 아니잊자 맹세해도

무심한 구미용담 평지되기 애달하다

열 번째 편지
― 선도 풍류의 부활

사랑하는 당신께.
열 번째 동학 편지입니다. 이번에는 용담가를 같이 읽읍시다.

이번에 읽을 용담가와 다음에 읽을 몽중노소문답가(夢中老少問答歌)는 동학이 동아시아의 신선 사상, 특히 한국의 선도(仙道)와 이어진 길을 찾을 수 있는 노래입니다.

한국의 선도는 고조선에서부터 시작됩니다. 『천부경』, 『삼일신고』, 『참전계경』 같은 고대 경전은 선도의 경전입니다. 고조선의 선도는 부여와 고구려로 이어지고 백제와 신라까지 계승됩니다.

선도의 지도자들을 고조선에서는 국자랑, 부여에서는 천왕랑, 고구려에서는 조의선인, 백제에서는 무절/싸울아비라고 했습니다. 신라에서는 화랑입니다. 선도의 계보로 보면 신라의 화랑에서 선도는 가장 아름답게 꽃피어 납니다.

신라 화랑의 다른 이름은 국선(國仙)입니다. 그들은 스스로를 단련하였고 문화와 예술에 대한 뛰어난 감수성을 함양하였으며, 하늘과 자연에 제사지내는 종교성을 내면화하며 국가 공동체를 위해 헌

신하고자 했습니다. 김유신은 국선의 상징적인 인물이기도 합니다.

화랑이 내면화한 국선의 선도 정신이 고구려, 백제를 통합해서 삼국을 통일하고 당나라의 침략을 물리치는 힘으로 이어집니다. 찬란한 신라의 화랑정신은 신라 후기에 오면 흔적으로 남게 됩니다.

최치원의 〈난랑비서(鸞郎碑序)〉는 그 흔적이라고 봐야 합니다.

> 우리나라에 현묘한 도(玄妙之道)가 있어 이를 풍류(風流)라고 했다.
>
> 풍류의 근원에 대한 가르침은 『선사(仙史)』라는 책에서 자세히 볼 수 있다. 그 내용은 유불선 삼교를 포함하고 세상 만물을 서로 이어 살아 숨쉬게 한다.
>
> 예를 들어 집에서는 어른께 효도하고 나가서는 나라에 충성하였으니 이는 공자(孔子=魯司寇)께서 가르치시는 뜻이고, 무위(無爲)의 방법으로 말없이 실천하는 것은 노자(周柱史)의 철학이며, 악을 멀리 하고 선한 삶을 사는 것은 석가(竺乾太子)의 교화이다.
>
> 國有玄妙之道 曰風流 設敎之源 備詳仙史 實內包含三敎 接化群生 且如入則孝於家出則忠於國 魯司寇之旨也 處無爲之事 行不言之敎 周柱史之宗也 諸惡莫作 諸善奉行 竺乾太子之化也.

그 흔적의 기운은 고려에서는 불교를 수용해서 재가화상(在家和尙)으로 이어지고 조선에서는 유교를 수용해서 진유(眞儒)로 명맥을 이어갑니다. 그들은 외형은 승려의 느낌이거나 유가 선비의 형식을 띠지만 내면은 선도의 삶을 살고 실천합니다.

제가 사는 곡성의 도림사(道琳寺)는 가서 보면 불교 사찰이라는 느낌이 거의 들지 않습니다. 여러 현판이나 불상의 느낌이 선도를 수용했다는 것을 알 수 있습니다. 선도는 이렇게 그 상징을 오랫동안 불교나 유교 뒤에 숨겨 왔습니다.

선도의 종교성은 낮은 곳으로 흘러들어서 무속인들이 산에 가서 기도하고 아프고 병든 사람을 위로하고 재앙과 죽음을 물리치는 벽사 의식으로 그 흔적이 전해 옵니다. 선도는 여기저기 흩어져서 그 원형을 대부분 잃고 부분 부분을 여러 곳에서 가져갑니다. 어쩌면 한국의 선도는 그렇게 사라져갈 운명이었는지도 모릅니다.

여러 시대를 거쳐 오면서 한국의 선도와 관련된 책들이 대부분 폐기되었고, 체계적인 수련과 지도자 양성이 이어지지 못한 채, 중요한 수련 기법은 비전(祕傳)으로 주로 한 사람을 통해 전해져 내려왔습니다. 선도의 원형은 오랜 시간 깊은 땅속을 흐르고 있었고 세상에 자기 모습을 온전히 드러낼 수 없었습니다.

주역 관괘(觀卦)는 선도의 중요한 개념을 대부분 담고 있습니다. 주역이 쓰이던 시기는 유교와 도교, 불교가 생기기 이전 종교의 원형인 선도, 샤머니즘의 전성기 중 한때였습니다. 갑골문의 기록자였던 무(巫), 샤먼은 선도 수행자들이라고 봐야 합니다.

大觀在上, 順而巽, 中正以觀天下. 觀天之神道, 而四時不忒, 聖人以 神道設教, 而天下服矣 (대관재상, 순이손, 중정이관천하. 관천지신도, 이사시불

특, 성인이신도설교, 이천하복의)

관괘 단전의 이 부분을 같이 읽어 봅시다. 선도 수행자인 무(巫)는 하늘을 보고 하늘의 뜻을 읽어내는 사람입니다.

하늘의 뜻을 읽는 사람이 갖추어야 할 마음이 중정(中正)입니다. 그들은 하늘을 읽을 수 있습니다.(觀天之神道) 여기서 신도(神道)는 선도(仙道)의 다른 이름이라고 봐도 됩니다. 그렇게 하늘을 읽어내면 사계절의 순환과 질서를 알게 됩니다.(四時不忒) 그런 대관(大觀)의 눈을 가진 사람은 하늘의 소리를 듣고 하늘과 대화할 수 있습니다. 요즘 말로 하면 '채널링(channeling, 靈的 交信)'일 겁니다.

그러나 여기가 끝이 아닙니다. 신도설교(神道設教)의 채널링은 인도교화(人道教化)의 가르침으로 이어져서 사람들의 삶에서 실천되고 이해되어야 합니다.(而天下服矣) 관괘의 상전은 이렇게 말합니다: "바람이 땅 위를 지나가듯이, 관의 옛 임금은 지역을 두루 두루 둘러보고 백성을 위해 그 지역에 합당한 이야기를 했다."(風行地上, 觀, 先王以省方觀民設教)

이런 그림을 그려볼 수 있습니다: '샤먼과 샤먼의 종교인 신도(神道)가 있습니다. 그들은 종교 지도자이면서 동시에 정치 지도자입니다. 그들은 늘 하늘의 뜻을 묻고 그 답에 따라 사회를 이끌어 나갑니다. 부족을 넘어 국가 형태가 구성되던 초기 국가 공동체는 어디든 다 제정일치 사회입니다. 종교와 국가는 분리될 수 없는 하나입니다. 제정일치 사회에서 그 사회를 운영하던 원리가 있습니다. 이 원리는 종교이자 사회 질서이며, 내면의 수행이기도 합니다. 최치원이 선도 풍류도는 유불도를 다 포함하고 있다고 한 이야기가 이것입니다.

고대 인류는 이런 통합된 인식을 하였습니다. 그 마음은 고조선에서부터 신라까지 크게 흔들리지 않고 이어져 오다가 신라 통일에서 정점을 찍고 약화되기 시작합니다. 이제 세상은 제정일치 사회 때처럼 단순한 방식으로 질서를 유지하고 다스릴 수 없습니다.

내용이 정교해지면서 유교와 불교, 도교는 서로 분리되고 통합성은 점점 상실되어 원형에 대한 기억을 잃어 갑니다. 무엇보다 기록 상실은 결정적입니다. 중요한 전달자 중 한 사람인 최치원조차도 기록을 다 읽을 수 없어 "선사(仙史)라는 책이 있었다고 한다"고 전할 수밖에 없는 처지입니다.

선도의 통합 정신은 책으로 전해지지 못하고 예술 창작 정신 속에서, 생활 언어 속에 은유와 상징으로 담겨 전합니다. 경전을 대부분 잃어버렸기 때문에 유영모 선생님은 한글 속에 오래된 정신이 담겼다는 것을 알고 순 한글로 여러 경전을 번역하기도 합니다. 순수 한글로 경전을 읽으면 옛 정신과 이어질 수 있다고 생각했기 때문입니다.

유영모 선생님이 번역한 노자 『도덕경』은 제목이 '늙은 이'입니다. 그 내용을 보면 정말 파격적인 언어, 순수한 한글로 가득합니다. 우리에게 이런 언어로 된 경전이 있었겠구나 상상하게 됩니다. 어쩌면 노자 도덕경을 순수한 고대 한글로 읽으면 오래전 잃어버린 선사(仙史) 안에 담겨 있는 내용을 만날 수 있을지도 모릅니다.

고대 선도의 풍류 정신은 신라 화랑 이후 사실상 맥이 끊어지다시피하고, 그 흐름은 깊은 땅속을 흐르게 됩니다. 신라의 왕도 경주는 고대 풍류와 국선이 마지막으로 세상을 움직였던 땅이고 그 기운은 땅속 깊은 곳에 여전히 남아서 언제든 분출할 때를 기다리고 있었습니다. 어쩌면 수운이 대화를 나누는 하늘님은 고대의 풍류 정신인지도 모릅니다. 이런 눈으로 수운과 하늘님의 대화를 읽으면 그 실체가 새롭게 보입니다.

> 아내와 아이들을 다독이며 지내다가 하늘 은덕 가없어서 경신 사월 초오일에 글로 어찌 기록하며 말로 어찌 설명하랴. 만고 없는 무극대도 꿈속인지 생시인지 어떻게 받았는지 은덕으로 받았구나. 굳세고 힘차구나 이내 운수 빛나도다. 하늘님 하신 말씀 "개벽 후 오만 년에 그대가 처음이다. 아무리 마음 쓰고 노력해도 안 되었다.(勞而無功) 이제야 너를 만나 성공할 수 있겠구나. 나도 공을 이루겠고 너도 뜻을 얻게 되니 너희 집안 운수구나."

'오만 년'은 상징이라고 봐야 합니다. 선도의 하늘마음이 이 땅에 펼쳐지다가 어떤 시점에 와서 땅속으로 스며들어 녹아 버리고 이 땅에서 실현될 수 없습니다. 하늘님은 많은 사람들에게 그 마음을 다시 일으키고 싶었지만 마음이 준비된 사람을 만날 수 없었습니다.

그런 하늘님 앞에 어느 날 한 사람이 보이기 시작합니다. 그의 마음에는 우울함이 있습니다. 세상에 대한 염려와 걱정이 마음에 가득하고 오랫동안 차별 받아 왔습니다. 그는 이 고통을 넘어설 새로운 세상에 대한 꿈이 있습니다.

무엇보다 그는 아버님 근암공을 통해 사상적, 학문적 기초를 착실히 다졌습니다. 시를 짓는 능력은 이미 당대 최고의 기량이라고 봐도 될 정도입니다. 하늘님의 마음을 시로 지어 세상 사람들을 가르치기에 최적의 조건입니다.

또 그는 무예를 수련했고 장사를 하기 위해 수많은 길을 걸어 단련된 몸과 기상을 가지고 있습니다. 그는 흔들리지 않는 사람입니다.

더욱이 그는 기도하는 사람이었습니다. 길을 걸으며 기도했고, 시간이 나는 대로 산에 들어가서 기도하고 싶어 했습니다. 선도의 풍류 정신, 현묘지도(玄妙之道)를 다시 회복하는 데 수운처럼 좋은 자질과 경험을 갖춘 사람을 찾을 수가 없을 정도입니다.

오랫동안 세상에 드러날 수 없었던 선도의 하늘님은 수운을 만나기로 하고 경신년 4월 5일 그와 만나게 됩니다. 하늘님을 만난 수운은 우주적 일치감 속에서 세상을 볼 수 있게 되고, 환희와 희열에 휩싸여 살게 됩니다.

굳세고 힘차구나. 이내 운수 기장하다. 구미산 좋은 땅에 무극대도 닦아 내니 오만 년의 운이구나. 만세 으뜸 장부로서 좋을시고 좋을시고 이내 신명 좋을시고. 구미산의 아름다움 거북 형상 기이로움 이내 운수 맞혔구나. 나뭇가지 가지마다 잎사귀 하나마다 자연 속에 우리 함께 기쁨을 누리리라. 이 세상 명승지 중 만학천봉 기암괴석 산마다 이렇겠나? 수없이 많은 사람 사람마다 나 같을까? 좋을시고

좋을시고 이내 신명 좋을시고 구미산의 아름다움 아무리 좋다 해도 나 없어도 이렇겠나. 나 아니면 이런 산이 아동방 이 나라에 있을 수가 있겠는가?

수운 선생님이 하늘님과 만난 이후 처음 쓴 글이 용담가입니다. 그가 느낀 기쁨과 환희가 글 전체에 흘러넘칩니다. 나뭇잎 하나하나에서 그 생명력과 밝음을 느낄 수 있고, 구미산과 자신이 온전히 하나 되는 느낌 속에서 살아갑니다.

산이 나이고, 내가 산입니다. 세상과 내가 분리되지 않는 완전히 일치를 경험하고, 신도설교(神道設敎) - 신도(神道)의 신비 체험을 노래로 담아냅니다. 개벽 이후 오만 년 만의 사건. 다시개벽의 거대한 힘. 신라의 화랑 이후 사실상 땅 밑으로 숨어들었던 풍류도가 이 땅에 다시 일어서는 순간입니다.

땅속으로 흐르는 그 기운을 간직하고 있던 땅이 있었습니다. 경주의 구미 용담입니다. 수운은 구미산의 정기를 통해 고조선에서 신라까지 이어지는 선도의 정신을 물려받았습니다. 수운은 구미 용담의 아름다움과 기상을 노래하지 않을 수 없었을 겁니다.

더운 여름 건강하시길 기원합니다.

기후 변화로 재난이 일상화된 시기에 우리 마음의 변화를 위해 기도합니다.

2021.7.9.

몽중노소문답가(夢中老少問答歌)

1.

곤륜산맥 한 줄기인 조선 땅 금강산은

기암괴석 좋은 경치 일만 이천 아닐런가.

조선 팔도 명산들을 비할 바가 아니구나.

온 세상의 산 중에서 최고 명산 분명하다.

곤륜산(崑崙山) 일지맥(一支脈)의 조선국(朝鮮國) 금강산(金剛山)이

기암괴석(奇岩怪石) 좋은경(景) 일만이천(一萬二千) 아닐런가

팔도명산(八道名山) 다 던지고 천하승지(天下勝地) 아닐런가

2.

삼각산 한양 서울 사백 년 지난 뒤에

고통과 절망의 때 하원갑(下元甲) 이 세상에

한 부부가 자식 없어 산에 가서 기도하다

두 늙은이 마주 앉아 탄식하고 하는 말이

"우리도 이 세상에 밝고 밝은 천지운수

남들처럼 타고나서 고달픈 이내 팔자

아이도 하나 없이 이렇게 박복할까

우리 죽고 난 다음에 제사는 고사하고

부모님께 죄를 짓는 득죄부모(得罪父母) 아닐런가.

예부터 지금까지 공덕으로 자식 빌어

후사를 이은 사람 들었고 보았으니

우리도 이 세상에 공덕을 닦아 보세."

삼각산(三角山) 한양도읍(漢陽都邑) 사백년(四百年) 지낸후(後)에

하원갑(下元甲) 이세상에 남녀간(男女間) 자식없어

산제불공(山祭佛供) 하다가서 두늙은이 마주앉아

탄식(歎息)하고 하는말이 우리도 이세상에

명명(明明)한 천지운수(天地運數) 남과같이 타고나서

기궁(奇窮)한 이내팔자(八字) 일점혈육(一點血肉) 없단말가

우리사후(死後) 고사(姑捨)하고 득죄부모(得罪父母) 아닐런가

아서라 자고급금(自古及今) 공덕(功德)으로 자식(子息)빌어

후사(後嗣)를 이은사람 말로듣고 눈으로보니

우리도 이세상에 공덕(功德)이나 닦아보세

3.

가진 재산 다 써 가며 일심정기(一心精氣) 마음 내서

팔도의 절 시주하고 지성으로 제사 드려

절하고 기도하며 밤낮으로 비는 말이

지성이면 감천이니 공덕을 닦아 보세.

예부터 지금까지 전해오는 세상 말이

사람은 땅의 정기 받는다고 하였으니

아름답고 경치 좋은 승지(勝地)에서 살아보세.

명산 아래 밝은 기운 있는 것이 분명하니

팔도강산 그 중에서 금강산에 찾아들어

산세와 방향 따라 용세좌향(龍勢座向) 가려내어

골짜기 좁은 땅에 몇 칸의 초가집을

새들이 나무 얽어 집을 짓듯 지었더라.

탕진가산(蕩盡家産) 하여내어 일심정기(一心精氣) 다시먹고

팔도불전(八道佛前) 시주(施主)하고 지성(至誠)으로 산제(山祭)해서

백배축원(百拜祝願) 앙천(仰天)하며 주소간(晝宵間) 비는말이

지성감천(至誠感天) 아닐런가 공덕(功德)이나 닦아보세

그러나 자고급금(自古及今) 전(傳)해오는 세상(世上)말이

인걸(人傑)은 지령(地靈)이라 승지(勝地)에 살아보세

명기(明氣)는 필유명산하(必有名山下)라 팔도강산(八道江山) 다던지고

금강산(金剛山) 찾아들어 용세좌향(龍勢座向) 가려내어

수간초옥(數間草屋) 일협곡(一峽谷)에 구목위소(構木爲巢) 아닐런가

4.

그럭저럭 지내다가 아이를 가졌다네.

열 달이 지나가서 하루는 집 가운데

안개가 자욱하며 내금강 외금강이

두세 번 진동하고 산통이 시작되어

잘 생긴 아들 아기 세상에 태어났네.

옥처럼 맑은 얼굴 늠름하고 당찬 몸매

그러저러 자라나서 오륙 세 되었더라.

팔세 공부 시작해서 수많은 책을 읽고

그 뜻을 깨우침이 날 때부터 안 것 같다.

열 살이 되어서는 천재 소년 사광처럼

총명하고 뛰어나며 비범한 지혜 역량

재주와 그릇 됨이 보통을 넘어섰다.

그러그러 지내나니 윤신포태(潤身胞胎) 되었더라

십삭(十朔)이 이미되매 일일(一日)은 집가운데

운무(雲霧)가 자욱하며 내금강(內金剛) 외금강(外金剛)이

두세번 진동(震動)할때 홀연(忽然)히 산기(産氣)있어

아들아기 탄생(誕生)하니 기남자(奇男子) 아닐런가

얼굴은 관옥(冠玉)이오 풍채(風采)는 두목지(杜牧之)라

그러그러 지내나니 오륙세(五六歲) 되었더라

팔세(八歲)에 입학(入學)해서 허다(許多)한 만권시서(萬卷詩書)

무불통지(無不通知) 하여내니 생이지지(生而知之) 방불(彷彿)하다

십세(十歲)를 지내나니 총명(聰明)은 사광(師曠)이오

지국(智局)이 비범(非凡)하고 재기(才器) 과인(過人)하니

5.

소년은 이때부터 각박한 세상 모습

걱정하기 시작했네.

임금이 어리석고, 신하가 불충하고,

아비가 잔혹하고, 아들은 불효한 일

밤낮으로 한탄하니 우울한 감정들은

가슴에 가득한데 누구도 알 수 없네.

아내도 버려두고 아이들도 팽개치고

팔도강산 다 밟아서 인심 풍속 살펴보고

어떻게 이러한지 아무것도 할 수 없네.

가여운 사람들아 하늘을 생각하라.

평생(平生)에 하는근심 효박(淆薄)한 이세상에

군불군(君不君) 신불신(臣不臣)과 부불부(父不父) 자부자(子不子)를

주소간(晝宵間) 탄식(歎息)하니 울울(鬱鬱)한 그 회포(懷抱)는

흉중(胸中)에 가득하되 아는사람 전혀없어

처자산업(妻子産業) 다버리고 팔도강산(八道江山) 다밟아서

인심풍속(人心風俗) 살펴보니 무가내(無可奈)라 할길없네.

우습다 세상사람 불고천명(不顧天命) 아닐런가

6.

세상 사람 정감록에 빠져들어 하는 말이

임진년 일본 침략 피할 길은 이재송송(利在松松)

이여송이 구해준다.

함경도 홍경래 난 피할 길은 이재가가(利在家家)

집 떠나면 위험하다.

어화 세상 사람들아 이런 일을 본받아서

예언서의 예언대로 살길을 찾아보세.

진나라의 녹도서(錄圖書)는 진나라가 망한다면

호야(胡也)라 하는 말을 오랑캐라 읽고 나서

만리장성 세웠으나 호(胡)의 침략 아니었네.

이세 황제 호해(胡亥) 때에 진나라가 망한 뒤에

오랑캐 호(胡) 아닌 것을 세상 사람 알았다네.

이재궁궁(利在弓弓) 무엇인지 바르게 알아보세.

괴이(怪異)한 동국참서(東國讖書) 추켜들고 하는말이

이거임진(已去壬辰) 왜란(倭亂)때는 이재송송(利在松松) 하여있고

가산정주(嘉山定州) 서적(西賊)때는 이재가가(利在家家) 하였더니

어화세상 사람들아 이런일을 본받아서

생활지계(生活之計) 하여보세 진(秦)나라 녹도서(錄圖書)는

망진자(亡秦者)는 호야(胡也)라고 허축방호(虛築防胡) 하였다가

이세망국(二世亡國) 하온후에 세상사람 알았으니

우리도 이세상에 이재궁궁(利在弓弓) 하였다네

7.

매관매직 권력자도 마음은 궁궁이고

쌀과 돈을 쌓아 놓고 마음은 궁궁이고

떠도는 거지들도 마음은 궁궁이고

떠도는 소문 따라 궁궁 찾아 헤매는데

깊은 산에 궁궁촌이 있다고 들어가고

어떤 이는 서학이 궁궁이라 입도하고

자기만 옳다하고 다른 사람 틀리다며

매일매일 하는 싸움 거기서 거기라네.

매관매작(賣官賣爵) 세도자(勢道者)도 일심(一心)은 궁궁(弓弓)이오

전곡(錢穀)쌓인 부첨지(富僉知)도 일심은 궁궁이오

유리걸식(流離乞食) 패가자(敗家者)도 일심은 궁궁이라

풍편(風便)에 뜨인자도 혹(或)은 궁궁촌(弓弓村) 찾아가고

혹은 만첩산중(萬疊山中) 들어가고 혹은 서학(西學)에 입도(入道)해서

각자위심(各自爲心) 하는말이 내옳고 네그르지

시비분분(是非紛紛) 하는말이 일일시시(日日時時) 그뿐일네

8.

그만 두자 그만 하자 팔도 여행 그만 하자.

고향에 돌아가서 고전 경전 읽어 보자.

내 나이 십사 세니 앞길이 창창하다.

아서라 이 세상은

요순임금 다스려도 충분하지 아니하고

공자 맹자 마음 써도 말로는 할 수 없네.

가슴에 품은 회한 단번에 깨 버리고

허위허위 돌아오다 금강산 높은 봉에

잠깐 앉아 쉬는 중에 깜빡 하고 잠이 드니

꿈속에서 날개옷을 바람에 휘날리며

도사님이 나타나서 타이르며 하는 말이

아서시라 아서시라 팔도(八道)구경 다던지고

고향(故鄕)에나 돌아가서 백가시서(百家詩書) 외워보세

내나이 십사세(十四歲)라 전정(前程)이 만리(萬里)로다

아서라 이세상은 요순지치(堯舜之治)라도

부족시(不足施)요 공맹지덕(孔孟之德)이라도

부족언(不足言)이라 흉중(胸中)에 품은회포(懷抱)

일시(一時)에 타파(打破)하고 허위허위 오다가서

금강산(金剛山) 상상봉(上上峯)에 잠간(暫間)앉아 쉬오다가

홀연히 잠이드니

몽(夢)에 우의편천일도사(羽衣褊襈一道士)가

효유(曉諭)해서 하는 말이

9.
"만학천봉 깊은 산속 인적도 없는 곳에

그대는 어찌해서 여기서 자고 있나?

수신제가 아니하고 세상을 떠도는가.

각박한 세상 사람 상대할 일 아니라네.

가련한 세상 사람 이재궁궁 찾는 것을

웃을 필요 전혀 없네. 불행하다 한탄 말고

세상 순례 하였어라. 송송가가 알더라도

이재궁궁 어찌 알까 천운이 함께 하니

근심 말고 돌아가서 윤회시운 살펴보게.

만학천봉(萬壑千峯) 첩첩(疊疊)하고

인적(人迹)이 적적(寂寂)한데 잠자기는 무삼일고

수신제가(修身齊家) 아니하고 편답강산(遍踏江山) 하단말가

효박(淆薄)한 세상사람 갈불것이 무엇이며

가련(可憐)한 세상사람 이재궁궁(利在弓弓) 찾는말을

웃을것이 무엇이며 불우시지(不遇時之) 한탄(恨歎)말고

세상구경 하였어라 송송가가(松松家家) 알았으되

이재궁궁(利在弓弓) 어찌알꼬 천운(天運)이 둘렀으니

근심말고 돌아가서 윤회시운(輪廻時運) 구경하소

10.

온 세상은 전에 없던 전염병에 휩싸이고

이러한 괴질운수(怪疾運數) 다시개벽 될 것이다.

태평성세 다시 이뤄 국태민안(國泰民安) 할 것이니

분노 절망 하지 말고 조심조심 지내시게.

절망뿐인 슬픔의 때 하원갑이 지나가면

밝은 희망 좋은 시절 상원갑이 올 것이니

만고 없는 무극대도 이 세상에 드러나네.
너는 지금 나이 젊어 수많은 백성들이
태평곡과 격양가를 소리쳐 부르는 걸
살아서 볼 것이니 이 세상 무극대도
세세토록 이어져갈 무궁한 진리라네.
하늘의 뜻 사람 마음 네가 어찌 알 수 있나
하늘님이 뜻을 두면 금수 같은 마음들도
조금씩 밝아져서 어렴풋이 알게 되네.
나는 또한 신선이라 이제보고 언제 볼까
너도 역시 신선 자질 마음 안에 가졌으니
신선의 연분으로 잊지 않고 찾아올까?"

십이제국(十二諸國) 괴질운수(怪疾運數) 다시개벽(開闢) 아닐런가

태평성세(太平聖世) 다시정(定)해 국태민안(國泰民安) 할것이니

개탄지심(慨歎之心) 두지말고 차차차차 지냈어라

하원갑(下元甲) 지내거든 상원갑(上元甲) 호시절(好時節)에

만고(萬古)없는 무극대도(無極大道) 이세상에 날것이니

너는또한 연천(年淺)해서 억조창생(億兆蒼生) 많은백성

태평곡(太平曲) 격양가(擊壤歌)를 불구(不久)에 볼것이니

이세상 무극대도(無極大道) 전지무궁(傳之無窮) 아닐런가

천의인심(天意人心) 네가알까 한울님이 뜻을두면

금수(禽獸)같은 세상사람 얼풋이 알아내네

나는또한 신선(神仙)이라 이제보고 언제볼꼬

너는또한 선분(仙分)있어 아니잊고 찾아올까

11.
잠을 깨어 살펴보니 여기가 어디인지
그 자리도 볼 수 없고 신선도 볼 수 없네.
잠을놀라 살펴보니 불견기처(不見其處) 되었더라

열한 번째 편지
— 어디에도 길이 없는 하원갑의 시간을 버티는 마음

안녕하세요.

열한 번째 동학 편지입니다.

이번에 읽을 몽중노소문답가(夢中老少問答歌)는 판타지 소설 같은 내용과 구성을 가진 노래입니다.

한 부부가 아이가 없어 오랫동안 기도하다가 아름다운 산에서 기도하면 아이를 가질 수 있을 것 같아 금강산에 새집처럼 작은 집을 지어 지내며 수행하고 기도해서 원하던 아들을 얻게 됩니다.

그 아이가 태어날 때 외금강 내금강이 두세 번 진동하고 구름이 온 산을 덮었습니다. 신비한 자연현상과 함께 이 땅에 온 아이는 명석하고 지혜로워 어린 나이에 수많은 책을 읽고 그 의미를 관통합니다. 그러나 지혜로워지고 성숙할수록 세상을 비판적으로 바라보는 안목이 자라나서 이 모순을 해결할 방법을 찾아 집을 떠나게 됩니다.

그가 팔도강산을 돌아다니며 세상을 구원할 길을 찾는 동안 세상 형편을 보고 내린 판단은 지금까지의 방법이나 가르침으로는 '아무것도 할 수 있는 일이 없다'는 것이었습니다. 어디에도 사회적 모순을 해결할 실마리가 보이지 않았습니다.

국가와 사회의 지도자들이 부패하고 탐학해도 어딘가 밝은 마음을 가진 사람들이 한구석에는 있어야 하는데, 아래와 위를 가리지 않고 모두가 모두에게 폭력적인, 사실상의 내전 상태 같은 현상이 사회 곳곳에서 목격되고 있었습니다.

수운이 용담유사를 쓰던 때는 전국에서 민란이 일어나고 전염병이 휩쓸던 인간-인간, 인간-자연의 내전의 시대였습니다. 민란은 일어나지만 조선 왕조를 무너뜨릴 정도로 조직화된 힘은 없을 때, 사람들이 생각하는 유일한 희망은 정감록(鄭鑑錄)이었습니다. 정도령이 이 땅에 와서 부패한 조선 왕조를 무너뜨리고 정진인(鄭眞人, 정도령)이 왕이 되어 새 왕조를 열게 된다는 예언만이 유일하게 민중의 마음을 붙잡아 주는 상황입니다. 사람들은 '정도령'이 와서 새 왕조를 여는 그날까지 기다리는 것 외에는 할 수 있는 것이 없었습니다.

그들은 버텨야 했고, 잘 버틸 수 있는 곳을 찾아야 했습니다. 정감록은 그곳을 궁궁촌이라고 했고 전국에 열 곳이 있다고 했습니다. 이런 버틸 곳을 찾아야 하는 것은 권력을 가진 사람들도 마찬가지였습니다. 이미 관직이 매매와 거래의 대상이 된 상태이기 때문에 돈 없으면 언제든 밀려나게 됩니다. 권력이 있거나 돈이 있어도 몰락할 것을 대비해서 궁궁촌을 찾아야 합니다.

이중환의 택리지는 인문 지리서의 형식을 띠지만 깊은 내면적 의미는 안정적인 피난처를 찾기 위한 것입니다. 모든 것을 잃은 사람들도 바람처럼 흘러 다니며 궁궁촌을 찾습니다. 궁궁촌이 어떤 장소가 아니라 서학의 천국이라고 생각하는 사람들도 있었습니다.

모든 사람들이 자기가 생각하는 궁궁촌을 이야기하고 논쟁합니다. 세상을 바꾸어 새롭게 하자가 아니라 '궁궁촌에 숨어서 이 시간을 버티자'는 것이 시대의 담론이 되었습니다. 그러나 실은 어디에도 피할 곳도 없고 숨을 곳도 없습니다.

몽중노소문답가의 주인공 청년은 절망합니다. 지금 세상은 요순임금이 다스리더라도 충분치 않고, 공자와 맹자께서 직접 말씀하셔도 누구도 들을 사람이 없습니다. 그는 더 이상 새로운 것을 찾지 않고 금강산의 집으로 돌아오다 어느 골짜기에서 깜빡 잠이 들게 됩니다.

여기까지의 이야기는 소설을 가장한 수운 자신의 이야기입니다. 스무 살부터 서른 살까지 장사를 한다는 명목을 표방하고 전국을 떠돌며 그가 보고 듣고 경험하며 생각한 결론입니다. 그리고 아무것도 할 수 있는 것이 없어 구미산 용담으로 돌아가던 자신이기도 합니다.

절망에 빠져 집으로 돌아가던 그 청년에게 하늘님이 꿈에 오셔서 위로합니다: "세상 사람들의 악함과 약함을 비판하지 말라. 그들이 궁궁촌을 찾아 헤매는 것도 이해할 수 있지 않나. 소 뒷걸음질 치다 쥐 잡듯이 어떤 위험 한두 개를 벗어난다고 해서 그게 안정된 삶을 보장할 완전한 방법이겠나.

일상과 동떨어진 어딘가에 안전한 곳이 있거나 방법이 있는 것이 아니라 거대한 우주의 시운, 상원갑과 하원갑이 갈마드는 변화가 있어서 고통과 슬픔의 시간, 내란과 외침, 계급과 세대와 성별과 종교와 지역 사이의 다툼, 그리고 팬데믹의 전염병 같은 인간과 자연 사이에서도 다툼이라는 총체적인 전쟁의 시간이 지나면 다시개벽의 시간이 오게 된다. 사람들의 마음이 바뀌는 시간은 내 안에 있는 하늘님을 자각하고 모시는 시간이다. 오래지 않아 새로운 질서가 시작된다. 너는 그 시대의 기쁨을 누리게 될 것이니 너무 슬퍼하지 마라."

청년은 하늘의 복음을 듣고 꿈에서 깨어납니다.

이 이야기는 여기서 끝이 납니다. 그 이후 이 청년은 어떻게 살았을까요? 그는 더 이상 다른 누군가를 찾아다닐 필요도 없었고, 궁궁촌을 찾지도 않았을 겁니다. 그는 하늘님을 만나길 원하면 다시 깊은 잠(명상, 심고) 속으로 들어갔을 겁니다. 어느 시간이 지난 뒤에는 눈을 뜨고도 하늘님을 만나서 대화를 나눌 수 있을 정도가 됐을 겁니다. 그는 평화를 얻었고, 동시에 우주 변화의 원리 속에 움직이는 세상의 질서도 읽을 수 있었을 겁니다. 지나치게 조급하지도 않고 또 해야 할 일의 적절한 시점을 놓치지도 않았을 겁니다. 그 시간이 쌓여 가면서 그를 알아보는 사람들이 생겼을 겁니다.

왜냐하면 그들도 이 세상 어딘가에 있을 빛을 찾아 길을 떠났던 사람들이기 때문입니다. 처음에는 그 청년이 정도령이 아닐까 하는 생각도 했을 겁니다. 그러나 그를 만나고 나면 누구나 알게 됩니다.

정도령이 만들 새로운 나라는 조선을 무너뜨리고 세워지는 새로운 국가가 아니었어요. 각자 각자의 마음이 밝아져서 그 밝은 마음에 오래 머무르는 힘을 가진 사람들이 정도령이고, 그들이 살아가는 현장이 궁궁촌이었어요. 제가 조금 더 보완한 몽중노소문답가입니다.

1800년 정조 임금이 돌아가십니다. 여러 가지 논쟁이 있지만 저는 암살이라고 생각하고 있습니다. 정조의 뒤를 이어 11살의 순조 임금이 왕이 되어 정순왕후가 수렴청정을 하면서 조선 후기를 상징하는 왕의 후견인 정치인 세도정치가 시작됩니다. 왕은 권력이 없고 후견 가문(세도가)이 권력을 쥐고 국가 관료 선발 제도인 과거제를 무력화하며, 대부분 관직이 매매되고 그 이익은 국가가 아니라 후견 가문이 독점하는 국가 체제가 만들어집니다.

이런 체제가 100년 정도 이어진 뒤에 조선은 1910년 일본의 식민지가 되어 국가 역할을 끝내게 됩니다. 국가의 기능이 국민의 보호가 아니라 국민의 재산을 약탈하는 체제에서 사는 사회를 상상해 보면 됩니다. 현재 우리가 눈으로 볼 수 있는 모습은 미얀마가 비슷해 보입니다. 한국인은 전 세계에 흩어져서 살고 있는데 어쩌면 한국인의 디아스포라는 1800년경부터 시작했다고 봐도 됩니다.

처음에는 육지에서 섬으로 도망갑니다. 그래서 정도령의 다른 이름은 '해도진인(海島眞人)'입니다. 정도령이 바다 쪽에서 와서 새로운 나라를 건설한다고 생각한 것은 수많은 사람들이 섬으로 피난 갔기 때문입니다.

처음에는 수탈을 피해 피난 가던 사람들이 이렇게는 더 이상 살수 없다고 생각해서 맞서 싸우기 시작합니다. 이 중에서 홍경래의 난, 진주 민란 등은 규모가 상당히 컸고 사회에 미친 영향도 컸습니다. 도망가기도 하고, 맞서 싸우기도 해보지만 이익 중심으로 뭉친 국가 권력은 만만하지 않습니다. 미얀마의 시민들이 아무리 저항해도 미얀마 군부를 쉽게 무너뜨리지 못하는 것과 같습니다. 결국 새로운 길을 성찰할 수밖에 없을 때 수운의 동학이 시작됩니다.

도망가거나 싸우는 사람이 아니라 하늘을 마음에 모신 깊고 넓은 사람이 되는 길을 열어 다시개벽의 비전을 모든 사람의 마음에 심습니다. 권력이 있든 없든 지위가 높든 낮든 상관없이 서로를 품어 안아 모시고 섬기며 새로운 삶을 살아가는 길을 찾아냅니다. 도망가지 않아도 되고, 싸우지 않아도 되는 길 - 무극대도의 거대한 길입니다.

그러나 이 길도 결국 동학혁명의 거친 전쟁으로 밀려갈 수밖에 없습니다. 세도 정치 위에 외세라는 새로운 폭력이 더해지면서 민중이 견딜 수 있는 한계를 넘었기 때문입니다.

이제는 이 나라에 머물 수도 없어 많은 사람들이 북쪽으로, 북쪽으로 옮겨 갑니다. 수많은 사람이 죽고 디아스포라의 고통을 겪은 뒤에 결국 조선이 무너집니다.

조선이 1860년 정도에 무너지고 새로운 정신의 나라가 준비되었으면, 밀려오는 서구 근대에 조금 더 능동적으로 대응할 수 있었을 겁니다. 일본이 그 시기에 막부 체제가 끝나고 1867년 메이지 유신으로 천황제가 자리 잡아 가고 있었는데, 정말 중요한 세계사적 격변의 시기에 조선은 사실상 국가가 없는 가치관의 공백 시간이 100년 동안이나 이어졌습니다.

수운은 자신이 살던 이런 시대를 하원갑(下元甲)이라고 불렀습니다. 가장 고통스런 시대를 정확히 읽었고 그 시간에 자신이 할 일을 했습니다.

다음 노래는 도수사입니다. 남원 은적암에서 멀리 있는 제자들을 생각하며 그들의 공부를 안내하는 노래입니다.

그의 시대는 결국 기다릴 수밖에 없는 시간이었습니다. 국가 전체의 담론이 새로운 사회를 건설해 내는 것이 아니라 어디에 숨을 지를 찾는 것이 지식인의 과제였던 시대여서 새로운 상상력이 자라나지 못했습니다. 새로운 상상력의 기운을 모으려면 수련(공부)하는 것밖에 다른 길이 없었습니다. 수운의 그런 안타까움이 담긴 노래입니다.

당신은 수운의 마음이 느껴지시나요.

건강하시길 기원합니다.

2021.8.30.

도수사(道修詞)

1.

넓고 넓은 이 세상에 정처 없이 길을 나서

울적한 이내 마음 정 붙일 곳 하나 없네.

청려장 지팡이를 손에 들고 벗을 삼아

숙소의 창에 기대 생각에 잠겨 들고

이리 뒤척 저리 뒤척 전전반측 잠 못 들어

광대(廣大)한 이천지(天地)에 정처(定處)없이 발정(發程)하니

울울(鬱鬱)한 이내회포(懷抱) 부칠곳 바이없어

청려(靑藜)를 벗을 삼아 여창(旅窓)에 몸을 비겨

전전반측(輾轉反側) 하다가서 홀연(忽然)히 생각하니

2.

내가 사는 이 세상에 하늘 은혜 끝이 없어

만고 없는 무극대도 꿈속인 듯 받아내어

구미용담 좋은 경관 안빈낙도 즐기다가

일 년이 되지 않아 멀리서 가까이서

어진 선비 구름처럼 바람처럼 모여드니

즐거움 한가운데 더 큰 기쁨 아니겠나?

이내 좁은 생각으로 진리의 길 가르치다

겨우 일 년 지난 뒤에 막막한 걸음으로

언제쯤 돌아온단 날짜도 못 정하고

황급하게 출발하니, 여러 곳의 벗들에게

한마디 말도 없이 자세한 이야기도

제대로 못 전했네.

나도또한 이세상에 천은(天恩)이 망극(罔極)하여

만고(萬古)없는 무극대도(無極大道) 여몽여각(如夢如覺) 받아내어

구미용담(龜尾龍潭) 좋은풍경(風景) 안빈낙도(安貧樂道) 하다가서

불과일년(不過一年) 지낸후에 원처근처(遠處近處) 어진선비

풍운(風雲)같이 모아드니 낙중우락(樂中又樂) 아닐런가

이내 좁은 소견(所見)으로 교법교도(敎法敎道) 하다가서

불과일년(不過一年) 지낸후에 망창(茫蒼)한 이내걸음

불일발정(不日發程) 하자하니 각처(各處)의 모든벗은

편언척자(片言隻字) 바이없고 세쇄사정(細瑣事情) 못미치니

3.

속 좁은 이내 소견 수 천리 밖에 앉아

이제야 깨닫고서 이렇게 글을 쓰네.

천리 고향 전해주니 어질고 어진 벗은

매몰찬 이 사람을 잘못했다 하지 말고
정성 공경 지켜내어 차츰차츰 닦아 내면
무극대도 아닐런가?
그날, 그날, 그날 오면 도와 덕이 서게 되리.
양협(量陝)한 이내소견(所見) 수천리(數千里) 밖에앉아
이제야 깨닫고서 말을 하며 글을지어
천리고향(千里故鄕) 전(傳)해주니 어질고 어진벗은
매몰한 이내사람 부디부디 갈지말고
성경이자(誠敬二字) 지켜내어 차차차차 닦아내면
무극대도(無極大道) 아닐런가 시호시호(時乎時乎) 그때오면
도성입덕(道成立德) 아닐런가

4.
어질구나 모든 벗들 어리석은 이내 모습
잊지 말고 생각하오.
성현 역사 살펴보면 연원도통 있지 않소.
스승이 제자에게, 큰 제자가 스승 되어
다시 또 제자에게 이어가고 이어가면
그것이 연원이오.
그중에 가장 높은 공자님의 신통 육예
여섯 가지 공부 길을 몸으로 익히는 걸
도통이라 말하잖소.

공자님의 어진 도덕 일관되게 살펴봐도

도통을 전수해서 삼천 제자 그 가운데

신통육예 몇이던가?

칠십이 인 수제자들 천년을 일관해서

공자 사상 전했지만 일천 년 되지 않아

공자 사상 어긋나는 전자방 단간목이

난법난도 하였으니 슬픈 일이 아니던가?

어질다 모든벗은 우매(愚昧)한 이내사람 잊지말고 생각하소

성경현전(聖經賢傳) 살폈으니 연원도통(淵源道統) 알지마는

사장사장(師丈師丈) 서로전(傳)해 받는것이 연원(淵源)이오

그중(中)에 가장높아 신통육예(身通六藝) 도통(道通)일세

공부자(孔夫子) 어진도덕(道德) 일관(一貫)으로 이름해도

삼천제자(三千弟子) 그가운데 신통육예(身通六藝) 몇몇인고

칠십이인(七十二人) 도통(道通)해서 전천추(前千秋) 후천추(後千秋)에

일관(一貫)으로 전(傳)차해도 일천년(一千年) 못지나서

전자방(田子方) 단간목(段干木)이 난법난도(亂法亂道) 하였으니

그아니 슬플소냐

5.

어질다 이내 벗들

예부터 지금까지 선배들의 본을 받아

진리를 따르고 기쁘게 받으시게.

십 년을 공부해서 도와 덕에 서게 되면

빨리 된 거라지만 무극한 우리 도는

삼년만 공부해도 도와 덕이 서게 되네.

마음 급한 여러분은 해야 할 일 아니하고

하늘이 주시기만 바라며 기다리니

갑자기 부자 되면 재앙이라 하지 않나.

자기 할 일 다한 뒤에 천명을 기다리면

하늘이 줄 것인데 어찌 그리 급하신가.

어질다 이내 벗은

자고급금(自古及今) 본(本)을 받아 순리순수(順理順受) 하였어라

십년(十年)을 공부(工夫)해서 도성입덕(道成立德) 되게되면

속성(速成)이라 하지마는 무극(無極)한 이내도(道)는

삼년불성(三年不成) 되게되면 그아니 헛말인가

급급(急急)한 제군(諸君)들은 인사(人事)는 아니닦고

천명(天命)을 바라오니 졸부귀(猝富貴) 불상(不祥)이라

만고유전(萬古遺傳) 아닐런가 수인사(修人事) 대천명(待天命)은

자세(仔細)히도 알지마는 어찌그리 급급(急急)한고

6.

어질다 모든 벗님 살펴보고 안심하오.

사람마다 재질 달라 상중하가 있지마는

편협한 생각에도 마음이 열려 있고

통했다는 군자들이 세상 보며 탄식하고
급하게 재촉하며 조급함을 드러내오.
입도한 도인 중에 몰지각한 사람들은
말만 듣고 입도해서 입으로만 주문 외니
도와 덕을 세우는 일 어찌할 줄 모르면서
나도 득도, 너도 득도 어지러운 이 세상에
어이없는 저 사람은 어찌 저리 같잖은가.
어질다 모든벗님 자세보고 안심하오.
인지재질(人之才質) 가려내어 상중하재(上中下才) 있지마는
양협(量陝)한 이내소견(所見) 활달(豁達)한 현인군자(賢人君子)
세상을 탄식(歎息)해서 심망의촉(心忙意促) 하는빛을
의심(疑心)없이 나타내니 입도(入道)한 그가운데
몰몰(沒沒)한 지각자(知覺者)는 말로듣고 입도(入道)해서
입을배워 주문(呪文)일러 도성입덕(道成立德) 무엇인지
나도득도(得道) 너도득도 효박(淆薄)한 이세상에
불사(不似)한 저사람은 어찌저리 불사한고
어질다 모든벗은 자세(仔細)보고 안심(安心)하소

7.
윗사람이 미덥잖아 아래에서 의심하며
윗사람이 불경하여 아래가 거만하니
이런 일을 보게 되면 책임은 가르쳐 준

윗사람이 져야 하네.

이렇다고 하더라도 스스로 해야 할 일

수신제가 아니 하고 도와 덕에 설 수 있소.

삼강오륜 따르잖고 현인군자 될 수 있소.

집안이 화목한 건 부인에게 달렸지만

가장이 제대로면 부인 얼굴 그렇겠소.

부부 화목 다 버리고 괴이하게 행동하니

아프고 애달프오.

그 남편에 그 아내라 어쩔 수가 없지마는

현명한 여러분은 차츰차츰 타일러서

편하게 끌어주오.

이런 일로 욕 들으면 곁에 있는 자네들도

불미한 일이잖소.

못 본 척하지 말고 정성으로 타일러서

이내 수치 덜어주면 큰 덕이 되잖겠소.

위가 미덥지 못하면 아래가 의심(疑心)하며

위가 공경(恭敬)치 못하면 아래가 거만(倨慢)하니

이런일을 본다해도 책재원수(責在元帥) 아닐런가

이는역시 그러해도 수신제가(修身齊家) 아니하고

도성입덕(道成立德) 무엇이며 삼강오륜(三綱五倫) 다버리고

현인군자(賢人君子) 무엇이며 가도화순(家道和順) 하는법(法)은

부인(婦人)에게 관계(關係)하니 가장(家長)이 엄숙(嚴肅)하면

이런빛이 왜있으며 부인경계(婦人警戒) 다버리고

저도역시 괴이(怪異)하니 절통(切痛)코 애달하다

유시부(有是夫) 유시처(有是妻)라 하는도리(道理) 없다마는

현숙(賢淑)한 모든벗은 차차차차 경계(警戒)해서

안심안도 하여주소 내가역시 수치(羞恥)하면

재방(在傍)한 자네들은 불미지사(不美之事) 아닐런가

관기동정(觀其動靜) 하지말고 진선진미(盡善盡美) 효유(曉諭)해서

이내수치(羞恥) 씻어주면 그아니 성덕(盛德)인가

8.
스승이 된다는 건 오는 사람 거절 않고

오로지 가르치기 그것밖에 없지 않소.

제자가 된다는 건 일생 걸고 약속하여

공경히 받은 글을 온전히 지키는 것

뛰어난 군자들이 흔히들 있다지만

이렇게 스승 되고 이렇게 제자 되니

우리가 일구어 온 동학 교단 힘이라오.

예부터 지금까지 성현의 제자들은

백가시서 외워내고 연원도통 지켜내어

공자님의 어진 도덕 나날이 밝혀내어

천년을 전했으니 그 아니 기쁘겠소.

나도 또한 이 세상에 무극대도 닦아내어

오는 사람 가르쳐서 삼칠주문 전해주니

자연히 깨우치는 무위이화 아니겠소.

남의사장(師丈) 되는법(法)은 내자불거(來者不拒) 아닐런가

가르치기 위주(爲主)하니 그밖에 무엇이며

남의제자(弟子) 되는법은 백년결의(百年結義) 하온후에

공경(恭敬)히 받은문자(文字) 호말(毫末)인들 변(變)할소냐

출등(出等)한 제군자(諸君子)는 비비유지(比比有之) 한다해도

작지사(作之師) 작지제(作之弟)라 사문성덕(斯門盛德) 아닐런가

자고성현(自古聖賢) 문도(門徒)들은 백가시서(百家詩書) 외워내어

연원도통(淵源道統) 지켜내서 공부자(孔夫子) 어진도덕(道德)

가장더욱 밝혀내어 천추(千秋)에 전(傳)해오니

그아니 기쁠소냐 내역시(亦是) 이세상에

무극대도(無極大道) 닦아내어 오는사람 효유(曉諭)해서

삼칠자(三七字) 전(傳)해주니 무위이화(無爲而化) 아닐런가

9.

어리석은 세상 사람 마음에 담겨 있는

자존감은 다 버리고 나만 옳다 고집하며

우리 가문 없는 법을 혼자 앉아 지어내니

세상에 없는 법을 어떻게 따라가며

입도한 지 사오 개월 어찌 그리 속성인가.

애달프다 저 사람들

밝고 밝은 이 운수는 다 같이 밝지마는
어떤 사람 군자 되고 어떤 사람 저러한가.
인의예지 그 마음도 믿을 수 있어야지.
어리석은 생각으로 무엇을 알겠는가
우매(愚昧)한 세상사람 자존지심(自尊之心) 다던지고
자시지벽(自是之癖) 무삼일고 사문(師門)에 없는법(法)을
혼자앉아 지어내니 천추(千秋)에 없는법(法)을
어디가서 본(本)을보며 입도(入道)한 사오삭(四五朔)에
어찌그리 속성(速成)인고 애달다 저사람은
명명(明明)한 이운수(運數)는 다같이 밝지마는
어떤사람 군자(君子)되고 어떤사람 저러한고
인의예지신(仁義禮智信)인 줄을 망창(茫蒼)한 저소견(所見)에
무엇을 알잔말고.

10.
하나하나 기록해서 거울처럼 전해주니
살펴보고 안심하오.
말 같잖은 그른 행동 남의 이목 생각하고
바른 마음 가지고서 남들처럼 수도하소.
이 세상 살아갈 때 믿을 신(信)이 으뜸일세.
대장부 의기범절 믿음 없이 어디 나며
삼강오륜 밝은 법은 예(禮) 없으면 어디 나며

대장부 지혜범절 부끄러움 느낄 때니….

역력(歷歷)히 기록(記錄)해서

거울같이 전(傳)해주니 자세(仔細)보고 안심(安心)해서

불사(不似)한 그른거동(擧動) 남의이목(耳目) 살펴내어

정심수신(正心修身) 하온후에 남과같이 수도(修道)하소

대저세상(大抵世上) 인도중(人道中)에 믿을신(信)자 주장(主張)일세

대장부(大丈夫) 의기범절(義氣凡節) 신(信)없으면 어디나며

삼강오륜(三綱五倫) 밝은 법(法)은 예(禮)없으면 어디나며

대장부(大丈夫) 지혜범절(智慧凡節) 염치중(廉恥中)에 있었으니

11.

우습다 저 사람은 자기가 스스로를

포기하고 버리는 걸 알아채지 못하고서

염치없이 장난치니 진리를 어지르는

난도자가 아니겠소.

스승에게 안 배운 법 자기 혼자 지어내니

이는 역시 난법자라.

난법난도 하는 사람 날 볼 낯이 어디 있나.

이렇게 하다가는 그의 신수 가련하고

우리 도를 더럽히니 밤낮으로 걱정일세.

우습다 저사람은 자포자기(自暴自棄) 모르고서

모몰염치(冒沒廉恥) 장난하니 이는역시 난도자(亂道者)요

사장(師丈)못한 차제도법(次第道法) 제혼자 알았으니

이는역시 난법자(亂法者)라 난법난도(亂法亂道) 하는사람

날볼낯이 무엇인고 이같이 아니말면

제신수(身數) 가련(可憐)하고 이내도(道) 더럽히니

주소간(晝宵間) 하는걱정 이밖에 다시없다

12.

마음을 굳게 하면 우리 모두 군자 되니

글자마다 구절마다 자세히 살펴 읽어

바른 몸 바른 마음 정심수도하게 되면

춘삼월 좋은 날에 또 다시 보게 되리.

작심(作心)으로 불변(不變)하면 내성군자(乃成君子) 아닐런가

귀귀자자(句句字字) 살펴내어 정심수도(正心修道) 하여두면

춘삼월(春三月) 호시절(好時節)에 또다시 만나볼까

열두 번째 편지
— 수운의 잠 못 드는 밤

안녕하세요.

열두 번째 동학 편지를 씁니다.

처음에는 빠른 속도로 써지던 글이 마무리 단계에 가면서 점점 더 힘들어집니다. 더 많이 연구하고 충분한 자료를 가진 상태에서 시작했어야 하는데 제 공부의 양이 적었다는 걸 다시 느끼고 있습니다.

이건 공부하는 사람들 누구나 느끼는 딜레마이기도 합니다. 한 분야를 깊이 공부하면 깊이가 있지만 폭넓게 볼 수 없고, 저처럼 폭넓은 시야를 가지고 다양한 공부를 하다 보면 이런 깊이의 한계 앞에 부딪치게 됩니다. 어느 길이 옳고 그르다 말하기는 힘듭니다. 양쪽 다 장단점이 있습니다.

현재 대학에서 택하는 전문성을 가진 깊은 탐구의 한계는 점점 더 눈에 선명해집니다. 통합과 융합의 길을 걷는 연구자들은 어느 정도의 조직과 경제적 기반이 없으면 시간의 한계 앞에서 무력해집니다. 아무리 해도 공부할 것이 끝이 없이 이어지게 됩니다.

수운 선생님은 어떤 입장을 택했을까요? 도수사의 글을 따라 가면서 수운의 공부법을 찾아봅니다. 도수사는 수운 선생님께서 경주를 떠나는 장면에서 시작합니다.

> 넓고 넓은 이 세상에 정처 없이 길을 나서 울적한 이내 마음 정 붙일 곳 하나 없네. 청려장 지팡이를 손에 들고 벗을 삼아 숙소의 창에 기대 생각에 잠겨 들고 이리 뒤척 저리 뒤척 전전반측 잠 못 들어….

그는 지금 어디로 간다고 정한 곳도 없이 일단 도망치듯 집을 나온 상태입니다. 가까운 사람들과 작별할 시간도 가지지 못했습니다. 일단 몸이라도 피해야 한다고 생각했고 처음 생각은 멀지 않은 울산이나 부산 정도에서 머물 생각이었을 겁니다.

그러나 그 정도에서는 안심할 수 없어 더 멀리 가기로 하고 부산에서 여수까지 배를 타고 전라도로 넘어 옵니다.

한숨 돌릴 정도의 시간이 되자 그리움이 밀려옵니다. 길 위의 숙소에서 이리 뒤척 저리 뒤척 잠들 수가 없습니다.

생각해 보면, 포덕을 시작 한 이래 몇 개월 동안 느낀 것은 인생에서 처음 느껴 본 행복이었습니다.

> 일 년이 되지 않아 멀리서 가까이서 어진 선비 구름처럼 바람처럼 모여드니 즐거움 한 가운데 큰 기쁨 아니겠나? 이내 좁은 생각으로 진리의 길 가르치다 겨우 일 년 지난 뒤에 막막한 걸음으로 언제쯤 떠난다는 날짜도 못 정하고 급하게 출발하니 여러 곳의 벗들에게 한

마디 말도 없이 자세한 이야기도 제대로 못 전했네.

가르침을 펴던 처음에, 성인이 오셨다는 소문이 났고, 구름처럼 바람처럼 형제들이 모여들었습니다. 그들은 함께 춤추고 노래하고 기쁨 속에서 진리를 즐겼습니다. 그 기쁨을 일 년도 누리지 못하고 수운은 떠나야 했습니다.

그에게는 꿈이 있었습니다. 그와 함께 한 동학 형제들이 높은 의식 수준에 이르는 꿈입니다. 다시개벽의 새 세상, 고통과 절망의 때 하원갑이 지나 다시 돌아올 기쁨의 상원갑을 잘 준비하길 바랐습니다.

무극대도의 길을 따라 걷는 도성입덕(道成立德)이 갖추어진 사람들을 보고 싶었습니다.

정성 공경 지켜내어 차츰차츰 닦아 내면 무극대도 아닐런가? 그날, 그날, 그날 오면 도와 덕이 서게 되리.

수운은 기본적으로 공자님의 마음을 내면화한 사람입니다. 그는 성리학자이고 자신의 길이 성리학으로는 현실의 모순을 극복하기 힘든 상황에서 재해석해낸 성리학의 길이라고 생각합니다.

공자님께서 제자들을 만났듯이 그도 그렇게 제자들을 만나고 싶었습니다. 공자님께서 제자들을 훈련시킨 육예의 과정을 존중했고 수많은 제자들이 그 과정을 통해 도통(道通)을 전수 받아 천년의 세월을 이어온 사실을 중요하게 생각했습니다.

그러나 그렇게 애쓰고 노력했지만 공자의 제자들은 여러 계파로 분열되고 어떤 경우에는 충효로 대표되는 본질적인 유학 정통성에 대한 침해가 일어나기도 합니다.

수운 선생님이 예로 든 전자방, 단간목이 대표적입니다. 두 사람은 다 공자의 제자인 자공의 문하에서 공부하고 위나라의 지도자가 된 사람들인데 그들은 노자의 무위이화, 높은 사람이 낮아지는 실천 방법을 유학과 통합하려는 시도를 합니다. 수운 선생님은 이런 두 사람을 진리를 흩트린 '난법난도(亂法亂道)'한 사람이라고 평가합니다.

이런 문제는 참 쉽게 말할 수 없습니다. 공부를 해 보면 누구나 알 수 있는 일이 있는데, 현실에서는 원칙도 중요하지만 다양한 응용과 여러 관점이 필요합니다. 통합의 더 넓은 눈을 사용하는 사람은 변절한 것으로 보이기 쉽습니다.

수운 선생님은 세상을 두루 둘러보았지만 현실 정치에 참여하거나 지역의 지도자가 되어 본 경험을 하지는 못했습니다. 그는 삶에는 순수함이 있다고 생각했고, 제대로 길을 걸으면 도통에 이르는 길이 그렇게 어렵지 않고 시간도 압축할 수 있다고 생각했습니다.

어질다 이내 벗들 예부터 지금까지 선배들의 본을 받아 진리를 따르고 기쁘게 받으시게. 십 년을 공부해서 도와 덕에 서게 되면 빨리 된

거라지만 무극한 우리 도는 삼 년만 공부해도 도와 덕이 서게 되네.

십 년을 해도 쉽지 않은 공부를 삼 년이면 끝낼 수 있다는 수운의 이 선언은 양면성이 있습니다. 하나는 내가 제대로 된 길과 방법론인 무극대도를 찾았다는 자부심이고, 또 하나는 수운 안에 잠들어 있는 조급함의 표현이기도 합니다.

그는 눈앞에 다가온 다시개벽의 새 시대를 위해 해야 할 게 너무 많았습니다. 수운뿐만 아니라 그를 중심으로 모여든 동학 집단 전체가 어떤 시대적 열망에 휩싸였을 가능성도 높습니다.

동학 공동체 안에서 이루어진, 각자가 가진 것을 서로를 위해 나누는 유무상자(有無相資), 신분 차별의 해소 같은 일들은 누구나 경험하고 나면 내면에서 열정이 차오르지 않을 수 없는 일입니다. 빨리 다시개벽의 아름다운 지상천국을 만들고 싶어집니다. 어쩌면 수운의 삼 년만 공부해도 도통하게 된다는 이야기는 이런 분위기에 기름을 부은 격일 수도 있습니다.

빠른 시간에 성장한 조직이 드러내는 여러 문제가 한꺼번에 드러나기 시작하고 조금은 정신없어 보이는 열정에 휩싸인 사람들은 사회적 비판의 대상이 되기도 하고, 지역의 지도자들은 수운에 대한 위기의식이 높아져 가게 됩니다.

어느 정도 사리 분별을 할 줄 알고 생각이 있다는 사람들도 지나친 열정과 조급함을 드러내고, 수준 낮은 사람들은 입으로 주문만 외우면 득도한다고 말하며 떠벌리고 다니기도 하고, 가족 관계가 파탄 나는 일이 생기기도 합니다.

> 사람마다 재질 달라 상중하가 있지마는 편협한 생각에도 마음이 열
> 려 있고 통했다는 군자들이 세상 보며 탄식하고 급하게 재촉하며 조
> 급함을 드러내오. 입도한 도인 중에 몰지각한 사람들은 말만 듣고
> 입도해서 입으로만 주문 외니 도와 덕을 세우는 일 어찌할 줄 모르
> 면서 나도 득도, 너도 득도 어지러운 이 세상에 어이없는 저 사람은
> 어찌 저리 같잖은가. … 집안이 화목한 건 부인에게 달렸지만 가장
> 이 제대로면 부인 얼굴 그렇겠소. 부부 화목 다 버리고 괴이하게 행
> 동하니 아프고 애달프오.

용담에서 수운의 동학 공동체는 한편으로는 제대로 된 공부법을
기반으로 빠르게 성장하면서, 동시에 한편으로는 여러 문제가 드러
나며 사회적 지탄을 받는 상황이 벌어지게 됩니다.

수운이 떠날 수밖에 없었던 이유는 외부의 탄압 때문이면서 동
시에 내부의 미성숙 때문입니다. 이건 너무나 당연하지 않나요? 수
운의 동학은 1년이 채 되지 않았는데 경주 인근에서 위협적일 정도
의 집단이 되었지만 누구도 제대로 체계를 잡을 수 없는 상황이었
습니다.

이런 혼란을 비집고 수운에게 도전하며 '내 방법이 옳고 다른 것
은 틀렸다'고 말하는 사람들이 나오게 됩니다.

어리석은 세상사람 마음에 담겨 있는 자존감은 다 버리고 나만 옳다 고집하며 우리 가문 없는 법을 혼자 앉아 지어내니 세상에 없는 법을 어떻게 따라 가며 입도한 지 사오 개월 어찌 그리 속성인가. 애달 프다 저 사람들 밝고 밝은 이 운수는 다 같이 밝지마는 어떤 사람 군자 되고 어떤 사람 저러한가.

수운 선생님께서 노래에 담을 정도로 마음에 깊은 상처를 받았다고 봐야 합니다. 이후에는 이런 도전하는 집단에 대해 더 강한 어조로 비판하기 시작합니다.

우습다 저 사람은 자기가 스스로를 포기하고 버리는 걸 알아채지 못하고서 염치없이 장난치니 진리를 어지르는 난도자가 아니겠소. 스승에게 안 배운 법 자기 혼자 지어내니 이는 역시 난법자라. 난법난도 하는 사람 날 볼 낯이 어디 있나. 이렇게 하다가는 그의 신수 가련하고, 우리 도를 더럽히니 밤낮으로 걱정일세.

먼 곳으로 여행하는 중에 간신히 숨을 돌리며 지난 시간을 하나 하나 복기하고 있는 수운으로서는 외부의 탄압은 견딜 수 있었는데 동학 공동체 안에서 일어난 일들은 그에게 깊은 상처였고 잠 못 들게 하는 회한이기도 합니다.
수운은 도수사의 글을 신뢰의 회복과 정심수도(正心修道)의 권유로 마무리 짓습니다.

마음을 굳게 하면 우리 모두 군자 되니 글자마다 구절마다 자세히 살펴 읽어 바른 몸 바른 마음 정심수도하게 되면 춘삼월 좋은 날에 또 다시 보게 되리.

수운이 찾았던 무극대도의 공부법은 공자님의 연원도통법보다 훨씬 더 효율적이고 19세기 조선에서 적용하기에 효율성이 높은 공부법이었습니다. 만권의 책을 읽고 육예라는 전인적인 수련 과정을 거치는 성리학의 기법은 아무나 할 수 있는 공부가 아닙니다.

거기다 공부의 평가 기준인 과거의 평가 기능이 사실상 무너진 상태여서 제대로 평가를 받을 수도 없는 조건에서 성리학의 공부법을 넘어서는 건 시대적 과제였습니다. 우리 시대로 돌려서 보면 이미 대학이 실력의 평가 기준으로 제대로 작용하지 못하는 것과 비슷한 의미이기도 합니다.

수운의 무극대도는 효율적이었지만 동시에 모순도 많았습니다. 수운 자신도 잘 준비해서 가르친다고 노력했지만 여기저기서 문제가 드러났고 그 결과 자신의 기반을 떠날 수밖에 없기도 했습니다.

결국 수운은 다시 공부해야 했습니다. 그에게는 은적암이라는 새로운 공간이 주어졌고, 자기를 벼릴 수 있는 시간도 생겼습니다.

세상에 어떤 것도 완벽한 것은 없습니다. 새로운 것은 모순을 드러내고 성인은 그 모순을 품어 안고 새 길을 걸을 수밖에 없습니다.

고맙습니다.

2021.10.2.

권학가(勸學歌)

1.

버드나무 흐드러진 길 위에서 서성이던

한가한 이내 몸이 팔도강산 다 밟은 뒤

전라도 은적암에서 또 한 해를 보내누나.

무정한 이 세월에 놀고먹는 신세라네.

넓고 넓은 이 세상에 청려 지팡이 벗을 삼아

속세를 벗어나서 만물을 바라보니

울적한 이내 마음 받아 줄 이 하나 없어

말을 하고 글을 지어 한 해를 보내오며

새해를 맞이하는 송구영신 하여보세.

노류한담(路柳閑談) 무사객(無事客)이 팔도강산(八道江山) 다밟아서

전라도(全羅道) 은적암(隱寂庵)에 환세차(換歲次)로 소일(消日)하니

무정(無情)한 이 세월(歲月)에 놀고보고 먹고보세

호호망망(浩浩茫茫) 넓은천지 청려(靑藜)를 벗을삼아

일신(一身)으로 비겨서서 적세만물 하여보니

무사한 이내회포(懷抱) 부칠곳 바이없어

말로하며 글을지어 송구영신(送舊迎新) 하여보세

2.
허무한 세월이여 어찌 이리 무정한가?
어화 세상 사람들아 칠십까지 사는 사람
옛날부터 쉽지 않아 인생 칠십 고래희라.
무정한 이 세월을 하나하나 헤어보니
빛살 같은 이 세상에 하루살이 인생들을
칠십 년을 살았다고 드물 희(稀) 자 줄 수 있나?
무정(無情)한 이세월(歲月)이 어찌이리 무정한고
어화세상 사람들아 인간칠십(人間七十) 고래희(古來稀)는
만고유전(萬古遺傳) 아닐런가 무정한 이세월을
역력(歷歷)히 헤어보니 광음(光陰)같은 이세상에
부유(蜉蝣)같은 저인생(人生)을 칠십평생(七十平生) 칭찬(稱讚)하여
드물희(稀)자 전(傳)탄말가

3.
어화 세상 사람들아,
만고풍상 겪은 손이 노래 한 곡 지어 보네.
만고풍상 겪은 일을 산을 만나 물을 만나
소리 높여 노래하고, 어린 자식 고향 생각
노래로 불러보네.

이 노래 웃지 말고 깊이깊이 생각하오.

수없이 많은 사람 사람마다 나 같을까?

허다한 한글가사(歌辭) 노래마다 이러할까

한 자 한 자 깊이 읽고 하나하나 외워내어

춘삼월 좋은 날에 우리 함께 즐겨 보세.

어화세상 사람들아

만고풍상(萬古風霜) 겪은손이 노래한장(章) 지어보세

만고풍상 겪은일을 산수(山水)만나 소창(逍暢)하고

어린자식 고향(故鄉)생각 노래지어 소창(逍暢)하니

이글보고 웃지말고 숙독상미(熟讀嘗味) 하였어라

억조창생(億兆蒼生) 많은사람 사람마다 이러하며

허다(許多)한 언문가사 노래마다 이러할까

귀귀자자(句句字字) 살펴내어 역력(歷歷)히 외워내서

춘삼월(春三月) 호시절(好時節)에 놀고보고 먹고보세

4.

강산 구경 뒤로 하고 인심 풍속 살펴보니

부자유친, 군신유의, 부부유별, 장유유서.

붕우유신 있지마는 이제는 의미 없네.

세상을 다 몰라도 이런 경우 처음이다.

강산(江山)구경 다던지고 인심풍속(人心風俗) 살펴보니

부자유친(父子有親) 군신유의(君臣有義) 부부유별(夫婦有別) 장유유서(長幼

有序)

　　붕우유신(朋友有信) 있지마는 인심풍속(人心風俗) 괴이(怪異)하나

　　세상(世上)구경 못한인생(人生) 출생이후(出生以後) 첨이로다

　　5.

　　태어난 나의 고향 인심 풍속 서러워서

　　집안일도 버려두고 방방곡곡 떠돌면서

　　하나하나 살펴보니 많고 많은 남녀 사람

　　사람마다 낯이 설고 인심 풍속 하는 모습

　　모든 일이 눈에 걸려 타향이라 이런 건가.

　　세상에는 좋은 인심 좋은 풍속 있을 테니

　　그것을 보고 싶어 어진 친구 좋은 벗을

　　어느 날 이별하고 먼 길을 떠났다네.

　　산수풍경 다 못 보고 동지섣달 찬바람에

　　마을마다 전전하며 세상을 돌았는데

　　세상이 이러한가 웃음밖에 안 나온다.

　　생장(生長)한 이내곳에 인심풍속(人心風俗) 한탄(恨歎)해서

　　불고가산(不顧家産) 발정(發程)하여 방방곡곡(方方谷谷) 찾아와서

　　매매사사(每每事事) 살펴보니 허다(許多)한 남녀(男女)사람

　　사람마다 낯이설고 인심풍속(人心風俗) 하는거동(擧動)

　　매매사사 눈에거쳐 타도타관(他道他官) 아닐런가

　　이내좁은 소견(所見)으로 호풍호속(好風好俗) 보려하고

어진친구 좋은벗을 일조이별(一朝離別) 하단말가

산수풍경(山水風景) 다던지고 동지(冬至)섣달 설한풍(雪寒風)에

촌촌전진(村村轉進) 하다가서 일소일파(一笑一罷) 하여보세

6.

어화 세상 사람들아 세상 풍속 모르거든

나 사는 곳 살펴보오.

지금은 이런 시운(時運) 어떻게 할 수 없네.

세상을 발로 밟고 다녀 보지 아니하면

인심 풍속 이런 줄을 어떻게 알았으랴.

백 가지 천 가지 인간살이 백천만사

보고 나니 여한 없네.

어화세상 사람들아 세상풍속(世上風俗) 모르거든

내곳풍속(風俗) 살펴보소 이도역시(亦是) 시운(時運)이라

무가내(無可奈)라 할길없네 편답강산(遍踏江山) 아니하면

인심풍속(人心風俗) 이런줄을 아니보고 어찌알꼬

대저인간(大抵人間) 백천만사(百千萬事) 보고나니 한(恨)이없네

7.

예부터 지금까지 헤아리고 살펴보니

요순임금 태평시대 그렇게 좋은 때는

하늘 아래 많은 사람 사람마다 요순인데

평화 시대 타락 시대 돌고 도는 윤회 운수

이러한 순환 역사 누구를 원망할까?

그래도 이 세상에 현인군자 있지마는

진흙에 묻힌 옥석 뉘라서 분간할까?

안빈낙도 즐기는 삶 어느 누가 이끌건가?

자고급금(自古及今) 촌탁(忖度)하니 요순성세(堯舜聖世) 그때라도

일천지하(一天之下) 많은사람 사람마다 요순(堯舜)일세

윤회(輪廻)같이 둘린운수(運數) 수원수구(誰怨誰咎) 아닐런가

아무리 이세상도 현인군자(賢人君子) 있지마는

진토중(塵土中)에 묻힌옥석(玉石) 뉘라서 분간(分揀)하며

안빈낙도(安貧樂道) 하지마는 뉘라서 지도(指導)할꼬

8.

시운을 생각하면 한번은 일어나고

한번은 무너지는 일성일쇠(一盛一衰) 반복되네.

쇠운이 계속되면 성운이 오지마는

지혜로운 모든 군자 마음 모아 성운 향해

최선을 다했던가, 동귀일체 하였던가?

어렵도다 어렵도다 만나기도 어렵도다.

방방곡곡 찾아들어 만날 수만 있다 하면

다른 말은 필요 없고 가슴에 품은 생각

주고받고 하고 난 뒤 힘차고 당당하게

바르게 정리해서 온 세상의 사람들이

도탄에 빠졌으니 죽을 고비 넘는 우리

보국안민 길을 찾자.

시운(時運)을 의논(議論)해도 일성일쇠(一盛一衰) 아닐런가

쇠운(衰運)이 지극(至極)하면 성운(盛運)이 오지마는

현숙(賢淑)한 모든군자(君子) 동귀일체(同歸一體) 하였던가

어렵도다 어렵도다 만나기도 어렵도다

방방곡곡(方方谷谷) 찾아들어 만나기만 만날진댄

흉중(胸中)에 품은회포(懷抱) 다른할말 바이없고

수문수답(隨問隨答) 하온후에 당당정리(堂堂正理) 밝혀내어

일세상(一世上) 저인물(人物)이 도탄중(塗炭中) 아닐런가

함지사지(陷之死地) 출생(出生)들아 보국안민(輔國安民) 어찌할꼬

9.

사람들도 나무 풀도 세상 사는 모든 생명

사는 것과 죽는 것이 하늘에 달렸잖소.

뜻밖의 바람 폭우 하늘을 원망해도

죽음에 부딪치면 하늘을 찾지 않소.

삼황오제 성현들도 하늘을 공경했소.

각박한 이 세상은 하늘을 모른다네.

대저인간(大抵人間) 초목군생(草木群生) 사생재천(死生在天) 아닐런가

불시풍우(不時風雨) 원망(怨望)해도 임사호천(臨死號天)아닐런가

삼황오제(三皇五帝) 성현(聖賢)들도 경천순천(敬天順天) 아닐런가

효박(淆薄)한 이세상에 불고천명(不顧天命) 하단말가

10.

진나라의 장평갱졸 사십만 조나라 군사

산 채로 묻었다네 이렇게 많은 사람

하늘님을 우러러서 은혜로 생겼는데

하늘 은덕 생각 않고 인간 근본 잊었구나.

가련한 세상이여 모두가 자기 생각

각자위심 빠졌구나 하늘 근본 생각하라.

각박한 세상에서 인간됨을 잊지 말자.

임금에게 공경하면 충신열사 아니던가.

부모님께 공경하면 효자효부 아니던가.

이런 분들 살펴봐서 그대도 공경하오.

나도 또한 태어나서 어려서 부모 잃고

정성 공경 못했으니 부모님께 죄 아닌가.

장평갱졸(長平坑卒) 많은사람 한울님을 우러러서

조화중(造化中)에 생겼으니 은덕(恩德)은 고사(姑捨)하고

근본(根本)조차 잊을소냐 가련(可憐)한 세상사람

각자위심(各自爲心) 하단말가 경천순천(敬天順天) 하였어라

효박(淆薄)한 이세상에 불망기본(不忘其本) 하였어라

임금에게 공경(恭敬)하면 충신열사(忠臣烈士) 아닐런가

부모(父母)님께 공경하면 효자효부(孝子孝婦) 아닐런가

슬프다 세상사람 자세보고 공경하소

나도또한 출세(出世)후에 조실부모(早失父母) 아닐런가

정성공경 없었으니 득죄부모(得罪父母) 아닐런가

11.

충신의 후손으로 초야에 자라나서

임금께 드릴 충성 다하지 못했으니

임금과 신하 사이 의리를 잃었구나.

허송세월 지내다가 거의 사십 되었으니

사십 평생 이뿐인가 어떻게 할 수 없네.

나도또한 충렬손(忠烈孫)이 초야(草野)에 자라나서

군신유의(君臣有義) 몰랐으니 득죄군왕(得罪君王) 아닐런가

허송세월(虛送歲月) 지내나니 거연사십(遽然四十) 되었더라

사십평생(四十平生) 이뿐인가 무가내(無可奈)라 할길없네

12.

절망과 고통의 때 하원갑 경신년에

전해 오는 세상 말이

"요망한 서양 도적 무기를 앞세우고

중국을 침범해서 천주교당 높이 세워

그들의 가르침을 세상에 전한다"니

진리라고 말하면서 그럴 수가 있는 건가
가소롭고 우습구나.
예전에 들은 말을 곰곰이 생각하니
아동방 이 나라의 어리석은 사람들이
사람다운 예의범절 윤리를 다 버리고
남녀노소 할 것 없이 길거리 애들까지
이리저리 모여들어 무리를 이루고서
서학을 따르면서 허송세월 하는구나.
그러면서 하늘님께 밤낮으로 비는 것이
'높고 높은 하늘나라 삼십삼천 옥경대에
나 죽으면 가고 싶네' 이렇게 원한다네.
하원갑(下元甲) 경신년(庚申年)에 전해오는 세상(世上)말이
요망(妖妄)한 서양적(西洋賊)이 중국(中國)을 침범(侵犯)해서
천주당(天主堂) 높이세워 거소위 하는도(道)를
천하(天下)에 편만(遍滿)하니 가소(可笑)절창 아닐런가
증전(曾前)에 들은말을 곰곰히 생각하니
아동방(我東方) 어린사람 예의오륜(禮義五倫) 다버리고
남녀노소(男女老少) 아동주졸(兒童走卒) 성군취당(成群聚黨) 극성중(極盛中)에
허송세월(虛送歲月) 한단말을 보는듯이 들어오니
무단(無斷)히 한울님께 주소간(晝宵間) 비는말이
삼십삼천(三十三天) 옥경대(玉京臺)에 나죽거든 가게하소

13.

어리석은 저 사람들 저의 부모 죽은 후에

조상귀신 없다 하고 제사도 안 지내며

윤리를 벗어나서 빨리 죽길 기도하니

부모 조상 영혼이고 혼백이고 없다면서

저는 어찌 영혼 있어 하늘에 오르는가.

어리석은 소리구나 그런 소리 말았어라.

이 말 저 말 다 던지고 하늘님을 공경하면

아동방 삼년 괴질 죽을 염려 있겠는가.

허무한 너희 모습 웃을 수밖에 없고

탄식이 나는구나.

우습다 저사람은 저의부모(父母) 죽은후에

신(神)도없다 이름하고 제사(祭祀)조차 안지내며

오륜(五倫)에 벗어나서 유원속사 무삼일고

부모(父母)없는 혼령혼백(魂靈魂魄) 저는어찌 유독(唯獨)있어

상천(上天)하고 무엇하고 어린소리 말았어라

그말저말 다던지고 한울님을 공경하면

아동방(我東方) 삼년괴질(三年怪疾) 죽을염려(念慮) 있을소냐

허무(虛無)한 너희풍속(風俗) 듣고나니 절창이오

보고나니 개탄(慨歎)일세

14.

나도 역시 사십 평생 한 일 없이 지내다가

이제야 이 세상에 홀연히 생각하니

시운이 돌아와서 나에게 둘렀던가.

만고 없는 무극대도 이 세상에 이루나니

이도 역시 시운이라.

하루하루 먹는 음식 정성으로 모시면서

하늘님을 공경하면 오래된 병이라도

약 하나 쓰지 않고 건강을 찾게 되네.

집안의 아랫사람 윗사람 모두 같이

걱정 없고 우환 없이 일 년 삼백육십 일을

하루같이 지내나니 하늘이 도우시네.

이런 일을 하나하나 살펴보고 경험하니

윤회하며 돌아오는 시운이 분명하다.

내역시 사십평생(四十平生) 해음없이 지내나니 이제야 이세상에

홀연(忽然)히 생각하니 시운(時運)이 둘렀던가

만고(萬古)없는 무극대도(無極大道) 이세상에 창건(創建)하니

이도역시 시운(時運)이라 일일시시(日日時時) 먹는음식

성경이자(誠敬二字) 지켜내어 한울님을 공경하면

자아시(自兒時) 있던신병(身病) 물약자효(勿藥自效) 아닐런가

가중차제(家中次第) 우환(憂患)없어 일년삼백(一年三百) 육십일(六十日)을

일조(一朝)같이 지내가니 천우신조(天佑神助) 아닐런가

차차차차 증험(證驗)하니 윤회시운(輪廻時運) 분명(分明)하다

15.
어화 세상 사람들아 염려해서 하는 말을
자세히 생각하고 잊지 말고 지켜내어
정성으로 공경해서 하늘님만 생각하오.
가족에게 가르치고 영원히 잊지 말게.
아동방 매년 괴질 사람들은 죽어나네.
나도 또한 이 세상을 두루 돌아다니다가
어진 사람 만날 때는 시운 변화 의논하고
한평생 해야 할 일 생각이 통한다면
이 글 주고 결의해서 친구가 될 것이네.
어화세상 사람들아 이내경계(警戒) 하는말씀
세세명찰(細細明察) 하온후에 잊지말고 지켜내어
성지우성(誠之又誠) 공경(恭敬)해서 한울님만 생각하소
처자(妻子)불러 효유(曉諭)하고 영세불망(永世不忘) 하였어라
아동방(我東方) 연년괴질(年年怪疾) 인물상해(人物傷害) 아닐런가
나도또한 이세상에 편답주류(遍踏周流) 하다가서
어진사람 만나거든 시운시변(時運時變) 의논하고
백년신세 말하거든 이글주고 결의해서
붕우유신(朋友有信) 하여보세

16.

내 얘기가 어설퍼도 잊지 말고 생각하오.

어리석은 사람들의 천만 가지 걱정에서

하나라도 얻게 되면 그 아니 덕일런가?

시운이 오는 때를 알아보고 찾는 일은

옛날이나 지금이나 고금에 없는 고로

졸필에다 졸문인데 그래도 글을 지어

염치를 무릅쓰고 그대에게 전해주니

이 글 보고 웃지 말고 기쁘게 공부하오.

우매(愚昧)한 이내말씀 잊지말고 생각하소

우자천려(愚者千慮) 그가운데 필유일득(必有一得) 되게되면

그아니 덕일런가 운수관계(運數關係) 하는일은 고금(古今)에 없는고로

졸필졸문(拙筆拙文) 지어내어 모몰염치(冒沒廉恥) 전(傳)해주니

이글보고 웃지말고 흠재훈사(欽哉訓辭) 하였어라

열세 번째 편지
— 이제 우리 같이 동학을 합시다

안녕하세요.

열세 번째 동학 편지를 씁니다.

이번에 읽을 내용은 권학가입니다.

공부하라고 권하는 내용이 아니라 세상에 대한 다양한 경험과 현실의 모순을 이해하고, 새로이 퍼져나가는 서학의 한계를 보고난 뒤에 '우리 이제 같이 동학을 합시다.' 하고 말하는 내용입니다.

앞에서 읽은 도수사는 수운이 이제 막 은적암에 도착했거나, 혹은 남원으로 오는 여행 중에 집필했을 가능성이 높습니다. 아직도 과연 이곳이 안전한 곳인지 여전히 불안했고, 밤에도 쉽게 잠들 수 없는 회한과 배신의 분노가 그를 감싸고 있습니다.

권학가의 수운은 도수사의 수운에 비해서는 훨씬 더 안정적이고 확신이 차 있습니다. 한 달이 안 되는 짧은 시간에 남원 형제들의 도움과 자연 속의 휴식을 통해 안정을 얻었습니다.

때는 1862년 임술년 새해입니다. 1861년 신유년은 수운이 인생에서 가장 높이 날아 오른 시간입니다. 수많은 사람들이 그를 찾아왔고, 사람들의 마음에 하늘님을 모시는 시천주 신앙과 삶의 가치를 심는 데 성공했습니다. 또 동시에 심각한 갈등에 휩싸이기도 합니다.

이걸 좋다고 말해야 할지 힘들었다고 말해야 할지 알 수 없는 여러 일들이 혼재된 상황이고, 그 사이에는 가까운 이들로부터 뼈저리는 배신감도 느껴야 했습니다. 수많은 인연과 인연이 맞물리며 그는 지금 이 자리 남원 은적암에 있습니다.

지난 시간을 회상하면 이건 정말 한 편의 영화 같습니다. 영화 같은 그 시간을 노래에 담습니다.

> 어화세상 사람들아, 만고풍상 겪은 손이 노래 한 곡 지어 보네. 만고풍상 겪은 일을 산을 만나 물을 만나 소리 높여 노래하고, 어린 자식 고향 생각 노래로 불러보네. 이 노래 웃지 말고 깊이깊이 생각하오. 수없이 많은 사람 사람마다 나 같을까? 허다한 한글가사(歌辭) 노래마다 이러할까

지금 교룡산 은적암의 눈앞에는 지리산이 장엄하게 펼쳐져 있고, 남원을 돌아 흐르는 요천과 섬진강이 보입니다. '만고풍상 겪은 일'을 지리산에 대고 외쳐보고 섬진강에 흘러 보냅니다.

이 노래는 슬픔의 노래이면서 동시에 희망의 노래이기도 합니다. 권학가에는 기쁨과 슬픔을 넘나드는 독특한 정서가 흐르고 있습니다. 수운은 점점 더 삶의 양면성을 한눈에 담을 수 있는 사람이 되어

가고 있고 그의 의식이 도달해야 할 어느 지점에 거의 다 이르렀습니다.

수운은 자신이 경험한 '만고풍상 겪은 일'을 이야기합니다. 그가 한겨울 찬바람을 뚫고, 또 뜨거운 한낮의 태양을 피하지 않으며 걸었던 이유가 있습니다. 그는 이 세상 어딘가에는 새로운 시대를 준비하는 맑고 밝은 사람들이 있을 거라고 생각하고, 마을 마을을 돌며 행상을 가장하여 전국을 여행합니다.

> 태어난 나의 고향 인심 풍속 서러워서 집안일도 버려두고 방방곡곡 떠돌면서 하나하나 살펴보니 많고 많은 남녀 사람 사람마다 낯이 설고 인심 풍속 하는 모습 모든 일이 눈에 걸려 타향이라 이런 건가. 세상에는 좋은 인심 좋은 풍속 있을 테니 그것을 보고 싶어 어진 친구 좋은 벗을 어느 날 이별하고 먼 길을 떠났다네. 산수풍경 다 못 보고 동지섣달 찬바람에 마을마다 전전하며 세상을 돌았는데 세상이 이러한가 웃음밖에 안 나온다.

이렇게 돌고 돈 뒤에 그는 아무도 만날 수 없었다고 말합니다. 사실 이 장면에서 마음이 짠합니다. 그가 세상을 여행한 시간은 거의 10여년이 넘었고 정말 만나야 할 사람이라고 생각해서 찾아간 경우도 있었을 겁니다. 그런데 아무도 만나지 못합니다.

시운을 생각하면 한번은 일어나고 한번은 무너지는 일성일쇠(一盛一

襄) 반복되네. 쇠운이 계속되면 성운이 오지마는 지혜로운 모든 군자 마음모아 성운 향해 최선을 다했던가, 동귀일체 하였던가? 어렵도다 어렵도다 만나기도 어렵도다. 방방곡곡 찾아들어 만날 수만 있다 하면 다른 말은 필요 없고 가슴에 품은 생각 주고받고 하고 난 뒤 힘차고 당당하게 바르게 정리해서 온 세상의 사람들이 도탄에 빠졌으니 죽을 고비 넘는 우리 보국안민 길을 찾자.

보국안민의 시대 과제를 토론하고 싶었는데 어디에서도 그 마음을 나눌 사람을 만날 수 없었습니다. 그들은 어디로 갔을까요?

많은 사람들은 이미 몸을 피했을 겁니다. 삼정의 문란이라는 약탈 정치가 시작되면서 한국인의 디아스포라는 19세기부터 시작됩니다. 섬으로, 만주로, 함경도와 강원도의 산 속 깊은 곳으로 사람들은 피하기 시작합니다.

또 하나는 시대의 화두가 바뀌어 버립니다. 보국안민의 미래 지향적인 논쟁이 아니라 정감록과 십승지라는, 영웅을 기다리고 안전지대로 피해서 버틸 길을 찾는 것이 시대의 화두가 되어 누구도 나 스스로 책임지는 미래를 생각하지 않습니다.

꿈꾸는 사람들이 사라지고 시대의 화두가 바뀌면서 수운은 누구 한 사람 만나지 못합니다.

수운에게는 깨달음 이후의 좋은 제자는 많지만 깨달음 얻기 이전에 만난 격의 없이 지내는 친구와 동지는 없습니다. 어릴 때의 친구들은 그를 괴롭혔고, 그가 성공하자 그를 질투했습니다.

어렵도다 어렵도다 만나기도 어렵도다. 방방곡곡 찾아들어 만날 수
만 있다 하면….

　수운의 이 노래 구절은 외롭고 소외된 그의 쓰린 마음을 느낄 수
있습니다. 지금 살고 있는 마을에서 누구와도 제대로 마음을 나눌
수 없어서 전국을 돌아다녔는데도 아무도 만날 수 없었던 슬픔을 담
았습니다.

　지금 저도 돌아보면 친구가 하나도 없어요. 중국에 가고 싶었던
이유도 '한국에는 사람이 없구나' 하는 생각 때문이었어요. 이건 어
떤 새로운 유형의 의식 세계에 이른 사람들 누구나 느끼는 감정 중
하나입니다. 그래서 그들은 여행자가 될 수 있는데 그 여행을 통해
무엇을 가져오는 건 아닙니다. 단지 살아 돌아오기만 할 뿐이에요.

　수운은 간신히 살아 돌아온 뒤에 권학가에서 '만고풍상(萬古風霜)
겪은 손으로 이 노래를 부른다'라고 합니다. '만고풍상 겪은 손'의
내면화된 의미는 '간신히 죽지 않고 살아서 돌아왔다'입니다.

　그는 크게 봐서 두 가지를 보고 옵니다. 첫째는 '이제 더 이상 성
리학에서 희망을 찾을 수 없다'는 것이고, 둘째는 '서학은 시대의 고
통을 해결하기보다는 혼란을 부추길 가능성이 높다'는 사실입니다.

어화 세상 사람들아 세상 풍속 모르거든 나 사는 곳 살펴보오. 지금
은 이런 시운(時運) 어떻게 할 수 없네. 세상을 발로 밟고 다녀 보지
아니하면 인심 풍속 이런 줄을 어떻게 알았으랴. 백 가지 천 가지 인

간살이 백천만사 보고 나니 여한 없네.

…

가련한 세상이여 모두가 자기 생각 각자위심 빠졌구나 하늘 근본 생 각하라.

…

어리석은 저 사람들 저의 부모 죽은 후에 조상귀신 없다 하고 제사 도 안 지내며 윤리를 벗어나서 빨리 죽길 기도하니 부모 조상 영혼 이고 혼백이고 없다면서 저는 어찌 영혼 있어 하늘에 오르는가. 어 리석은 소리구나 그런 소리 말았어라. 이 말 저 말 다 던지고 하늘님 을 공경하면 아동방 삼 년 괴질 죽을 염려 있겠는가. 허무한 너희 모 습 웃을 수밖에 없고 탄식이 나는구나.

수운은 오랫동안 성리학을 공부했고 그것으로부터 가능성을 찾 기 위해 최선을 다했지만, 길고 오랜 순례 여행을 통해 성리학에 더 이상 기대를 갖지 않게 되었고, 새로운 빛으로 생각했던 서학의 어 느 한계 지점도 보게 됩니다.

아마 이 구도 여행을 하지 않았다면 그는 여전히 이 세상 어딘가 에 누군가 있지 않을까 하는 생각을 했겠지만 그는 이제 누구에게도 어디에도 희망을 기대지 않을 수 있었습니다.

희망은 오직 내 안에 있다는 것을 알고 있었고, 그 시간이 오자 하 늘님은 그를 만납니다. 동학이 만들어지는 시간입니다.

수운은 권학가를 쓰고 얼마 지나지 않아 그의 글 중 가장 중요한 글이라고 할 수 있는 논학문을 씁니다. 논학문의 다른 이름은 '동학론(東學論)'입니다. 이 한 편의 글에 동학의 정체성이 모두 다 담겨 있습니다. 권학가에는 논학문을 쓰기 직전의 확신이 보이기 시작합니다.

나도 역시 사십 평생 한 일 없이 지내다가 이제야 이 세상에 홀연히 생각하니 시운이 돌아와서 나에게 둘렀던가. 만고 없는 무극대도 이 세상에 이루나니(創建) 이도 역시 시운이라.

이전의 노래에서 그는 무극대도의 길을 하늘님에게서 받았다고 표현했지만 권학가에서는 '창건(創建)했다'고 표현합니다. 수운의 자신감이 정점을 찍는 순간입니다.

그는 이미 거의 2년에 이르는 시간을 통해 경험합니다. 음식을 정성스럽게 먹는 것만으로도 어떤 병에도 걸리지 않았고, 그를 둘러싼 여러 관계들이 새롭게 변화하고 관계 속에 평화가 깃드는 것을 몸으로 느끼게 됩니다.

그가 찾은 길이 허망하지 않고 마음의 평화를 주며 모든 일들이 자연스럽게 질서를 찾아간다는 것(無爲而化)도 알게 됩니다.

제자들에게 신년을 맞이해서 은적암에서 잘 지내고 있다는 안부와 함께 보낸 편지를 통해 '우리 이제 아무런 의심도 하지 말고 고금을 통틀어 쉽게 찾을 수 없는 길을 찾았으니 마음 모아 동학을 같이 합시다!' 하고 권할 수 있게 됩니다.

찾아오는 사람에게만 진리를 이야기한다는 수운의 수동적 자세에서 적극적으로 권유하는 다른 모습을 보입니다.

수운 선생님의 삶을 노래한 뮤지컬의 제목이 '만고풍상(萬古風霜) 겪은 손이'입니다. 서울 천도교 대교당에서 이 뮤지컬을 봤던 일이 떠오릅니다. 수운의 삶도 만고풍상의 길이었고, 그의 제자들이 걸었던 길도 만고풍상 겪은 길입니다. 그 길을 따라 지금 우리가 있습니다.

고맙습니다.

2021.10.5.

도덕가(道德歌)

1.

음양이 조화 이뤄 천지가 시작되니

각양각색 만물들이 이 땅에 생겨나네.

나는 새들 뛰는 짐승 본능을 따라 살고

사람은 지혜로워 영성을 가졌다네.

천지음양(天地陰陽) 시판후(始判後)에 백천만물(百千萬物) 화(化)해나서

지우자(至愚者) 금수(禽獸)요 최령자(最靈者) 사람이라

2.

하늘 뜻과 사람 마음 하나라고 전해오고

수의 논리 주역괘에 귀와 신은 음양 작용

변화를 예측하기 정말로 어렵구나.

대학에서 말하는 도 밝고 밝은 마음으로

맑은 선(善)에 오랫동안 머무는 것 아닐런가

중용에서 하는 말은 천명지위성이요,

솔성지위도이며, 수도지위교로다.

우리 삶은 역동적인 생명력이 넘쳐나서

그 힘에 반응하며 진리를 찾아가고

그 진리를 몸에 담아 배움을 이루는 것

주역과 대학 중용 성(誠)과 경(敬)을 가르치네.

전(傳)해오는 세상말이 천의인심(天意人心) 같다하고

대정수(大定數) 주역괘(周易卦)에 난측자(難測者) 귀신(鬼神)이오

대학(大學)에 이른도(道)는 명명기덕(明明其德) 하여내어

지어지선(止於至善) 아닐런가 중용(中庸)에 이른말은

천명지위성(天命之謂性)이오 솔성지위도(率性之謂道)요

수도지위교(修道之謂敎)라하여 성경이자(誠敬二字) 밝혀두고

3.

우리나라 현인달사 도덕군자 멋진 이름

이것저것 아는 것이 천지간에 가득해도

어리석은 사람들아 삼가고 공경하는

경외(敬畏) 마음 없게 되면 아는 것이 무엇인가?

아동방(我東方) 현인달사(賢人達士) 도덕군자(道德君子) 이름하나

무지(無知)한 세상사람 아는바 천지(天地)라도

경외지심(敬畏之心) 없었으니 아는것이 무엇이며

4.

또 다른 사람들은 천상에 상제님이

옥경대에 계시다고 보는 듯이 말을 하니
우주의 근본 토대 음양 이치 두고라도
너무나 허무한 말 들을 수가 없겠구나.
천상(天上)에 상제(上帝)님이 옥경대(玉京臺) 계시다고
보는듯이 말을하니 음양이치(陰陽理致) 고사(姑捨)하고
허무지설(虛無之說) 아닐런가

5.
중국의 한 나라 때 귀신 숭배 하던 일이
우리에게 전해 와서 집집마다 하던 건데
온갖 것이 귀신이니 이럴 수가 있는 건가?
천지는 귀신이니 귀신은 돌아감(歸)과
펼쳐짐(伸)의 음양 작용 경전을 읽더라도
이것을 모르기에 의미를 알 수 없네.
도와 덕을 말하지만 이해하지 못하기에
현인군자 스승님을 눈앞에서 못 본다네.
지금은 이렇지만 오래전 성현 말씀
'대인은 여천지합기덕, 여일월합기명,
여귀신합기길흉이라.'
지혜로운 사람들은 하늘과 한마음이고
해처럼 달처럼 그 마음이 환히 밝고
귀신의 음양 작용 하나로 이어져서

좋은 일 나쁜 일을 마음으로 품는다네.

이렇게 밝혀내어 영원토록 전했으나

한(漢)나라 무고사(巫蠱事)가

아동방(我東方) 전(傳)해와서 집집이 위(爲)한것이

명색(名色)마다 귀신(鬼神)일세 이런지각(知覺) 구경하소

천지역시(天地亦是) 귀신(鬼神)이오 귀신역시(鬼神亦是) 음양(陰陽)인줄

이같이 몰랐으니 경전(經傳)살펴 무엇하며

도(道)와덕(德)을 몰랐으니 현인군자(賢人君子) 어찌알리

금세(今世)는 이러하나 자고성현(自古聖賢) 하신말씀

대인(大人)은 여천지합기덕(與天地合其德) 여일월합기명(與日月合其明)

여귀신합기길흉(與鬼神合其吉凶)이라 이같이 밝혀내어

영세무궁(永世無窮) 전(傳)했으니

6.

생각이 모자란 이 옹총망총 하는 말이

"하늘님도 늙으셔서 영험이 없거니와

몹쓸 사람 더 잘 살고 어진 사람 가난하네."

이렇게 말하면서 불평이나 하고 있네.

그러다가 어떤 사람 어찌 조금 공부해서

출세라도 하게 되면 출신 지역 집안 보아

추켜세워 하는 말이 "아무는 지벌 좋고

문필이 유여하니 도덕군자 분명하다."

이렇게 말하면서 부끄럼도 모른다네.

우습구나 저 사람은 지벌이 무엇인데

군자를 비유하며 학벌이 무엇인데

도덕을 갖다 붙여 그렇게 말하는가?

몰몰(沒沒)한 지각자(知覺者)는 옹총망총 하는말이

지금은 노천(老天)이라 영험(靈驗)도사 없거니와

몹쓸사람 부귀(富貴)하고 어진사람 궁박타고

하는말이 이뿐이오

약간(若干) 어찌 수신(修身)하면 지벌(地閥)보고 가세(家勢)보아

추세(趨勢)해서 하는말이 아무는 지벌(地閥)도 좋거니와

문필(文筆)이 유여(裕餘)하니 도덕군자(道德君子) 분명(分明)타고

모몰염치(冒沒廉恥) 추존(推尊)하니 우습다 저사람은

지벌(地閥)이 무엇이게 군자(君子)를 비유(比喩)하며

문필(文筆)이 무엇이게 도덕(道德)을 의논(議論)하노

7.

아서라 너희 사람 보자 하니 부끄럽고

말하자니 번거롭다 나 또한 이 세상에

태극 음양 사상 조화 기운을 품어 안고

부모님께 몸을 받아 이 땅에 태어나서

간신히 부모 이름 누 안 되게 살아가며

사십 평생 포의한사(布衣寒士) 가난하게 살지마는

하늘님 조화로움 어떻게 모르겠나?

아서라 너희사람 보자하니 욕(辱)이되고

말하자니 번거(煩擧)하되 나도또한 이세상에

양의사상(兩儀四象) 품기(稟氣)해서 신체발부(身體髮膚) 받아내어

근보가성(僅保家聲) 사십평생(四十平生) 포의한사(布衣寒士) 뿐이라도

천리(天理)야 모를소냐

8.

사람이 손과 발을 움직이고 걷는 것은

귀신의 음양 조화 그 이치 그대로네.

선과 악 그 사이에 마음 씀도 우주 기운

말하고 웃음 짓고 이도 역시 조화라네.

그러나 하늘님은 온전히 공정하고

사사로움 없으시니 지공무사(至公無私) 하신 마음

선악을 나누잖고 불택선악(不擇善惡) 하시나니

각박한 세상 마음 하나로 모으시네.

사람의 수족동정(手足動靜) 이는역시(亦是) 귀신(鬼神)이오

선악간(善惡間) 마음용사(用事) 이는역시(亦是) 기운(氣運)이오

말하고 웃는것은 이는역시(亦是) 조화(造化)로세

그러나 한울님은 지공무사(至公無私) 하신마음

불택선악(不擇善惡) 하시나니

효박(淆薄)한 이세상(世上)을 동귀일체(同歸一體) 하단말가

9.

요순임금 평화시대 성인만 있지 않고
도척처럼 흉악한 이 같이 섞여 살았다네.
하물며 이 세상에 악인들이 없겠는가?
공자님 계실 때도 환퇴의 무리들은
공자님을 해치려고 음모를 꾸몄으니
우리도 악인 음모 어떻게 피하겠나?
수심정기 바른 기운 인의예지 지켜내고
군자 말씀 본을 받아 정성과 공경 지켜
지혜로운 선인들의 오랜 예절 따라가면
그 누가 우리에게 혐의를 두겠는가?
세상 오륜 윤리 실천 사람됨의 기초이니
잊지 않고 실천하면 떳떳하게 살 수 있네.

요순지세(堯舜之世)에도 도척(盜跖)이 있었거든

하물며 이세상에 악인음해(惡人陰害) 없단말가

공자지세(孔子之世)에도 환퇴(桓魋)가 있었으니

우리역시 이세상에 악인지설(惡人之說) 피(避)할소냐

수심정기(守心正氣) 하여내어 인의예지(仁義禮智) 지켜두고

군자(君子)말씀 본(本)받아서 성경이자(誠敬二字) 지켜내어

선왕고례(先王古禮) 잃잖으니 그어찌 혐의(嫌疑)되며

세간오륜(世間五倫) 밝은법(法)은 인성지강(人性之綱)으로서

잃지말자 맹세(盟誓)하니 그어찌 혐의(嫌疑)될꼬

10.

성현께서 말하시길

'귀로는 음란한 말 무어라도 듣지 말고

눈으로는 나쁜 모습 무어라도 보지 말라.'

어질구나 여러분은 이런 말씀 본을 받아

잊지 말고 맹세해서 일심으로 지켜내면

도의 길에 들어서서 도성입덕(道成立德) 되겠지만

마음이 흔들리면 진리를 저버리고

물질에 흔들리면 비루한 사람 되고

거짓으로 꾀어내면 혹세무민 하게 되고

안으로 불량하고 겉으로 꾸미는 건

하늘님을 속이는 일 누가 이를 알아볼까?

성현(聖賢)의 가르침이 이불청(耳不聽) 음성(淫聲)하며

목불시(目不視) 악색(惡色)이라 어질다 제군(諸君)들은

이런말씀 본(本)을받아 아니잊자 맹세(盟誓)해서

일심(一心)으로 지켜내면 도성입덕(道成立德) 되려니와

번복지심(飜覆之心) 두게되면 이는역시(亦是) 역리자(逆理者)요

물욕교폐(物慾交蔽) 되게되면 이는역시 비루자(鄙陋者)요

헛말로 유인(誘引)하면 이는역시 혹세자(惑世者)요

안으로 불량(不良)하고 겉으로 꾸며내면

이는역시 기천자(欺天者)라 뉘라서 분간(分揀)하리

11.

이러한 삶의 태도 그만두지 아니하면

하늘을 공경하고 삼가는 건 고사하고

우리가 살아야 할 하늘 삶을 살 수 있나?

경명순리(敬命順理) 하게 되면 수많은 세상 질병

약 없이도 나아지니 두렵고 신비하다.

이 세상의 사람 마음 물질 욕망 조절하여

지난 삶을 벗어나서 개과천선(改過遷善) 될 것이니

성(誠)과 경(敬)의 하늘마음 따라 살지 못하겠나?

이같이 아니말면 경외지심(敬畏之心) 고사(姑捨)하고

경명순리(敬命順理) 하단말가 허다(許多)한 세상악질(世上惡疾)

물약자효(勿藥自效) 되었으니 기이(奇異)코 두려우며

이세상(世上) 인심(人心)으로 물욕제거(物慾除去) 하여내어

개과천선(改過遷善) 되었으니 성경이자(誠敬二字) 못지킬까

12.

한 사람 한 사람 모두 다 보고 싶다.

몇 구절 한글가사 나 본 듯이 외어내어

정심수도 다한 뒤에 잊지 말고 생각하오.

일일(一一)이 못본사람 상사지회(相思之懷) 없을소냐

두어귀 언문가사 들은듯이 외워내어

정심수도(正心修道) 하온후에 잊지말고 생각하소

열네 번째 편지

— 경명순리(敬命順理)의 존재, 삼경(三敬)의 마음

안녕하세요.

열네 번째 동학 편지를 씁니다.

이번 편지는 도덕가를 읽겠습니다.

지난 권학가에서 이야기했듯이 이제 수운은 어떤 의식의 정점에 이르렀습니다. 그의 글에서 이제 원망하거나 불안에 시달리는 모습은 없습니다. 그는 삶의 양면성을 통합하고 전환의 길로 들어섰습니다. 무엇을 실천할지가 그의 중요한 관심입니다.

2021년에 우리 사회는 해방 이후 한 번도 제대로 경험하지 못한, 동학이 사회의식의 주류 세계에 들어가는 경험을 했습니다. 그동안의 동학은 아무리 많은 사람들이 연구하고 그 의미를 설명해도 비주류의 사유이고 민족주의에 치우친 생각으로 받아들여졌다면, 2021년부터는 사회 인식의 주류에 들어갈 수 있는 힘을 얻었습니다.

그 불길을 일으킨 분은 도올 선생입니다. 올해 이 편지를 쓰기로 마음먹고 준비하면서 긴장하고 있었습니다. 3년 전에 『동학의 천지마음』 책을 냈을 때도 나름대로는 의지를 가지고 한 일이었지만 사회적 평가를 받지는 못했습니다. 상황을 뻔히 알면서 다시 도전하는 건 쉬운 일은 아니었습니다. 그래도 해야겠다고 생각했습니다.

동학은 지나치게 저평가되어 있고 지금 우리 현실에서 동학에서 찾아야 할 지혜가 많은데, 저라도 읽어내야 한다고 생각했습니다. 하늘의 도움으로 동학은 새가 높이 날듯이 오르고 있고 그 파도를 타고 제게도 이런저런 일들이 이어지기 시작했습니다.

곡성 지역에서 동경대전과 용담유사를 1년 동안 읽는 모임이 시작되어 유지되고 있고, 지혜학교 학생들과 동학 여행을 했고, 여러 번의 동학 강좌를 열거나 초대받기도 했습니다. 이번 동학 편지 연재를 마치고 책으로 출판되고 나면 저는 수운과 해월 두 분 스승에 대한 책을 가지게 되어 조금 더 많은 일들을 할 수 있을 겁니다.

코로나 이후 교회와 성당을 떠난 사람들이 거의 4백에서 5백만 명은 된다고 봐야 합니다. 이 분들이 다시 교회나 성당으로 돌아갈 가능성은 그렇게 높지 않습니다. 절은 오래전부터 일 년에 두세 번 가는 곳이어서 크게 문제가 안 되는데, 교회와 성당은 치명적인 교세의 약화 단계에 들어갔다고 봐야 합니다.

한국의 종교와 영성은 새로운 재편의 시간이 돌아오고 동학은 지금보다 조금 더 상향 평가될 겁니다. 이럴 때 천도교가 어떤 역할을 하게 될지는 모르겠습니다. 지금 종교를 구성하는 방식과는 조금 다른 힘이 생길 겁니다. 종교는 자연과의 연결성이 조금 더 강조될 겁니다. 장소도 건물을 가진 실내보다는 자연과 인공을 조금 더 조화시키게 될 겁니다.

인문 정신도 중요해질 겁니다. 유일신 교리 같은 방식은 합리적인 사람들은 받아들이지 않을 겁니다. 삶의 다양성과 신리의 보편성을 받아들이게 될 겁니다. 무엇보다 실천적 봉사와 참여에 대한 열망은 더 높아질 겁니다. 세상의 모순은 심화되고 있지만 어떤 거대한 조직을 통한 변화를 기대하기 어렵습니다.

지금의 이런 모습은 수운 선생님께서 동학을 시작할 때의 모습과 비교할 수 있는 지점이 많습니다. 동학은 서학과 성리학에 대응하는 철학적 성찰에서 시작했지만 종교로 나아갔습니다. 천도교는 한국 근대 계몽 운동의 중심축이 되었고, 인문 정신이 통합된 실천적인 종교였습니다. 동학에서 천도교로 나아갔던 경험은 우리 시대에 또 다른 방식으로 재해석될 수 있을 겁니다. 동학과 천도교와 무극대도가 통합된 새로운 종교성과 철학, 수련이 시작될 겁니다.

도덕가에는 새로운 철학, 수련, 사회적 참여, 종교의 상상력이 가득합니다. 이 모두를 통합하는 언어를 가칭으로 '삼경(三敬)'이라고 해둡시다. 더 좋은 말을 찾게 되면 그 말을 쓰겠습니다. 도덕가의 개념들은 조금 더 정리되어 해월 선생님에 의해 '삼경(三敬) - 경천, 경인, 경물(敬物)'이라는 통합적 실천으로 정리됩니다.

세상은 음양의 조화로 진화해 왔습니다. 그중에 인간은 높은 단계의 의식을 가진 존재입니다.

음양이 조화 이뤄 천지가 시작되니 각양각색 만물들이 이 땅에 생겨나네. 나는 새들 뛰는 짐승 본능을 따라 살고 사람은 지혜로워 영성을 가졌다네.

대부분의 생명 존재들은 본능을 따라 살지만 인간은 본능을 넘어서는 의식, 영성이라고 말하는 하늘 의식이 있습니다.

성현들은 우리의 마음 안에 있는 하늘 의식이 어떻게 작용하는지 가르치신 분들입니다. 성인들의 지혜가 담긴 대표적인 책 세 권이 『주역』, 『중용』, 『대학』입니다. 주역은 우주의 변화에 우리 마음의 변화를 조화시키는 길입니다. 대학은 우주의 마음을 가진 우리 삶이 밝음 안에 오래 머무르는 지혜입니다. 중용은 하늘의 선물인 천명(天命)을 받아들이는 공부입니다.

이 세 권의 책을 통합하는 정신을 한마디로 하라고 하면 '성(誠)과 경(敬)'입니다. 동아시아의 지식인들은 성과 경을 내면화하는 데 많은 시간을 쓰고 노력을 기울여 왔습니다. 그러나 '경외지심(敬畏之心)'의 마음, 인격적 하늘님과의 만남에 이르지 못하는 문제가 있었습니다. 우주와 나를 합일(天人合一)할 수 있었지만 인격적 관계 맺음 없이 마음 안에서 모든 걸 풀어야 했습니다.

그런 점에서 서학의 천주교는 하늘을 어머니처럼, 아버지처럼 인격적으로 만나는 데 적절한 새로운 관점을 제공했고, 시대의 새로운 조류가 되었습니다. 새롭다고 해서 완전한 것은 아닙니다. 진리의 일부분을 담고 있었고, 긍정적인 면에 비해 부정성이 지나치게 컸습니다. 무엇보다 현실의 삶을 부정하고 천국에만 소망을 두고 살게 하는 건 위험한 관점입니다. 이런 초월적 관점은 현실 세계와 충돌

하게 됩니다.

　동아시아도 이런 초월적 신비의 관점이 있었시만 천주교처럼 높은 수준의 인격적 관계로 나아간 것이 아니라 어리석음과 미망의 미신에 그치고 높은 신비 의식에 이르지 못했습니다. 인격적 하늘과의 만남에 실패하거나, 인격적 하늘을 만난 결과가 현실 부정으로 이어지는 양 극단의 모순 속에서 사람들은 시류와 세력을 따라가는 현실적 처세의 관점으로만 세상을 삽니다.

　오래된 지혜는 마음의 길을 잃고 새로운 영성은 현실을 부정하는 모순 속에서 처세술을 넘어서는 새로운 통합의 길을 찾아내야 하는 과제 앞에 수운은 서 있었습니다.

　수운은 통합의 길인 삼경(三敬)의 길을 찾는데 경(敬)이 아닌 것부터 먼저 읽어 갑니다: '삼경은 공부만 하는 것이 아니다. 비합리적인 현실 부정은 삼경의 길이 아니다. 삼경을 선악을 분간하는 도덕주의로 이해해선 안 된다. 삼경의 실천을 드러난 외형만 가지고 평가할 수 없다.' 그러면 삼경에 담겨야 할 내용은 무엇일까요?

　첫 번째는 일상적인 삶을 선악으로 나누어서 보지 않는 눈입니다.

　　사람이 손과 발을 움직이고 걷는 것은 귀신의 음양 조화 그 이치 그대로네. 선과 악 그 사이에 마음 씀도 우주 기운 말하고 웃음 짓고 이도 역시 조화라네. 그러나 하늘님은 온전히 공정하고 사사로움 없으시니 지공무사(至公無私) 하신 마음 선악을 나누잖고 불택선악(不擇

善惡) 하시나니 각박한 세상 마음 하나로 모으시네.

우리가 하는 행동의 의미는 보는 사람의 관점과 입장마다 다 다릅니다. 최근에 나오는 좋은 영화들의 공통된 특징 중 하나는 사람마다 다른 걸 볼 수 있는 영화가 많다는 것입니다. 그리고 그런 영화가 높은 평가를 받습니다. 어린 아이들의 영화도 이제는 쉽게 선악 구조만 가지고 시나리오를 만들지 않습니다.

우리 삶의 의미는 누구도 그 전부를 다 읽을 수 없습니다. 수많은 시간과 경험, 사회적 영향이 통합된 결과입니다. 선과 악의 공존은 인류 의식 진화를 위한 필요입니다. 부정적으로 봐야 할 이유가 없고 그 안에 담긴 긍정성을 수용하면 우리는 새 길을 열 수 있습니다.

하늘은 근원적으로 지공무사(至公無私)하여 불택선악(不擇善惡) 합니다. 세상을 아름답고 선하게 만드는 것은 하늘의 일이 아닙니다. 우리에게는 우리의 과제가 있습니다. 세상의 불공정과 악함은 우주의 근원적인 구조일 뿐입니다. 인간은 이런 구조를 넘어설 수 있는 지혜와 영성을 가진 존재입니다.

수심정기 바른 기운 인의예지 지켜내고 군자 말씀 본을 받아 정성과 공경 지켜 지혜로운 선인들의 오랜 예절 따라가면 그 누가 우리에게 혐의를 두겠는가? 세상 오륜 윤리 실천 사람됨의 기초이니 잊지 않고 실천하면 떳떳하게 살 수 있네. 성현께서 말하시길 '귀로는 음란한 말 무어라도 듣지 말고 눈으로는 나쁜 모습 무어라도 보지 말라.'

어질구나 여러분은 이런 말씀 본을 받아 잊지 말고 맹세해서 일심으로 지켜내면 도의 길에 들어서서 도성입덕(道成立德) 되겠지만 마음이 흔들리면 진리를 저버리고 물질에 흔들리면 비루한 사람 되고 거짓으로 꾀어내면 혹세무민 하게 되고 안으로 불량하고 겉으로 꾸미는 건 하늘님을 속이는 일 누가 이를 알아볼까?

두 번째는 우리 삶에서 신비를 보는 눈입니다.

경명순리(敬命順理), 삼경의 삶을 살게 되면 몸과 마음이 다른 상태로 들어갑니다. 의식의 차원이 낮은 단계의 선악에 매이지 않고 현실적 처세에 시달리지 않아도 됩니다. 누구에게 잘 보이려 할 필요도 없고 내 삶을 내 의지를 가지고 꾸려나갈 수 있습니다. 몸과 마음의 질병도 어렵지 않게 넘어설 수 있고, 사회 구조도 바꿀 수 있습니다.

기후 위기와 재난의 일상화는 죽음에 대해 너그럽게 받아들이며 살게 합니다. 우리는 이제 나이 들어 죽는 게 아닙니다. 지구적 위기로 인한 폭염과 홍수, 전염병, 우울과 불안이 우리를 죽게 합니다. 어쩌면 천국은 이런 상태를 받아들이며 살아가는 마음인지도 모릅니다.

천국이 하늘 높은 곳에 있어서 죽음 이후에 가는 세계가 아니라 우리 삶 속에 늘 죽음이 함께 있어서 천국을 이 땅에서 살아가는 존재, 내일 죽음이 올 수도 있는 조건에서 하루하루를 살아낼 수 있는 의식의 진화에 달렸습니다. 수운은 이 마음을 '경명순리(敬命順理)'라고 했습니다.

해월은 수운의 경명순리를 조금 더 아름답고 통합적으로 다시 설명해서 삼경(三敬)이라고 읽었습니다. 하늘은 내 마음 안으로 들어오고 이웃과 만물 속에서 하늘을 인식하면서 살아가는 삶입니다. 천국이 있다면 이런 사람들이 함께 살아가는 현장입니다.

지상천국입니다. 수운은 결국 하늘을 인격적으로 만나면서도 이 땅에서 우주적 구도인 선악을 넘어서 인간의 의지로 도덕적 삶을 살아가고 일상에서 신비가 실현되는 지상천국의 꿈을 가지게 됩니다.

제가 여러 형제들과 함께 살고 있는 이화서원 생활공동체의 꿈도 이렇습니다. 우리는 세상을 선악으로 나누어서 보지 않습니다. 모든 생각과 실천 속에는 일정 정도의 진리와 선이 있고 동시에 부정적인 무지와 악도 존재합니다.

선이든 악이든 그 의미를 긍정하고 단지 선한 것을 배우려고 노력할 뿐입니다. 우리는 그런 눈에 보이는 선악 대립의 세상을 넘어서서 신비를 찾아갈 겁니다. 그런데 그런 신비의 길을 찾아갈 때 성현들의 권유와 지혜를 깊이 마음에 받아들이겠습니다. 인간 의식 성장의 길과 신비의 길은 분리되어 있으면서 동시에 통합될 수 있습니다. 이 두 길이 잘 통합되는 건 시대의 축복입니다.

수운은 조선 후기의 모순 속에서 통합의 길을 찾아낼 수 있는 축복을 누렸고 그는 성공했습니다. 저는 21세기의 우리에게도 그 기회가 주어졌다고 생각합니다. 흐트러지지 않고 정진해서 지혜와 신비, 사회적 실천이 통합된 길을 찾겠습니다.

다음 이야기는 홍비가입니다.

이 글 속에는 '무궁한 이 울 속에 무궁한 내 아닌가'라는 동학의 유명한 인간 이해, 하늘 이해가 나옵니다. 지혜와 신비, 사회적 실천이 통합된 무궁한 나의 모습을 그리고 있습니다.

고맙습니다.

2021.11.10.

흥비가(興比歌)

1.

시경에서 노래하네.

'도끼 자루 어디 있나 도끼 자루 베어 오자

도끼 자루 어찌 벨까 그 방법은 손에 있네

먼 곳에 있지 않네.'

손에 든 도끼 자루 살펴보면 찾는 건데

눈앞에 보고 있어 쉬울 것 같지마는

도끼 자루 자르는 건 도끼 아닌 사람이네.

아주 쉽게 보인다고 생각 없이 일하다가

그 끝이 안 좋으면 얼마나 안타깝나?

이러므로 세상 일이 어려운 데 쉽게 되고

쉬운 것 같았는데 어렵게 되기도 해.

난지이이(難之而易) 이지이난(易之而難) 서로가 맞물렸네.

시운(詩云) 벌가벌가(伐柯伐柯)하니 기측불원(其則不遠)이라

내앞에 보는것을 어길바 없지마는

이는도시(都是) 사람이오 부재어근(不在於斤)이로다

목전지사(目前之事) 쉬이알고 심량(心量)없이 하다가서
말래지사(末來之事) 같잖으면 그아니 내한(恨)인가
이러므로 세상일이 난지이유이(難之而猶易)하고
이지이난(易之而難)인줄을 깨닫고 깨달을까

2.
밝고 밝은 이 운수는 누구든지 비추지만
어떤 사람 저러하고 어떤 사람 이러한지
이렇게 생각하고 저렇게 생각하니
사람마다 그가 받은 명운이 다르구나.
이상하고 의심스런 행동을 하는 사람
'하늘은 높으셔도 낮은 소리 듣는다네.'
생각을 깊이 하고 스스로 찾아낸 듯
천고청비(天高聽卑) 그 말씀을 온종일 생각할 뿐
평생에 하는 짓이 한편에서 남 속이고
한편으로 천박하다.
'하늘님이 높으시나 낮은 소리 들으신다.'
그 말씀을 겁을 내어 말은 비록 안 하지만
'동학의 이 운수가 어찌될지 알 수 없네.
여기다가 우선 이름 걸쳐 놓고 지켜보자.'
속마음을 속이고서 친구들을 꾀어내어
기꺼이 풍성하게 대접하듯 하는구나.

아서라 이 사람아 네가 몰래 속인대도

하늘님도 너의 마음 낱낱이 모르실까?

명명(明明)한 이운수(運數)는 다같이 밝지마는

어떤사람 저러하고 어떤사람 이러한지

이리촌탁(忖度) 저리촌탁(忖度) 각각(各各)명운 분명하다

의아(疑訝)있는 그사람은 천고청비(天高聽卑) 그문자(文字)를

궁사멱득(窮思覓得) 하여내어 제소위(所謂) 추리라고

생각나니 이뿐이오 그런고로 평생소위(平生所爲)

일변(一邊)은 교사(狡詐)하고 일변은 가소로다

한울님이 높으시나 청비문자(聽卑文字) 겁(怯)을내서

말은비록 아니하나 심사(心思)를 속여내어

이운수(運數)가 어떠할지 탁명(托名)이나 하여보자

모든친구(親舊) 유인(誘引)하여 흔연대접(欣然待接) 하는듯다

아서라 저사람은 네가비록 암사(暗詐)하나

한울님도 모르실까

3.

몰지각한 어떤 이들 아침저녁 끼니 걱정

형편도 안 되면서 따뜻한 옷 맛난 음식

없는 것 구해 가며 은근히 하는 말이

"뻗어 가는 우리 동학 사랑하는 동덕들이

뜻과 마음 하나 되어 서로 같이 하십시다."

묻지 않는 말을 하고 부탁 않는 그 소리를

감추잖고 툭툭 터니 그 모습이 오죽할까?

교활한 저 사람은 좋은 듯이 듣고 앉아

마음속에 하는 말이 '내 복인가, 내 복인가

시천주 영부주문 열세 자가 내 복인가.

어찌 이리 좋은 운수 일찍부터 없었는가?'

신령하고 좋은 말은 귓등으로 흘려듣고

안 좋은 이야기만 달게 듣고 모아내어

의심이 마음속에 가득히 차오르면

마지못해 떠나는 듯 홀연히 가버리네.

그중(中)에 몰각자(沒覺者)는 조석지우(朝夕之憂) 있지마는

없는것 구(求)해가며 온포지공(溫飽之供) 착실(着實)하여

소위통정(所謂通情) 하는말이

성운성덕(盛運盛德) 우리도유(道儒) 여사애당(如斯愛黨) 하거니와

심지상통(心志相通) 아니할까 묻잖는 그 말이며

청(請)찮은 그소리를 툭툭털어 다하자니

그모양(貌樣) 오작할까 교사(狡詐)한 저사람은

좋은듯이 듣고앉아 중심(中心)에 하는말이

내복(福)인가 내복인가 열세자가 내복(福)인가

어찌이리 좋은운수(運數) 그때부터 없었는고

영험(靈驗)되고 좋은말은 귀밖으로 다버리고

그중(中)에 불미지사(不美之事) 달게듣고 모아내어

흉중(胸中)에 가득하면 마지못해 떠나가니

4.

이것을 비유하여 이야기로 한다 하면
한여름 삼복더위 저녁 되어 어둠 올 때
웽 하고 소리 내며 날아오는 작은 모기
귀에 와서 빙빙 돌아 좋아한 것 같았으며
누구를 해칠 때는 몰래하게 마련인데
웽 하고 알려주니 의심 없이 앉았다가
결국엔 물리나니 어떻게 알겠는가?
웬일인고 웬일인고 소리 내며 오는 모기
물려고 오면서도 소리 내니 뜻밖이요.
웬일인고 웬일인고 어떠한지 살펴보자
잠깐을 기다리니 모기 자취 분명하다.
친한 척 찾아와서 물고서 달아나니
생각을 못 했구나 정말로 몰랐구나.
삼복염증(三伏炎蒸) 저문날에 소리하고 오는짐승
귀에와서 하는거동 정분(情分)도 있는듯고
이세상 풍속(風俗)됨이 음해(陰害)가 주장(主張)이라
통기(通寄)하고 오자하니 의심(疑心)없이 앉았다가
말초(末梢)에 해(害)가미쳐 막지기단(莫知其端)아닐런가
이웬일고 이웬일고 먼저우는 그짐승은

해아지심(害我之心) 두게되면 소리하기 뜻밖이요

이웬일고 이웬일고 아무려나 살펴보자

적은듯 기다리니 그놈자취 분명(分明)하다

지각(知覺)없다 지각없다 이내사람 지각없다

5.

저 건너 저 배나무 배가 어찌 떨어져서

배가 왜 떨어졌나 이리저리 생각할 때

까마귀가 날아올라 왜 그런지 알아챘네.

보면 알 수 있는 일도 한참 지나 알게 되니

지각없다 생각 없다 이내 사람 지각없다.

백주대낮 한낮인데 도적을 만났다네.

백주대적(白晝大賊) 있단 말을 들어서 알면서도

당하고야 알게 되니 지각없다 생각 없다

이내 사람 지각없다.

모기는 배부르게 먹고 나서 가 버렸네.

저건너 저배낢에 배가어찌 떨어져서

만단의아(萬端疑訝) 둘즈음에 가마귀 날아가서

즉시파혹(卽時破惑) 하였더니 지각(知覺)없다 지각없다

이내사람 지각없다 백주대적(白晝大賊) 있단말을

자세히도 들었더니 지각없다 지각없다

이내사람 지각없다 포식양거(飽食揚去) 되었으니

문장군(蚊將軍)이 너아니냐

6.
지혜로운 여러분은 내 말 잠깐 들어 보오.
천지의 마음 따라 하나로 이어지면
자연히 알게 되는 무위이화 될 수 있네.
옛날부터 지금까지 스승의 가르침을
다음 스승 이어받아 지금까지 왔다지만
처음 스승 가르침과 곧바로 이어지는
자재연원(自在淵源) 길이 있네.
하나하나 거울처럼 비유하고 감흥하니
가볍게 보지 말고 깊이 숙독 하시게나.
그중(中)에 현인달사(賢人達士) 내말잠깐 들어보소
합기덕(合其德) 알았으니 무위이화(無爲而化) 알지마는
그러나 자고급금(自古及今) 사사상수(師師相授) 한다해도
자재연원(自在淵源) 아닐런가
일일이 거울해서 비야흥야(比也興也) 하였으니
범연간과(凡然看過) 하지말고 숙독상미(熟讀嘗味) 하였어라

7.
일고여덟 살 때부터 문장을 탐구하고
아름다운 시를 짓고 글을 쓰고 공부해서

벼슬로 나아가는 청운교 낙수교를

힘겹게 건너가서 입신양명 할 마음은

사람마다 있지마는 깊고 깊은 저 웅덩이

몸과 마음 다해 지은 답안을 제출하고

돌아서서 생각하니 너무나 허무하다.

뽑히기만 바라다가 많고 많은 그 사람 중

몇 명만 합격해서 국립악단 피리 불며

삼일을 거리에서 기운차게 유세하네.

이 일 저 일 보게 되면 허무하기 다시없어

아니 가자 다짐해도 내 운수 내가 몰라

또 가고 또 가다가 결국엔 마치나니

그 아니 운수인가?

칠팔세(七八歲) 글을배워 심장적구(尋章摘句) 하여내어

청운교 낙수교에 입신양명(立身揚名) 할마음은

사람마다 있지마는 깊고깊은 저웅덩에

진심갈력(盡心竭力) 지은글을 넣고나니 허무(虛無)하다

천수(遷授)만 바라다가 많고많은 그사람에

몇몇이 참예(參預)해서 장악원(掌樂院) 대풍류(大風流)로

삼일유가(三日遊街) 기장(奇壯)하다 이일저일 볼작시면

허무(虛無)하기 다시없어 아니가자 맹세(盟誓)해도

내운수(運數) 내가몰라 종종이 다니다가

이내마음 마칠진댄 그아니 운수런가

8.

먼 곳에 일이 있어 가게 되면 도움 되고
아니 가면 해로운데 어느 날 길을 떠나
중간에 생각하니 길은 점점 멀어지고
집에는 가고 싶고 거길 정말 가야 할까
이 생각 저 생각이 끊어지질 않는구나.
길 위를 서성이다 확신이 든다 하면
이 길을 갈 테지만 어떠할까 고민하다
돌아오고 마는 사람 그 얼마나 못났는가?
수심정기(守心正氣) 네 글자는 마음을 굳게 세워
이 땅에 새 역사를 열게 하는 빛이 된다.
원처(遠處)에 일이있어 가게되면 내가이(利)코
아니가면 해(害)가되어 불일발정(不日發程) 하다가서
중로(中路)에 생각하니 길은점점(漸漸) 멀어지고
집은종종 생각나서 금(禁)치못한 만단의아(萬端疑訝)
배회노상(徘徊路上) 생각하니 정녕(丁寧)히 알작시면
이걸음을 가지마는 어떨런고 어떨런고
도로회정(回程) 하였더니 저사람 용렬(庸劣)하고
글네자 밝혀내어 만고사적(萬古事蹟) 소연(昭然)하다

9.

아홉 길 높은 산을 만들려고 마음먹네.

처음에 가진 생각 그 마음이 오죽할까
넘치는지 모자랄지 어떨지 알 수 없어
생각하고 다짐하고 또 다시 생각하고
다섯 길 높이 쌓고 여섯 길 될 때에는
보고 나니 재미있고 하고 나면 성공이라.
어서 하자 바삐 하자 그러그러 다해 갈 때
이번인지 저번인지 차츰차츰 풀린 마음
초조해서 다시 보고 지질해서 그쳤더니
다른 날 다시 보니 한 소쿠리 흙덩이를
마지막에 더했으면 여한 없이 이룰 것을
어찌 이리 아까운가. 이런 일을 생각하니
쌓고 쌓아 성공하면 그 운수는 길게 가고
조급해서 하다 말면 그 운수는 잠시로다.
생각하고 생각하여 마음을 지켜내세.
아홉길 조산(造山)할때 그마음 오작할까
당초(當初)에 먹은생각 과불급(過不及) 될까해서
먹고먹고 다시먹고 오인육인(五仞六仞) 모을때는
보고나니 자미되고 하고나니 성공(成功)이라
어서하자 바삐하자 그러그러 다해갈때
이번이나 저번이나 차차차차 풀린마음
조조해서 자주보고 지질해서 그쳤더니
다른날 다시보니 한소쿠리 더했으면

여한(餘恨)없이 이룰공(功)을 어찌이리 불급(不及)한고
이런일을 본다해도 운수는 길어지고
조가튼 잠시로다 생각고 생각하소

10.
아름드리 좋은 나무 두어 자 썩었어도
좋은 목수 그 나무를 버리잖고 살려 쓰네.
그래도 이런 말은 어찌 보면 민망하다.
목수 발길 못 미쳐서 아니 보면 어찌하리.
연포(連抱)한 좋은낡이 두어자 썩었은들
양공(良工)은 불기(不棄)라도 그말이 민망(憫憫)하다
장인(匠人)이 불급(不及)하여 아니보면 어찌하리

11.
이 말 저 말 다하자니 말도 많고 글도 많아
조금조금 기록하니 이것 이것 이것이네.
이 글 보고 저 글 보아 무궁한 그 이치를
아는 것과 모르는 것 불연기연 살펴내어
부(賦)의 글은 보이는 것 그대로 그려내고
흥(興)의 글은 흥 오르는 느낌대로 그려내고
비(比)의 글은 비유해서 은유로 그려내면
글도 역시 무궁하고 말도 역시 무궁하다.

무궁히 살펴내어 무궁히 알았으면

무궁한 이 울 속에 무궁한 나 아닐런가?

그말저말 다하자니 말도많고 글도많아

약간(若干)약간 기록(記錄)하니 여차(如此)여차 우여차(又如此)라

이글보고 저글보고 무궁(無窮)한 그 이치(理致)를

불연기연(不然其然) 살펴내어 부야흥야(賦也興也) 비(比)해보면

글도역시(亦是) 무궁(無窮)하고 말도역시 무궁이라

무궁히 살펴내어 무궁히 알았으면

무궁한 이울속에 무궁한 내아닌가

열다섯 번째 편지
— 시경의 정신에 담아낸 마지막 노래

안녕하세요
열다섯 번째 동학 편지를 보냅니다.
이번에 읽을 글은 '흥비가(興比歌)'입니다.

흥비가에 이어, 앞으로 검결만 더 읽으면 용담유사를 다 읽는 겁
니다. 검결은 열 줄 정도의 짧은 시여서, 의미를 탐구하면서 읽어야
할 글은 흥비가가 마지막입니다. 사실상 다 읽은 겁니다.

그런데 이렇게 다 읽고 나면서 드는 생각은 '내가 참 겁이 없었다'
는 것입니다. 동경대전과 용담유사는 제가 손댈 수 있는 글이 아니
었습니다. 한 편 한 편 편지를 쓰는 게 말할 수 없이 힘들었습니다.
원문을 번역하는 것도 힘들었고, 운율을 맞추는 것도 힘들었고, 의
미를 읽어내는 건 정말 앞뒤가 분간 안 될 때가 많았습니다.

간신히 간신히 여기까지 온 것 같습니다. 그래도 제가 새롭게 읽
어낸 만큼이라도 앞으로 동경대전과 용담유사를 읽는 분들에게 도
움이 될 겁니다. 누구도 혼자서 다 완성할 수 없는 동학이라는 사유
를 각자가 자신의 역량만큼 풀어나가는 것뿐입니다.

용담유사 이해의 가장 깊은 연원은 『시경』입니다. 동아시아 사
유에서 시적 감수성은 모두 시경에서 시작합니다. 중국에서 주나라

가 시작되고 국가가 안정적으로 유지되던 주나라 전기인 서주 시기 500여 년 동안 주나라 정부는 시민들의 삶을 이해하기 위해 전국에서 노래와 노래 가사를 모아들입니다.

수많은 노래들이 모아지고 오랜 시간에 걸쳐 태사라는 지위를 가진 음악가이자 문학가인 분들에 의해 정교하게 편집 과정을 거치며 한 권의 책으로 정리되어 갑니다. 공자님 살았던 주나라 후기인 춘추 시대가 되면서 305편의 시를 묶은 독립적인 책으로 편집되고, 이 책은 국가의 공식적인 교육 교재가 됩니다.

이 책의 의미 중에는 중국의 각 지역마다 한자를 읽는 발음이 다 달랐는데 시경을 읽을 때는 시경을 읽는 발음이 따로 있었습니다. 『논어』 술이편에서 '공자님은 시경과 서경을 읽고 집례를 할 때는 아언(雅言)을 사용하셨다(子 所雅言 詩書執禮 皆雅言也).'는 구절이 나오는데 여기서 아언은 당시 주나라의 표준어입니다.

시경을 읽는 체제를 태사가 만들고 그 시경을 국민 교육 교재로 사용하고, 동시에 발음의 기준을 잡아 표준어 교육의 도구로 사용한 겁니다. 중국의 넓은 국토에서 지역 방언을 넘어서는 소통어가 필요했고 그 소통어의 기준을 시경을 기반으로 만들어 가는 국가의 전략이었습니다.

어느 국가든 국민의 마음을 통합할 수 있는 여러 체계가 필요합니다. 중국의 주나라는 그 통합의 기초를 시민들이 자유롭게 부르는 노래를 모아들여서 사람들의 보편적인 마음의 흐름을 읽어 갑니다. 그 마음의 흐름을 체계화하고 그곳에서 표준을 찾아내고 그 표준을 교육의 기반으로 삼아서 국가와 국민을 통합합니다. 중국의 예악 통치, 문화 정치의 원형이 만들어진 겁니다.

음악과 시에 기반을 두는 높은 단계의 문화 정치를 율려(律呂)라고 합니다. 이후부터 동아시아의 지식인들은 시적 아름다움을 표현할 수 있는 능력이 필수적인 교양이 됩니다.

수운을 이해하고 읽을 수 있는 중요한 정체성이 시인입니다. 동경대전에 실린 그의 한시는 아름답고 창의적입니다. 그는 높은 수준의 시적 감수성을 가진 사람입니다. 거기다 그는 시경의 시 정신인 평범한 사람들의 일상적 삶이라는 주제를 깊이 이해하고 있습니다.

시경은 크게 봐서 세 부분으로 나뉘는데, 풍(風), 아(雅), 송(頌)입니다. 풍(風)은 민간에서 불렀던 자유로운 대중가요이고, 아(雅)는 귀족들의 노래이고, 송(頌)은 국가 예식에 사용되던 노래입니다. 이 셋 중에서 독자들이 아낀 시는 주로 풍(風)입니다. 인간의 감정을 진솔하고 아름답게 노래했기 때문입니다.

여러 경전이나 시인, 문학가들이 다시 인용하는 글도 대부분 풍(風)입니다. 인간이 느끼는 희로애락의 감정을 기반으로 철학적 사유를 발전시켜 간 동아시아의 철학 전통 때문입니다.

수운의 용담유사도 풍(風)의 전통 위에 있다고 봐야 합니다. 용담유사에서 수운은 자신의 감정을 거의 날것 그대로 다 드러냅니다.

시경의 표현 양식을 부(賦), 흥(興), 비(比)라고 합니다. 오늘 우리가 읽고 있는 흥비가(興比歌)의 어원입니다. 부(賦)라는 양식은 보이는 것을 보이는 그대로 느낀 그대로 표현합니다. 흥(興)이라는 양식은 감흥이 일어나는 느낌을 은유적으로 표현합니다. 비(比)는 비유입니다.

흥(興)과 비(比)는 거의 비슷한 표현법입니다. 사물이나 감정을 표현할 때 직접 표현하지 않고 조금 둘러서 은유적으로 표현하면 더 감정 이입이 잘 일어납니다. 지금도 시에서는 누구나 일상적으로 쓰는 표현 기법입니다.

오늘 읽을 홍비가는 세상의 이치와 사람들의 마음을 은유와 비유로 설명해 가는 내용입니다. 세상과 인간에 대한 시적 이해를 통해 어떤 마음은 이해가 되고 어떤 마음은 이해되지 않는 부분도 있지만 그렇게 이해되는 것과 이해되지 않는 것이 확장되어 가면서 무궁한 진리 속으로 들어가는 우주적 존재인 무궁한 나가 되어 가는 인식 과정을 홍비가에 담고 있습니다.

홍비가는 1863년 8월에 썼습니다. 이 노래에서 처음으로 '불연기연(不然其然)'이라는 개념어가 나옵니다. 수운은 홍비가를 이어서 불연기연이라는 논문을 씁니다. 지금 여기 내가 알고 있거나 알 수 있는 것에 머무르지 않고 알 수 없는 영역을 향해 무한히 생각을 확장하며 우주적 존재인 무궁한 나를 의식해 가는 수운의 인식론입니다.

수운 선생님께서 한 생각의 확장은 여기까지입니다. 그는 이후 몇 편의 시를 더 쓴 뒤에 1863년 12월 체포되어 고문받고 끌려 다니다 1864년 3월에 순도하시게 됩니다. 용담유사의 편집은 수운의 깨달음과 살아간 시간의 흐름과 이어져 있습니다.

홍비가의 첫 이야기는 시경 빈풍(豳風. 빈나라의 노래)에 나오는 벌가

(伐柯) 라는 노래입니다. 중용 13장에도 같은 대목을 인용합니다. 시경의 노래를 중용 해석에 인용하면서 이 노래는 모든 유교 지식인들이 다 아는 노래가 되었습니다.

> 시경에서 노래하네. '도끼 자루 어디 있나 도끼 자루 베어 오자 도끼 자루 어찌 벨까 그 방법은 손에 있네 먼 곳에 있지 않네.'

삶을 이해하는 두 개의 눈이 있습니다. 하나는 삶은 고통의 연속이고 말할 수 없이 힘든 고난의 길이라는 인식입니다. 또 하나는 삶은 살다 보면 누구나 다 살아진다는 생각입니다. 한 길은 어려운 길이고 한 길은 쉬운 길입니다. 그러나 이 두 길은 결국 서로 이어져 있습니다. 삶은 어려우면서도 쉽고, 쉬우면서도 어렵습니다.

도끼를 들고 산에 가서 도끼 자루로 쓸 나무를 찾는데 어떤 사람은 쉽게 찾고 어떤 사람은 쓸 데 없이 이 나무 저 나무 베기만 합니다. 누구나 할 것 같은 쉬운 일도, 결과는 사람마다 다 다릅니다.

동학은 시천주 주문 13자만 잘 외우면 도통하는 길입니다. 이걸 못할 사람이 누가 있나요? 그런데 사람마다 다 다릅니다.

수운에게는 많은 사람들이 찾아 왔고, 그들은 다 달랐습니다. 어떤 사람은 수운에게서 긍정적인 부분을 읽어냈고, 어떤 사람은 수운의 모순만 찾아냈습니다.

> 교활한 저 사람은 좋은 듯이 듣고 앉아 마음속에 하는 말이 '내 복인

가, 내 복인가 시천주 영부주문 열세 자가 내 복인가. 어찌 이리 좋은 운수 일찍부터 없었는가?' 신령하고 좋은 말은 귓등으로 흘려듣고 안 좋은 이야기만 달게 듣고 모아내어 의심이 마음속에 가득히 차오르면 마지못해 떠나는 듯 홀연히 가버리네.

사람이 모여서 하는 일은 모두 양면성이 있어서 보기에 따라 다 다르게 보입니다. 어느 쪽을 보느냐에 따라 보이는 것이 다릅니다.

수운은 이렇게 다른 눈을 가진 여러 사람을 다양한 방식으로 비유합니다. 모기 같은 사람, 까마귀 같은 사람, 백주도적 같은 사람, 그리고 현인달사(賢人達士)입니다.

그는 동학의 형제들이 지혜로운 눈을 가진 현인(賢人)이 되길 바랍니다. 하늘과 땅의 마음을 알고, 삶의 양면성을 통합한 사람은 삶의 어려움과 쉬움을 넘어섭니다. 무엇보다 그는 자신이 걸어야 할 길을 자기 스스로 찾아냅니다.

수운은 그 상태를 자재연원(自在淵源)이라고 합니다. 진리에 이르는 길이 두 가지인데 하나는 스승과 스승에게서 오랫동안 이어져 온 과정을 통해 배우는 길입니다.(自古及今, 師師相授) 또 하나는 내 마음 안에 있는 길입니다.(自在淵源) 자재연원의 이 길은 깊고 깊은 마음속에 있어서 어떤 계기와 인연을 만나야 열리게 됩니다. 대부분 고통과 고난이 따릅니다.

수운은 자재연원의 사람입니다. 그는 과거라는 시험의 길을 통해 자기를 실현하고 싶었지만 그 길을 멈출 수밖에 없었습니다. 그에게는 스승에서 스승으로 이어져 오는 길이 아닌 다른 길이 운명처럼 주어져 있었습니다.

이 일 저 일 보게 되면 허무하기 다시없어 아니 가자 다짐해도 내 운수 내가 몰라 또 가고 또 가다가 결국엔 마치나니 그 아니 운수인가?

그는 자재연원의 길로 나아갑니다. 먼 길을 걸어가는 마음으로, 아홉 길 높은 산을 쌓는 마음으로 시작합니다.

그가 이 과정에서 얼마나 많은 번민에 휩싸였는지 알 듯도 하지만, 모르겠다는 생각도 듭니다. 만 가지 의문이 일어났고, 얼마나 자주 가던 길을 배회하며 돌아서고 싶었는지, 매일매일 뭔가를 한다고 하지만 자기가 자기를 봐도 보잘 것 없고, 초조해집니다. 초지일관하지 못하고 수심정기하지 못하는 자신과 끊임없이 싸워야 합니다.

길 위를 서성이다 확신이 든다 하면 이 길을 갈 테지만 어떠할까 고민하다 돌아오고 마는 사람 그 얼마나 못났는가? 수심정기(守心正氣) 네 글자는 마음을 굳게 세워 이 땅에 새 역사를 열게 하는 빛이 된다.

…

아홉 길 높은 산을 만들려고 마음먹네. 처음에 가진 생각 그 마음이 오죽할까 (중략) 어서 하자 바삐 하자 그러그러 다해 갈 때 이번인지 저번인지 차츰차츰 풀린 마음 초조해서 다시 보고 지질해서 그쳤더니 다른 날 다시 보니 한 소쿠리 흙덩이를 마지막에 더했으면 여한 없이 이룰 것을 어찌 이리 아까운가. 이런 일을 생각하니 쌓고 쌓아 성공하면 그 운수는 길게 가고 조급해서 하다 말면 그 운수는 잠시로다. 생각하고 생각하여 마음을 지켜내세.

수운은 결국 그 마음을 지켜내고 제 길을 갑니다. 그렇게 자기 길을 지켜낸 마음과 기운이 '수심정기(守心正氣)'입니다.

이때의 마음은 단순한 마음이 아닙니다. 무수한 회의와 방황과 오해와 갈등과 분노와 조급함과 욕망이 뒤끓는 마음입니다. 그것을 바르게 다잡[正氣]은 터라 수많은 마음의 용솟음이 내장된 수심정기의 평화입니다. 시경의 시 정신이 담고 있는 마음이기도 합니다.

수운은 그 마음을 용담유사 한 편 한 편에 담았습니다.

이 글 보고 저 글 보아 무궁한 그 이치를 아는 것과 모르는 것 불연기연 살펴내어 부(賦)의 글은 보이는 것 그대로 그려내고 홍(興)의 글은 홍 오르는 느낌대로 그려내고 비(比)의 글은 비유해서 은유로 그려내면 글도 역시 무궁하고 말도 역시 무궁하다. 무궁히 살펴내어 무궁히 알았으면 무궁한 이 울 속에 무궁한 나 아닐런가?

홍비가만 홍비가인 것이 아니라 용담유사 전체가 시경의 시 정신을 시대적 의미로 재현한 홍비가입니다.

이런 사람은 어떤 사람이 될까요?

무궁히 살펴내어 무궁히 알았으면 무궁한 이 울 속에 무궁한 나 아
닐런가?

수운은 그런 사람을 '무궁한 나'라고 불렀습니다. 무궁한 나는 '무궁한 이 울 속'에 존재합니다. 이후에 천도교 시대에 철학적 체계를 구축할 때 이돈화 선생님은 용담유사의 이 구절을 천도교 정신의 가장 핵심적인 의미라고 생각하고, '무궁울' '무궁아'라는 말에서 '한울님'의 의미를 떠올립니다. 이러한 철학적 성찰과 되새김으로 동학 정신의 완성이 '한울님'이라는 한마디에 담기게 됩니다.

저도 힘들었고 이 글을 읽는 분들도 힘들었습니다. 세상에 쉽게 이루어지는 일이 어디 있나요? 그러나 마음을 열고 보면 꼭 어렵지만도 않습니다. 어려움과 쉬움, 방황과 확신, 알 수 있음과 알 수 없음, 기연과 불연, 불연과 기연, 누구나 불연기연의 무궁한 조화 속에 무궁한 이 울 속에서 살아갑니다.

다음 편지에서는 검결(劍訣) 읽겠습니다. 수운의 칼노래는 동학혁명을 불러온 핵심 모티브를 담고 있습니다.

열 줄로 된 시인데 이 시는 단 열 줄의 시가 아닙니다. 용솟음치는 수운의 마음을 집약한 최고의 걸작입니다.

건강하시길 기도합니다.

2021. 11. 26.

검결(劍訣)

시호(時乎)시호(時乎) 때가 왔네 다시 못 올 때가 왔네.

만세 한번 장부로서 오만 년의 때로구나.

용천검 드는 칼을 아니 쓰고 무엇 하리.

무수장삼 떨쳐입고 이 칼 저 칼 넌즛 들어

호호망망 넓은 천지 한 몸으로 비켜서서

칼 노래 한 곡조를 시호(時乎)시호(時乎) 불러보니

용천검 날랜 칼은 해와 달 희롱하고

게으른 무수장삼 우주에 덮여 있네.

만고명장 어디 있나 내 앞에선 누구 없네.

좋을시고 좋을시고 이내 신명 좋을시고.

시호(時乎)시호 이내시호 부재래지(不再來之) 시호(時乎)로다

만세일지(萬世一之) 장부(丈夫)로서 오만년지(五萬年之) 시호(時乎)로다

용천검(龍泉劍) 드는칼을 아니쓰고 무엇하리

무수장삼(舞袖長衫) 떨쳐입고 이칼저칼 넌즛들어

호호망망(浩浩茫茫) 넓은천지(天地) 일신(一身)으로 비껴서서

칼노래 한곡조(曲調)를 시호시호 불러내니

용천검(龍泉劍) 날랜칼은 일월(日月)을 희롱(戲弄)하고

게으른 무수장삼(舞袖長衫) 우주(宇宙)에 덮여있네

만고명장(萬古名將) 어디있나 장부당전(丈夫當前) 무장사(無壯士)라

좋을시고 좋을시고 이내신명(身命) 좋을시고

열여섯 번째 편지

— 시, 노래, 춤, 몸 수련이 통합된 몸의 경전

안녕하세요.

열여섯 번째 편지입니다.

이제 이 편지의 마지막 이야기입니다.

칼의 노래, 검결은 동학혁명의 의미를 가장 깊이 담고 있는 글이고, 동시에 수운의 깨달음을 상징적으로 담은 오도송이기도 합니다.

한 노래를 두 가지 관점으로 읽을 수 있는 것이 검결입니다. 수운 선생님은 검결의 리듬에 맞추어 칼춤을 추었습니다.

대부분의 경전은 읽고 성찰하고 삶으로 실천하는 내용입니다. 용담유사는 노래하고 감흥하고 신비에 참여하며 집단적 일치감을 느끼는 경전입니다.

검결은 노래하고 함께 춤추며 우주적 합일에 이르도록 이끄는 경전입니다. 용담유사의 다른 가사보다 몸의 힘이 더 강조됩니다. 득도 이후 초기에 제자들을 가르치며 수운 선생님은 강의 도중에 일어나서 검무를 추곤 하셨다고 합니다. 수운은 제자들을 가르칠 때, 경전 강독, 시 낭송, 노래, 춤, 서예 등 다양한 예술을 이용하는 통합 예술 기법을 사용했다고 봐야 합니다.

중국에는 소림사처럼 오래된 무예의 비전을 전수하는 여러 문파가 있습니다. 그들은 자신들 무예의 보법이나 몸동작을 시처럼 짧은 문장에 담아 전하는 경우가 많습니다. 이런 문장과 시를 '결(訣)'이라고 합니다. 다양한 수련 문파들은 자신들만 아는 자신들의 결(訣)이 있어서 그 리듬과 노래에 맞추어 몸동작이나 춤사위를 담곤 합니다.

아마 수운은 검결에 맞춘 보법과 춤사위를 은적암에서 완성했을 겁니다. 검결과 검무는 그렇게 둘이지만 하나인 시와 노래, 춤이 이어진 경전입니다. 이것이 수운이 꿈꾼 가장 완성된 형태의 경전일지도 모릅니다. 동학 공동체는 춤추고 노래하는 기쁨의 공동체라는 정체성을 가지길 원했을 겁니다.

검결은 두 가지 해석론과 기원이 있습니다. 이 내용은 이화서원에서 열었던 지구의 몸짓 세미나에서 송지용 님이 발표한 것을 제가 정리했습니다.

하나는 수운이 1860년 깨달음을 얻고 1년 동안 깨달음의 의미를 자기 안에서 정리하는 시기에 썼다는 입장입니다. 이 내용은 도원기서에 기록된 내용을 기반으로 합니다. 실제 비슷한 시기에 썼다고 얘기되는 용담가와 검결은 많은 부분을 공유하고 있기도 합니다.

이 가설에 의하면 검결은 깨달음의 노래이고 하늘님과의 만남의 의미를 체계화하고 정리하는 과정에서 쓴 글입니다. 수운은 깨달음을 얻은 이후 동학의 기초를 다듬는 과정에서 주문을 짓고, 의례를 만들고, 춤과 노래를 창작합니다. 검결과 검무는 그런 의례로서 상무(尙武) 정신을 담은 제천 의례의 형식입니다.

실제 동학이 시작되던 초기에 수운은 제자들과 함께 매달 제물을 준비해서 산에 가서 제사를 지내고 그 제사의 의례로서 함께 목검을 들고 칼춤을 추었습니다. 이 가설은 충분한 자기 기반을 가지고 있는 이론입니다.

『도원기서(道源記書)』의 기록

일 년 정도 수련하면서 하늘님의 말씀을 따랐을 때 모든 공부가 서로 조화를 이루며 자연스럽게 연결이 되었다. 이 흐름을 따라 용담가, 처사가, 교훈가, 안심가를 지었다. 두 개의 주문을 만들었는데 첫 번째는 수운 선생님께서 읽는 주문이고, 두 번째는 제자와 아이들을 위한 주문이었다. 그리고 강령 주문을 지으시고, 검결을 만드시고, 하늘에 고(告)하는 글을 지으셨다.

幾至一歲修而煉之無不自然, 乃作龍潭歌又作處士歌而教訓歌及安心歌出一以作呪文二件 一件呪先生讀之一件呪傳授於子煙 又作降靈之文又作劍 又作告字呪字

두 번째는 검결을 남원 은적암에서 지었다는 입장입니다.
이 내용은 『천도교창건사』에 나오는 기록입니다.

『천도교창건사』

수운 선생님께서 은적암에 지내시는 팔 개월 동안 수련과 이론이 더욱 깊어지고 밝아지셨습니다. 몸과 마음이 밝아지는 기쁨 속에서 우주적 기운과 통합되어 검가를 지으셨습니다. 목검을 들고 달 밝은 밤에 홀로 교룡산 정상에 올라 검가를 부르시니 그 노래 가사는….

神師 隱寂菴에 留하신지 八個月間에 道力이 더욱 서시고 道理가 더욱 밝아감에 스스로 喜悅을 禁치 못하며 또한 至氣의 降化 盛旺함 스스로 劍歌를 지으시고 木劍을 집고 月明風淸한 밤을 타서 妙高奉上에 獨上하여 劍歌를 노래하시니 歌에 갈으되….

남원의 동학 연구자들은 이 내용을 중요하게 생각하고 검결의 창작 지역이 남원이라는 입장에서 교룡산에 동학공원을 만들고 그곳에 검결 노래비를 세우기도 했습니다.

여기에 최근의 연구에서는 1862년 2월 수운이 남원 은적암에 머물때 멀지 않은 진주에서 민란이 일어나자 수운은 그 현장을 가보고 온뒤에 그 감응을 이어서 검결을 기록하게 됐다는 이야기도 있습니다. 남원에서 진주까지 걸어서 3, 4일 정도의 거리이고 진주 민란의 규모와 파급력을 생각할 때 충분히 생각할 수 있는 가설입니다.

두 번째 가설의 검결은 수운이 본 민중의 혁명 의지를 노래에 담았다는 겁니다. 이 의지는 결국 동학혁명으로 이어지고 검결은 혁명군의 군가이기도 하고 혁명 정신을 북돋는 노래가 됩니다.

수운이 체포되어 사형되는 과정에 가장 집요하게 추궁 당한 부분이 검결이 상징하는 체제 전복의 의도였습니다. 이 내용은『고종실록(高宗實錄)』 등에 담겨 있습니다.

『고종실록』

"검가에는 '용천검 드는 칼을 아니 쓰고 무엇하리'라는 부분이 있다. 수운의 아들 최인득이 목검을 가지고 춤을 추며, 용천검 노래를 불렀다. 최인득은 이렇게 말했다. '제가 칼춤을 추지만 저의 본심이 아니라. 광기가 일어나면 목검을 들고 춤을 추고 노래를 불렀습니다. 그 노래는 시호시호(時乎時乎) 때로구나, 때로구나 하며 부릅니다. 검가를 익히려면 먼저 하늘에 제사를 지내야 합니다.'

(수운의 수제자인) 이내겸에 대한 두 번째 공술에서 '수운의 검가라고 하는 것은 때로구나, 때로구나. 용천검 드는 칼을 아니 쓰고 무엇하리.' 이렇게 검무를 추며 노래를 불러 평온한 세상에서 혼란할 때를 생각하고 몰래 비밀 조직을 만들었습니다."

劍歌則 龍泉利劍不用何為 福述子仁得常以木刀跳舞唱龍泉利劍之歌 童蒙崔仁得渠果劍舞而此非本心狂氣忽發持木刀或舞或歌則時乎時 乎之曲而欲襧此則先祭天云 乃謙再招福述所謂劍歌曰時乎時乎是吾 乎 龍泉利劍不用何為 劍舞唱播歌平世思亂暗地聚黨.

『고종실록』에 담긴 이 부분은 검결에 대한 많은 이야기를 담고 있습니다. 수운 선생님의 아들인 최인득이 목검을 들고 춤을 춘 이유와 과정을 직접 진술하였고, 최제우의 수제자인 이내겸은 수운이 지은 검가와 검무의 의미를 (수운에게서 들은 대로) 진술하고 있습니다.

우선 아이들도 검결을 부르고 검무를 출 정도로 놀이 같은 성격이 있었을 겁니다. 남자 아이들은 누구나 칼을 들고 놀기를 좋아하기에 어른들이 칼춤을 추는 모습은 금방 인상적인 기억으로 남았을 겁니다. 그런 아이의 인상 속에 남은 검결은 내 안에서 나 스스로도 주체할 수 없는 어떤 힘이 솟구쳐서 추었던 춤이고, 이 춤은 하늘에 드리는 제사와 함께 추었다는 겁니다.

이내겸의 진술은 부지불식 중에 검결과 검무의 체제 전복적인 의미와 혁세(革世)의 성격을 드러내고 있습니다. 이 해석은 결국 수운을 사형으로 이끌어 가는 결정적인 증거가 됩니다.

그 이후 검결에 담긴 혁명 정신 또는 그 노래를 불온시하는 기성 체제로부터 자기를 보호해야 했던 동학의 후예들은 가능한 검결을 숨기게 됩니다. 용담유사의 초판본에는 검결을 의도적으로 빼기도 합니다. 검결은 동학도인들에게도 뜨거운 감자여서 잡고 있을 수도, 놓을 수도 없는 어려움이 있었습니다.

저는 이 두 가설 모두 일정 부분의 진실을 담고 있다고 생각합니다. 두 이야기 다 맞고, 조금 더 읽으면 처음 시작할 때는 제천의례로 창작했는데, 시간이 지나면서 조금 더 강한 혁명 의지가 첨가되어 은적암에서 완성되었을 가능성이 있다고 보는 겁니다.

대략 2년 정도의 시간이 걸리며 노래가 완성되고 그 완성과 함께 기본적인 검무의 보법과 춤사위도 더해져서 집단적인 제천 의례이면서 동시에 개인 수련의 도구로 발전되어 갔을 거라고 생각합니다.

저는 전문 연구자가 아니고 여러 연구의 성과와 의미를 읽으며 두 이야기가 다 맞겠다는 생각을 하게 되었습니다. 시와 노래, 춤이 통합된 비전의 검결은 수운의 죽음 이후 동학혁명의 군가과 군무로 재창조되어 혁명성이 더 강화되면서 한쪽으로 치우쳐서 해석되는 경향이 있습니다.

우리 시대에는 이를 다시 재해석하면서 제천의례, 변화를 위한 혁명적 의지, 개인 수련의 도구, 우주 의식과의 접속, 무대 공연 등 다양한 의미에서 통합할 필요가 있습니다.

> 시호(時乎)시호(時乎) 때가 왔네 다시 못 올 때가 왔네. 만세 한번 장부로서 오만 년의 때로구나.

오만 년의 때를 무엇으로 읽을지는 읽는 사람의 근기에 따라 다를 수밖에 없습니다. 제일 쉽게 읽으면 체제 전복의 혁명 시간일 겁니다. 조선 정부는 이렇게 읽었고, 동학혁명의 의지를 가진 사람들도 크게 벗어나지는 않았습니다. 이건 누구나 읽을 수 있습니다.

그런데 오만년의 기다림과 진화 뒤에 오는 때를 체제 전복 정도로 해석하기에는 조금 부족합니다. 더 깊은 의미를 담고 있다고 봐야 하고 인간이 하늘의 의식과 완전히 통합되는 호모데우스(homo deus), 신인(神人), 오심즉여심(吾心卽汝心)의 의미 정도로 확대 심화해서 읽을 필요는 있습니다. 완전히 다른 의식을 가진 인간이 세상에 오는 때입니다. 수운은 자신 안에서 그 경험을 한 사람입니다.

> 용천검 드는 칼을 아니 쓰고 무엇 하리. 무수장삼 떨쳐입고 이 칼 저 칼 넌즛 들어 호호망망 넓은 천지 한 몸으로 비켜서서 칼 노래 한 곡조를 시호(時乎)시호(時乎) 불러보니….

은적암이 있는 남원 교룡산 정상에 서면 지리산이 한눈에 들어옵니다. 수운 선생은 지리산을 마주한 기쁨과 호연지기의 감정을 여러 편의 시와 노래에 담곤 했습니다. 이 부분은 은적암에서 썼을 가능성이 높다는 느낌이 듭니다.

무엇보다 수운은 단순한 종교인이라고 하기에는 현실 변혁의 의지가 강한 사람이었습니다. 그는 무엇보다 1800년 순조 임금의 즉위에서부터 시작된 왕의 후견인과 특정 정치 집단에 의한 국가 기구를 사익 추구의 도구로 사용한 세도 정치가 가장 심화된 1860년대 초반까지를 살았습니다.

당시의 조선은 지금 우리가 볼 수 있는 국가를 예를 들면 미얀마 정도일 수도 있습니다. 미얀마 국가를 장악한 군부는 정치를 하는 게 아니라 국가 기구를 집단 이익의 도구로 사용합니다.

당시의 조선 정부는 콜레라의 확산으로 수많은 사람들이 죽어가는 상황에서도 제대로 된 대응도 하지 못했습니다. 참다못한 민중들은 여기저기에서 민란을 일으킵니다. 민란의 시대 한가운데를 수운은 지나왔습니다.

수운은 억지로 변혁 의지를 가지기 위해 노력한 게 아니라 그가 살았던 시대적 조건에 순응한 것입니다. 그는 칼을 쓰고 싶었던 사람입니다.

용천검 날랜 칼은 해와 달 희롱하고 게으른 무수장삼 우주에 덮여 있네.

검결의 문학적 아름다움은 이 부분에서 절정을 이룹니다. 날랜 칼과 게으른 무수장삼이 서로 대구를 이루며 그림을 그리고 있고, 그 장면은 우주로 확대됩니다. 우주적 합일의 환희가 넘쳐납니다.

그는 자신이 서 있는 이 자리가 어떤 자리인지 압니다. 내가 어떤 존재인지도 압니다. 그리고 그는 용천검 날랜 칼을 노래하지만 그가 들고 있는 검은 목검입니다. 그는 목검의 상징성을 생명 살림의 의미에 둡니다. 그의 칼-목검은 누구도 해칠 마음이 없고 단지 우리 모두 이런 우주적 합일에 이르러 이 땅의 모순을 극복하고 여기 이곳에서 우주적 환희가 넘쳐나는 지상천국을 건설하고 싶어 합니다.

만고명장 어디 있나 내 앞에선 누구 없네. 좋을시고 좋을시고 이내 신명 좋을시고.

이런 우주적 합일, 현실 모순의 극복, 지상 천국 건설의 꿈을 가진 사람, 그런 춤을 출 수 있는 사람이 만고명장입니다.

이 춤은 하늘에 드리는 기도이고 제사입니다. 그 제사에서 "우리이제 일어나 다 같이 춤을 춥시다. 이 춤은 하늘의 마음이 이 땅에실현되는 신명의 춤입니다."를 선언하는 것입니다.

이런 개념을 담은 연극이나 뮤지컬이 있으면 좋겠습니다. 검결을다룬 여러 편의 연극, 뮤지컬, 영화 등이 나왔지만 모두 다 한 부분이빠진 느낌이었습니다. 누가 이런 아름다움을 재현할 수 있을까요?

이화서원에서는 동학 연구자인 지용 님과 함께 지구의 몸짓이라는 프로그램을 하고 있습니다. 우리는 이 프로그램의 한 부분으로남원 은적암에서 춤을 춥니다. 이 프로그램을 하면서 우리가 검결의의미에 가장 가까이 접근했다는 생각을 하곤 했습니다. 오래지 않아우리는 검결의 의미를 깊고 넓게 담은 공연을 보게 될지도 모릅니다. 그 자리에 있게 된다면 우리 모두 마지막에는 함께 일어나서 환희의 춤을 취야 합니다.

좋을시고 좋을시고 이내 신명 좋을시고. 새 사람이 되었다네 하늘 사람 되었다네. 이 땅이 천국이네 지상천국 건설하세.

마지막으로 조선 정부 비변사의 기록 하나만 더 읽어 봅니다.

『비변사등록(備邊司燈錄)』의 기록
사람들이 모인 자리에서 강의를 할 때 수운이 검결의 글을 읽고 손

으로 목검을 집어 처음에는 무릎을 꿇고 있다 일어나 검무를 추는
데, 키 높이까지 뛰어올라 머무르다 내려왔다.

若値聚會 講道之席 則星漢文手執木劍始跪而起終乃 舞劍騰一丈良久
乃下.

수운은 문과에서 시험에 합격할 가능성이 없다고 판단한 뒤에 검
술과 활쏘기를 익히며 무과를 한동안 준비합니다. 결국은 그 가능성
도 없다고 판단한 뒤에 중단하지만, 그는 자신의 조건을 알고 어릴
때부터 문과와 무과 양쪽 시험을 다 염두에 두고 공부합니다.

수운의 몸동작은 하루 이틀 연습한 결과가 아닙니다. 그는 몸 수
련을 꾸준히 했고, 이 수련을 의식 진화의 영역에서 통합하고 싶어
했습니다. 거기에 혁명 의지가 더해지면서 목검을 도구로 쓰는 수련
을 창조합니다.

이 방식은 동아시아에 면면히 흘러오는 오랜 전통을 가지고 있습
니다. 선도의 도인 체조, 기 수련, 도교 전통의 양생기법, 무림 계열
의 비전 초식, 인도까지 가면 바가바드기타의 정신과 요가 동작….

검결은 다양한 재해석의 가능성을 안고 있습니다. 우리에게 시,
노래, 춤, 몸 수련이 통합된 이런 몸의 경전이 있다는 것은 축복입니
다. 이렇게 아름답고 장엄한 노래에 맞추어 함께 춤추고 싶습니다.

이제 1년 동안 꾸준히 이어서 써 온 동학 편지를 마칩니다. 지나
고 돌아보면 이걸 내가 어떻게 했나 싶습니다. 몰라서 시작할 수 있

었고, 읽어 주시는 분들이 있어서 마무리 지을 수 있었습니다.

무엇보다 곡성교육청의 지원에 감사합니다. 한 해 동안 동경대전과 용담유사를 읽는 고전강독 교실을 열어 주셨습니다. 이 고전 강독 교실의 의미를 살리기 위해 동학 편지를 썼습니다. 시간이 지난 뒤에 이 글이 책으로 묶여 나오면 곡성에서 인문 운동을 하고 싶었던 사람들의 마음이 위로 받을 겁니다.

고맙습니다.

2021.11.14.

동학 편지를 마치며

매년 경전 하나를 주해하고 성찰하는 작업을 하고 있습니다.

2021년 한 해 동안 동경대전과 용담유사를 곡성에서 여러분들과 같이 읽었습니다. 동학의 가장 중요한 경전이고 수운 선생님 마음을 깊이 이해할 수 있는 책입니다.

두 책을 읽으면서 정말 많은 수운을 만났습니다. 이렇게 다채롭고 아름다운 사람이 있나 싶을 정도로 매력적입니다.

수운은 모두 알고 있듯이 종교 사상가입니다. 종교 사상가로서 수운은 수운의 여러 모습 중 한 부분입니다.

그는 또한 사상가와 철학자이고, 깊은 수행의 삶을 살고 실천하는 수행자입니다. 동시에 그는 한글가사의 작곡가이고, 노래하는 사람이고 춤추는 사람입니다. 그의 춤은 용담검무로 재해석될 정도의 독창성이 있습니다. 뛰어난 서예가이기도 합니다.

그의 글은 그 힘과 기운이 넘쳐날 뿐만 아니라 조선 서예의 서법을 가지고 있고 신비롭기까지 합니다. 수운의 글은 사람들에게 이 글을 보고 싶다가 아니라 먹고 싶다는 충동을 일으키는 글이었습니다.

그는 뛰어난 교사이기도 합니다. 어린 아이들을 가르쳤고 제자들을 가르칠 때도 세심했습니다. 그는 시와 노래, 서예, 수련 등 다양한 방식을 교육에 접목한 예술 치유 교육가입니다.

사회 운동가로서의 수운도 중요합니다. 여성의 처지를 이해했고 신분 해방이라는 과제에 집중했습니다. 시인으로서 여러 편의 한시를 지었고 한글가사 용담유사는 많은 사람들의 사랑을 받았습니다.

기업 경영자의 경험도 중요합니다. 실물 거래의 흐름을 이해하고 사회 현상을 분석할 수도 있었습니다.

아. 또 그는 여행자네요. 그는 여행자라는 정체성을 가지고 구도 순례의 여행을 계속했어요.

이 모든 것을 관통하는 수운의 정체성은 '질문하는 사람'입니다. 불연기연은 질문하는 사람 수운이 보입니다. 생각하고 또 생각하고 질문에 질문을 이어갑니다.

수운의 질문은 우주의 근원과 사물의 본성, 인간 삶의 실천에 대한 성찰입니다. 처음에는 불확실한 내용이 생각하고 또 생각하며, 무엇보다 하늘님을 받아들이며 점점 더 명확해져 갑니다. 수운의 이런 생각 기법은 주역과도 이어집니다.

여러 고전을 읽고 해석하는 작업을 했는데, 동경대전과 용담유사를 종교적 시각을 넘어서 읽어 보고 싶었습니다. 편지라는 형식에 담아서 자유롭고 편하게 표현하고 싶기도 했습니다.

이 책을 읽는 사람들이 10대와 20대이면 좋겠다는 생각도 합니다. 그렇게까지 안 되도 조금이라도 더 낮은 연령에서 읽을 수 있으면 좋겠습니다. 가능한 한 쉽게 쓸려고 했습니다.

이런 연장에서 한울님에 대한 이름도 '하늘님'으로 했습니다. 논쟁이 있는 사안이라는 걸 잘 알고 있습니다.

일단 제가 할 수 있는 만큼 한번 합니다. 앞으로 용담유사를 노래처럼 부르며 즐기는 사람들이 많이 나오면 좋겠습니다.

호흡을 맞춰 같이 읽기만 해도 좋은 기운을 느낄 수 있을 겁니다.

긴 편지를 함께 읽어 주서서 고맙습니다.

동학 편지

등록 1994.7.1 제1-1071
1쇄 발행 2022년 12월 24일

역 해   김재형
펴낸이   박길수
편집인   소경희
편 집   조영준
관 리   위현정
디자인   이주향
펴낸곳   도서출판 모시는사람들
        03147 서울시 종로구 삼일대로 457(경운동 수운회관) 1207호
전 화   02-735-7173, 02-737-7173 / 팩스 02-730-7173
홈페이지   http://www.mosinsaram.com/

인 쇄   (주)성광인쇄(031-942-4814)
배 본   문화유통북스(031-937-6100)

값은 뒤표지에 있습니다.
ISBN   979-11-6629-146-3   03900